机电类专业高职单考单招系列丛书

机械基础

主　编　顾淑群
副主编　王　健　嵇培勇
参　编　任　峰　张宏杰　尹　燕　康海珍　张　丽
主　审　傅建中

机械工业出版社

本书共分 10 单元，包括绪论、杆件的静力分析、直杆的基本变形、机械工程材料、联接、机构、机械传动、支承零部件、机械的节能环保与安全防护、液压传动和气压传动，融工程力学、机械工程材料、机械传动、常用机构及轴系零件、液压传动和气压传动等内容为一体。本书按照最新的国家标准及行业标准规定要求编写，采用目标教学法，读者在学习每一单元时，都能达到一定的教学目的。

本书适合作为中等职业学校"机械基础"课程的教学、高职考试的复习用书，也适合作为培训学校的辅导用书。

图书在版编目（CIP）数据

机械基础/顾淑群主编. —北京：机械工业出版社，2013.12（2023.8 重印）
（全国机电类专业高职单考单招系列丛书）
ISBN 978-7-111-45541-7

Ⅰ.①机… Ⅱ.①顾… Ⅲ.①机械学—高等职业教育—教材 Ⅳ.①TH11

中国版本图书馆 CIP 数据核字（2014）第 014162 号

机械工业出版社（北京市百万庄大街 22 号　邮政编码 100037）
策划编辑：汪光灿　　责任编辑：汪光灿　黎　艳
版式设计：常天培　　责任校对：张　薇
封面设计：张　静　　责任印制：单爱军
北京虎彩文化传播有限公司印刷
2023 年 8 月第 1 版第 5 次印刷
184mm×260mm・15.75 印张・384 千字
标准书号：ISBN 978-7-111-45541-7
定价：49.00 元

电话服务　　　　　　　　　网络服务
客服电话：010-88361066　　机 工 官 网：www.cmpbook.com
　　　　　010-88379833　　机 工 官 博：weibo.com/cmp1952
　　　　　010-68326294　　金 书 网：www.golden-book.com
封底无防伪标均为盗版　机工教育服务网：www.cmpedu.com

前 言

本书是根据中等职业教育培养高素质劳动者和中初级应用型人才的目标以及教育部颁发的《中等职业学校机械基础教学大纲（试行）》和相关省市的考试大纲编写的。

本书的编写坚持"以就业为导向，以全面素质为基础，以能力为本位"的宗旨，在掌握专业基本知识和基本技能的基础上，及时了解和掌握本专业领域的最新技术及相关技能。根据目前中职学生的认知水平和已有的知识、技能、经验和兴趣，以"问题中心"、"行动导向"为中心，打破传统的按照学科进行教材编写的模式，开发与生产实际、技术应用密切联系的综合性教辅材料，以适应分层次教学和分阶段教学的发展趋势。

在编写中力图体现如下原则：①"教、学、做"合一的原则，具有针对性、实用性和直观性，不强求系统性。充实新知识、新技术、新标准，突出与技能相关的必备的专业基础知识。理论以"定性"为主，以"够用"为度，突出应用，应知为应会服务，使师生"教、学、做"达到合一。②课程结构与内容实现综合化和模块化。本书融工程力学、机械工程材料、机械传动、常用机构及轴系零件、液压传动和气压传动等内容为一体，意在探索建立"以就业为导向，以全面素质为基础，以能力为本位"的适合中等职业教育的课程体系，力求达到理论联系实际和学以致用的目的。

通过本课程的学习，学生应达到以下基本要求：

1）通过对机构和零件受力分析等内容的学习，掌握一般构件的受力分析、构件基本变形和强度计算的方法。

2）通过对常用机械工程材料和钢的热处理方法的学习，了解常用工程材料的种类、牌号、性能及应用。

3）通过对常用机构工作原理、特点和应用的学习，初步具有分析一般机械功能和动作的能力。

4）通过对通用零件的工作原理、特点、结构及标准的学习，初步具有使用和维护一般机械的能力。

5）通过对液压和气压传动基本知识的学习，熟悉液压和气压传动工作原理、特点及应用。

6）通过本课程的学习，还应了解与本课程相关的技术政策和法规，树立工程意识和标准化意识，具有严谨的工作作风和创新精神。

为兼顾3、4年学制不同的教学要求，书中带＊章节的内容4年学制的可根据实际情况选讲，3年学制的可根据实际情况选讲或不讲。

本书由顾淑群、任健、嵇培勇、任峰、康海珍，张丽，张宏杰和尹燕编写。全书由顾淑群任主编，并负责统稿，王健、嵇培勇任副主编。

本书由傅建中主审。在本书的编写过程中也得到了宁波市教育局各级领导和相关学校老师的大力支持和帮助，在此一并表示衷心感谢。

由于编者水平有限，书中难免存在错误和不妥之处，敬请读者批评指正。

编　者

目 录

前言
绪论 ·· 1
  第一节 机械的组成 ······················ 2
  第二节 机械零件的材料、结构和
           承载能力 ······························· 2
  第三节 机械零件的摩擦、磨损和润滑 ··· 3

第一单元 杆件的静力分析 ··················· 6
  第一节 力的概念与基本性质 ············· 6
  第二节 力矩、力偶、力的平移 ············ 10
  第三节 约束、约束力、力系和
           受力图的应用 ······················ 15
  第四节 *平面力系的平衡方程及应用 ··· 19

第二单元 直杆的基本变形 ··················· 25
  第一节 直杆轴向拉伸与压缩及其
           应力分析 ····························· 25
  第二节 材料的力学性能 ···················· 29
  第三节 *直杆轴向拉伸与压缩时的
           强度计算 ····························· 32
  第四节 连接件的剪切与挤压 ············· 34
  第五节 圆轴的扭转 ··························· 38
  第六节 直梁的弯曲及*组合变形 ········ 42
  第七节 *压杆稳定、交变应力与
           疲劳强度 ····························· 46

第三单元 机械工程材料 ······················ 47
  第一节 金属材料的性能 ···················· 48
  第二节 钢铁材料 ······························ 51
  第三节 铁碳合金状态图 ···················· 59
  第四节 钢的热处理 ··························· 62
  第五节 非铁金属材料和硬质合金 ······ 68
  第六节 非金属材料和新型工程材料 ··· 73

  第七节 材料的选择及应用 ················ 79

第四单元 联接 ·· 81
  第一节 键联接和销联接 ··················· 81
  第二节 螺纹联接 ······························ 86
  第三节 *弹簧 ····································· 91
  第四节 联轴器与离合器 ···················· 92
  第五节 阶段性实习训练——联接的拆装
           与*联轴器的安装及找正 ········ 95

第五单元 机构 ·· 97
  第一节 平面机构的组成 ···················· 97
  第二节 平面四杆机构 ······················ 101
  第三节 凸轮机构 ······························ 107
  第四节 *间歇运动机构 ······················ 113
  第五节 阶段性实习训练——机械的
           观察与分析 ························ 117

第六单元 机械传动 ··································· 119
  第一节 带传动 ································· 119
  第二节 链传动 ································· 124
  第三节 螺旋传动 ····························· 128
  第四节 齿轮传动 ····························· 132
  第五节 蜗杆传动 ····························· 141
  第六节 轮系和减速器 ······················ 144

第七单元 支承零部件 ································ 156
  第一节 轴 ··· 156
  第二节 滑动轴承 ····························· 163
  第三节 滚动轴承 ····························· 168
  第四节 阶段性实习训练——认识
           轴系的结构 ························ 173

**第八单元 机械的节能环保与
                安全防护** ··································· 175
  第一节 机械润滑常识 ······················ 176

第二节 机械密封常识 ………… 178
第三节 机械环保与安全防护常识 …… 178

第九单元 液压传动 ………… 182
第一节 液压传动的基本知识 ………… 183
第二节 液压元件 ………… 188
第三节 液压基本回路及液压系统 …… 204

第十单元 气压传动 ………… 212
第一节 气压传动的基本知识 ………… 212
第二节 气压传动元件 ………… 215
第三节 气压传动实例 ………… 221

附录 习题参考答案 ………… 224

参考文献 ………… 246

绪 论

【知识构架】

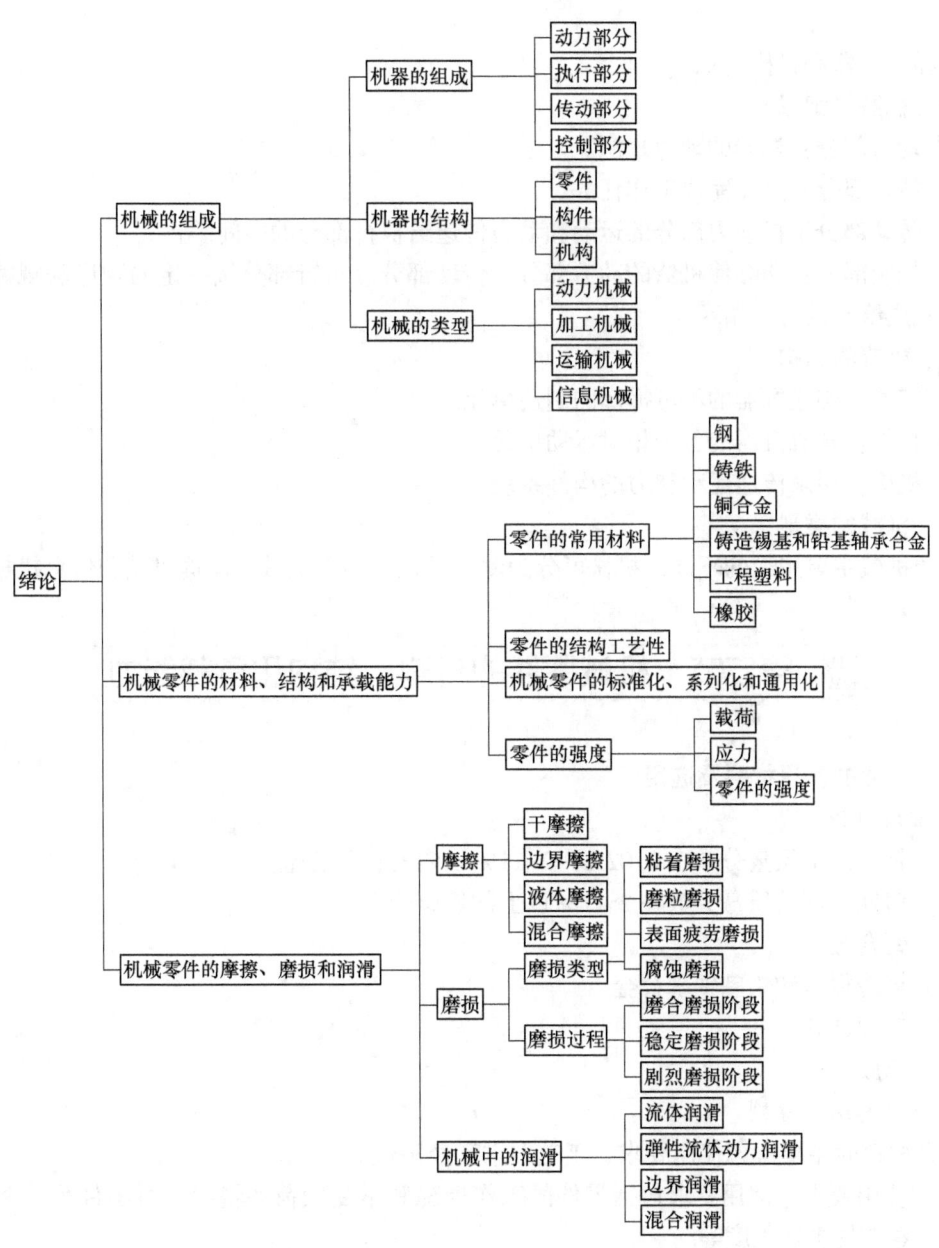

【学习目标】

了解机械的组成；了解机械零件的材料、结构和承载能力；掌握机械零件的摩擦、磨损和润滑。

【学习内容】

机器是人们根据使用要求而设计的一种执行机械运动的装置，用来变换或传递能量、物料与信息，以代替或减轻人们的体力劳动和脑力劳动。

第一节 机械的组成

机械是机器和机构的总称。

一、机器的组成

1）动力部分：机器的动力来源。
2）执行部分：直接完成工作任务。
3）传动部分：把动力部分的运动和动力传递给执行部分的中间装置。
4）控制部分：能够使机器的动力部分、传动部分、执行部分按一定的顺序和规律实现运动，完成给定的工作循环。

二、机器的结构

1）零件：构成机器的不可拆卸的制造单元。
2）构件：构成机器的各个相对运动单元。
3）机构：用来传递运动和力的构件系统。

三、机械的类型

按照机械主要用途的不同，机械可分为动力机械、加工机械、运输机械和信息机械。

第二节 机械零件的材料、结构和承载能力

一、零件的常用材料及选用

1. 常用材料

(1) 钢 碳的质量分数在 0.02% ~ 2.11% 以内的铁碳合金。
(2) 铸铁 碳的质量分数在 2.11% 以上的铁碳合金。
(3) 铜合金
(4) 铸造锡基和铅基轴承合金
(5) 工程塑料
(6) 橡胶

2. 材料的选用原则

选择材料时主要考虑使用要求、工艺要求和经济性。

(1) 使用要求 使用要求包括零件的工作情况和承受载荷的情况，对零件尺寸和质量的限制，零件的重要程度等。

(2) 工艺要求 工艺要求包括铸造性能、锻造性能、焊接性能、切削加工性能、热处理性能等。

(3) 经济性 经济性首先表现为材料的相对价格，还与生产批量、供应条件等有关。

二、零件的结构工艺性

机械零件应当具有加工方便、节省材料、节约工时、提高工效、降低成本、保证质量及满足结构工艺要求的结构工艺性。影响机械零件结构工艺性的因素很多，涉及材料选择、毛坯准备、机械加工、装配维修等各方面。

三、机械零件的标准化、系列化和通用化

四、零件的强度

机械零件丧失工作能力或达不到要求的性能时，称为失效。

机械零件的失效形式主要有：因强度不足而断裂，过大的弹性变形或塑性变形，摩擦表面的过度磨损、打滑或过热，连接松动，压力容器、管道等的泄漏，运动精度达不到要求等。

零件不发生失效时的安全工作限度称为工作能力。对载荷而言的工作能力称为承载能力。

强度是反映机械零件承受载荷时抵抗破坏能力的重要指标。

(1) 载荷 当机械工作时，机械零件所受的载荷是力（拉力、压力、切向力）或力矩（弯矩、转矩），或者是由力和力矩组成的联合载荷。载荷大小或方向不随时间变化或变化缓慢的，称为静载荷；载荷大小或方向随时间变化的，称为动载荷。

(2) 应力 零件受载后产生应力。大小或方向不随时间变化或变化缓慢的应力称为静应力，大小或方向随时间变化的应力，称为变应力。由工程力学可知，具有周期性的变应力称为循环应力，它又可分为脉动循环变应力、对称循环变应力和非对称循环变应力。静应力只能在静载荷作用下产生；变应力可能由变载荷产生，也可能由静载荷产生。

(3) 零件的强度 根据工作条件的不同，机械零件的强度可分为静强度和疲劳强度；根据破坏部位和破坏形式的不同，机械零件的强度可分为体积强度和表面强度。

第三节 机械零件的摩擦、磨损和润滑

摩擦是两个相互接触的物体有相对运动或相对运动趋势时，在接触处产生阻力的现象。机械运动中普遍存在摩擦现象。

一、机械中的摩擦

机械中常见的摩擦有两大类：一类是发生在物质内部，阻碍分子间相对运动的内摩擦；另一类是在物体接触表面上产生的阻碍其相对运动的外摩擦。相互摩擦的两个物体称为摩擦副。

对于外摩擦，根据摩擦副的运动状态可分为静摩擦和动摩擦；根据摩擦副的运动形式，可分为滑动摩擦和滚动摩擦；根据摩擦副的表面润滑状态，又可分为：干摩擦、边界摩擦、液体摩擦和混合摩擦。

二、机械中的磨损

磨损一般来源于摩擦，但在具体工作条件下影响磨损的因素有很多。一般来说，磨损随

着载荷和工作时间的增加而增加，软的材料比硬的材料磨损要严重。

1. 磨损的类型

按磨损的损伤机理和破坏特点，可将磨损的类型分为4种：粘着磨损、磨粒磨损、表面疲劳磨损和腐蚀磨损。

2. 磨损过程

机械零件典型的磨损过程分为磨合磨损、稳定磨损和剧烈磨损三个阶段。

三、机械中的润滑

润滑是减小摩擦、减少磨损的有效措施之一。通过润滑，还可以达到降低温度、防止锈蚀、缓和冲击、减小振动、清除磨屑或形成密封等目的。

润滑有流体润滑、弹性流体动力润滑、边界润滑和混合润滑4种润滑状态。

【考点分析】

1. 机器的组成、结构和类型。
2. 零件的常用材料及选用、零件的结构工艺性、机械零件的标准化、系列化和通用化、零件的强度。
3. 机械零件的摩擦、磨损和润滑。

【例1】_____是指相互之间能作相对运动的机件，它是_____的单元，而_____是制造的单元。

【解题指导】此题属于记忆题，主要考查学生对机器结构的知识点是否熟悉。

【参考答案】构件　运动　零件

【例2】可以在无摩擦的条件形成的是_____。

A. 粘着磨损　　　B. 疲劳磨损　　　C. 冲蚀磨损　　　D. 腐蚀磨损

【解题指导】此题属于记忆题，主要考查学生对磨损的分类及特点掌握得是否准确。

【参考答案】D

【例3】机器的执行部分用来显示和反应机器的运行位置和状态。　　　（　　）

【解题指导】此题属于记忆题，主要考查学生对机器各组成部分及性能是否熟悉。

【参考答案】√

【习题练习】

一、填空题

1. 机器通常由_____、_____、_____和_____组成，能直接完成具体工作任务的是其中的_____。

2. 高副都是_____接触或_____接触，表层的局部应力很_____，称为_____。

3. 零件受载时，如果应力在较浅的表层产生，此时强度为_____强度。

4. 运动开始时的摩擦称为_____摩擦；运动结束时的摩擦称为_____摩擦。

5. _____摩擦因直接接触而磨损严重，应尽量避免；而_____摩擦是一种理想的摩擦状态。

6. 运动副间的摩擦将导致表面材料逐渐丧失或转移形成_____，其过程可分为_____、_____和_____三个阶段。

7. _____和_____都是人工的物体组合，它们总称为_____，各部分之间都具有确定的_____，但_____能完成有用的机械功或转换机械能。

8. 机构是完成传递_____、_____或改变_____的实体组合。

9. 根据磨损机理，磨损可分为_____、_____、_____和_____。

10. 脆性材料比塑性材料抗粘着能力_____，表面粗糙度值越小，抗粘着能力_____。

11. 如果材料内部某点应力超过其接触疲劳强度，就会形成_____，随着其扩展和连接，材料表面出现许多浅坑，称为_____。

12. 材料硬度越_____，越不易产生疲劳裂纹。

二、选择题

1. 接触应力超过材料的疲劳强度时，零件表层金属剥落形成小坑的现象称为_____。
   A. 磨损　　　　B. 点蚀　　　　C. 胶合　　　　D. 断裂

2. 固体摩擦、液体摩擦和混合摩擦是按_____来划分的。
   A. 运动状态　　B. 运动形式　　C. 摩擦状态　　D. 存在状态

3. 关于磨料磨损，下列说法正确的是_____。
   A. 材料硬度越高，磨料磨损越严重
   B. 磨料硬度越高，磨料磨损越严重
   C. 磨粒尺寸越小，磨料磨损越严重
   D. 磨料磨损是最普通的一种磨损形式

4. 下列措施中，可提高零件抗疲劳能力的是_____。
   A. 选择硬度低的材料　　　　B. 使润滑油压力低些
   C. 选用高粘度的润滑油　　　D. 尽量使摩擦副材料不同

5. 高压水输送矿石，管道主要产生_____磨损。
   A. 磨粒磨损　　B. 疲劳磨损　　C. 冲蚀磨损　　D. 腐蚀磨损

6. 机器的_____部分用以完成运动和动力的传递和转换。
   A. 原动机　　　B. 执行　　　　C. 传动　　　　D. 操纵或控制

三、判断题

1. 摩擦和磨损在日常生活中都是有害的。（　　）
2. 混合摩擦状况比固体摩擦好，但比液体摩擦和气体摩擦差。（　　）
3. 异类材料比同类材料更易粘着磨损。（　　）
4. 提高表面质量，可显著改善零件的疲劳寿命。（　　）
5. 实际中多数磨损都是复合出现的。（　　）
6. 简单的机器可以只包含一个机构。（　　）
7. 机构是由构件组成的，构件是由零件组成的。（　　）
8. 机器的执行部分用来显示和反映机器的运行位置和状态。（　　）

第一单元 杆件的静力分析

【知识构架】

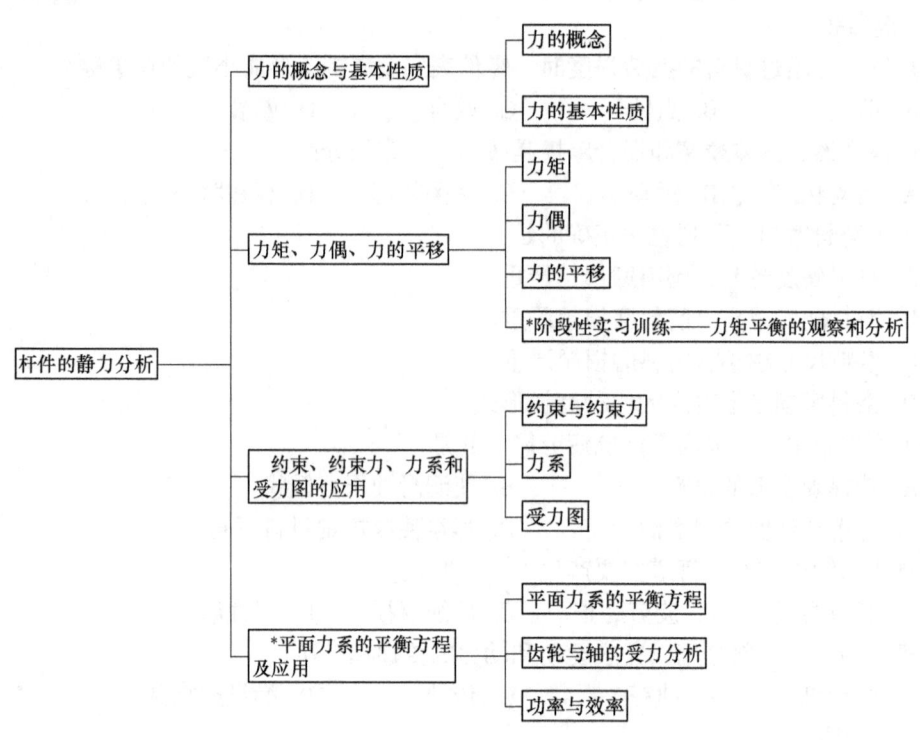

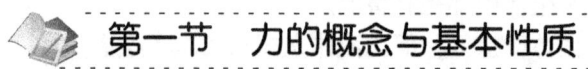

第一节 力的概念与基本性质

【学习目标】
理解力的概念和基本性质。

【学习内容】
静力学是理论力学中的一个主要组成部分,它主要研究物体受力分析的方法和刚体在外力作用下处于平衡的条件。

所谓刚体,就是在力的作用下不会发生变形的理想化物体。实际上有变形,但一般都很微小,可忽略不计。

所谓平衡,是指物体相对于地球保持静止或做匀速直线运动的状态。

了解静力学知识,不但能解释平时遇到的力学实际问题,在今后工作岗位中还有助于正确使用机器,避免生产事故发生。

一、力的概念

1. 力的概念

力是物体间的相互机械作用,这种作用使物体的运动状态发生变化,或使物体发生变形。力不能脱离物体而单独存在,需要有施力物体和受力物体。

2. 力的三要素

力对物体产生的效应取决于力的大小、方向和作用点。

1)力是一个有大小和方向的矢量。

2)在国际单位制中,力的单位用 N(牛)或 kN(千牛)表示。

3)如图 1-1 所示,若对同一物体施加力 F,力 F 的大小、方向、作用点不同,都会产生不同效应。

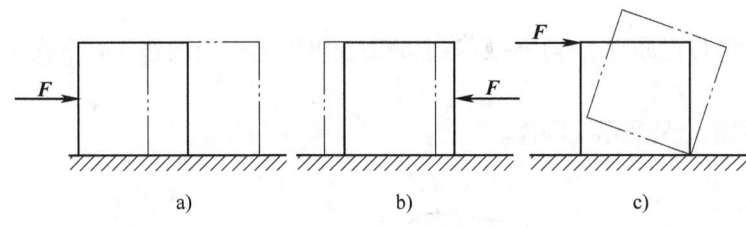

图 1-1 力的三要素

3. 力的图示

利用有向线段表示力的三要素。

1)有向线段的矢量长度表示力的大小。

2)箭头指向表示力的方向。

3)线段的起点(箭尾)或终点(箭头)表示力的作用点。

力的作用线:沿着力的方向引出的直线。

二、力的基本性质

1. 二力平衡公理

作用在同一物体上的两个力,使其保持平衡的充要条件是:这两个力大小相等,方向相反,且作用在同一条直线上,如图 1-2 所示。

1)三个条件"两力等值、反向、共线"缺一不可,且需作用在同一物体上。

2)此物体看成刚体,称为二力体(或二力构件)。若为杆件,则可称为二力杆。

2. 作用与反作用公理

作用力与反作用力总是同时存在,两力的大小相等,方向相反,沿着同一条直线分别作用于这两个相互作用的物体上,如图 1-3 所示。

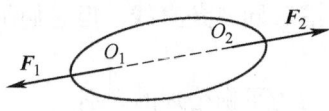

图 1-2 二力平衡公理示例

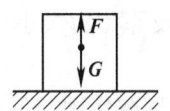

图 1-3 作用与反作用公理示例

☆1) 与"二力平衡公理"关键区别在于，作用的对象不同。

如图 1-3 中，G 与 F 是一对平衡力，作用在同一物体上。

2) 它是分析物体受力情况的重要依据。

3. 力的平行四边形公理

作用在物体上同一点的两力可以合成为一个力，合力的作用点仍在该点，合力的大小和方向由以这两个力为邻边所构成的平行四边形的对角线来表示，如图 1-4a 所示。

☆力可以合成，也能分解。通常将力分解为相互垂直的两个分力。

推论：三力平衡汇交定理。当刚体受三个力作用而处于平衡时，则此三个力的作用线必定汇交于一点，且三力作用线在同一平面内，如图 1-4b 所示。

☆汇交于同一点上的三个力并不一定平衡，三力作用线需在同一平面内。

4. 加减平衡力系公理

在已知力系的刚体上，加上或减去一个平衡力系，该刚体保持原状态不变，如图 1-5 所示。

推论：力的可传性原理。作用在刚体上的力，可沿其作用线移动而不改变该力对刚体的作用效果。

☆ 该公理和推论只适用于刚体。

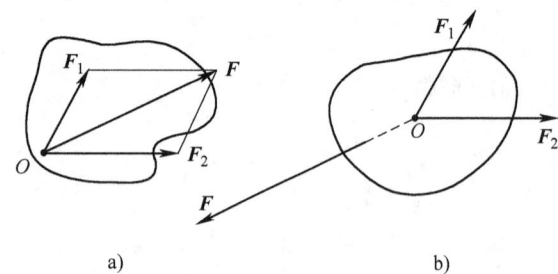

a)   b)

图 1-4 力的平行四边形公理及推论示例

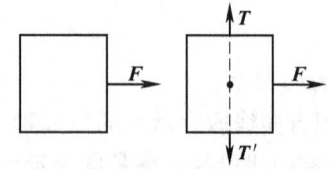

增加一对平衡力，效果不变

图 1-5 加减平衡力系公理示例

【考点分析】

1) 静力的概念及力的三要素。

2) 四大公理及其推论的应用。

【例1】力是物体间相互的_____，这种作用效果使物体的_____发生变化，或者使物体发生_____。

【解题指导】熟悉力的概念，及物体在外力作用下产生的作用效果。

【参考答案】机械作用　运动状态　变形

【例2】力 $F_1 = 30N$ 与 $F_2 = 10N$ 同作用在一个物体上，它们的合力不可能是_____。
A. 35N　　　　　　B. 50N　　　　　　C. 20N　　　　　　D. 40N

【解题指导】考查合力与分力的关系，能用平行四边形公理求合力。

【参考答案】B

【例3】作用力与反作用力大小相等、方向相反，沿着同一条直线，但它们不是一对平衡力。　　　　　　　　　　　　　　　　　　　　　　　　　　　　　（　　）

【解题指导】正确理解作用与反作用公理。注意与二力平衡公理的区别。

【参考答案】√

【习题练习】

一、填空题

1. 力的三要素是力的_____、_____和作用点。所以说力是_____。

2. 力对物体的作用除移动效应外，还有转动效应。规定使物体产生逆时针旋转的力矩为_____值，反之为_____值。

3. 力的基本性质是作用与_____定律、_____平衡公理和力的平行_____法则。

4. 只有两个着力点而处于平衡的构件，称为_____。

5. 在力的作用下_____的物体称为刚体。

二、选择题

1. 关于作用力和反作用力，下面说法中正确的是_____。
   A. 一个作用力和它的反作用力的合力等于零
   B. 作用力和反作用力可以是不同性质的力
   C. 作用力和反作用力同时产生，同时消失
   D. 只有两个物体处于相对静止时，它们之间的作用力和反作用力的大小才相等

2. 将一个已知力分解成两个分力时，下列说法正确的是_____。
   A. 至少有一分力小于已知力
   B. 分力不会与已知力垂直
   C. 若已知两分力的方向，则这两分力的大小就是唯一确定的
   D. 已知一分力的方向和另一分力的大小，则这两分力大小有两组值

3. 作用在刚体上的平衡力系，如果作用在变形体上，则变形体_____。
   A. 一定平衡   B. 一定不平衡   C. 不一定平衡   D. 一定有合力

4. 静止在水平地面上的物体受到重力 G 和支持力 F_N 的作用，物体对地面的压力为 F，则以下说法中正确的是_____。
   A. F 和 F_N 是一对平衡力   B. G 和 F_N 是一对作用力和反作用力
   C. F_N 和 F 的性质相同，都是弹力   D. G 和 F_N 是一对平衡力

5. 如图 1-6a 所示，求分力 F_1、F_2 的合力，下图正确的是_____。

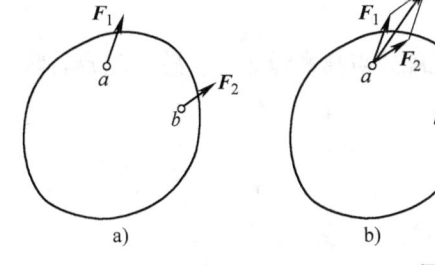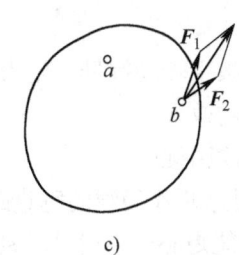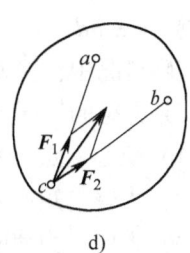

图 1-6 合力图

A. 图 1-6b   B. 图 1-6c   C. 图 1-6d   D. 都不对

三、判断题

1. 力的三要素中只有一个要素不改变，则力对物体的作用效果就不变。（   ）

2. 力不可以合成但能分解，通常将力分解为相互垂直的两个分力。（   ）

3. 力的可传性原理和力的平移原理都只适用于刚体。（ ）
4. 物体的平衡是绝对的平衡。（ ）
5. 作用力与反作用力大小相等、方向相反，沿着同一条直线，所以两力平衡。（ ）

四、综合题

1. 分别指出图 1-7 所示的结构中，哪些杆属于二力杆？

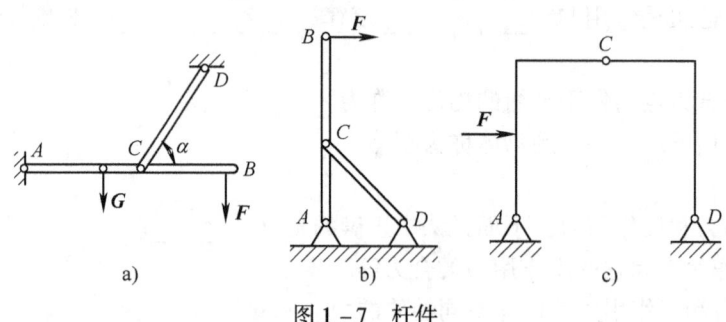

图 1-7 杆件

2. 力的概念是什么？它有哪三要素？
3. 试用图表示 1kN 的力，方向与水平方向呈夹角 45°。

第二节　力矩、力偶、力的平移

【学习目标】掌握力矩、力偶、力向一点平移的结果。

【学习内容】

力和力偶是静力学中两个基本物理量，力矩和力偶是研究平面任意力系的基础，在实际应用中使用很广泛，对指导实践具有重要意义。

一、力矩

1. 力对点的矩

力 F 使刚体绕某点 O 转动的效应，不仅与力 F 的大小成正比，而且与点 O 到力作用线的垂直距离 d 成正比，那么乘积 Fd（有正负）称为力 F 对点 O 的矩（简称力矩），公式：$M(F) = \pm Fd$。

实际情况中，如人用扳手转动螺母，施力越大或施力点离螺母越远，感觉越容易转动螺母。就是力矩的不同产生的效果。

(1) 矩心　点 O 称力矩中心。
(2) 力臂　矩心 O 到力 F 作用线的垂直距离 d。
(3) 方向　力使刚体绕矩心作逆时针转动，力矩为正，反之为负。
(4) 力矩单位　国际单位制中，是牛顿·米（N·m）。

☆力矩为零的情况：力 F 或力臂 d 为零。

2. 合力矩定理

平面汇交力系的合力对平面任一点的矩，等于力系中所有分力对该点力矩的代数和。公式如下：

$$M_O(\boldsymbol{R}) = M_O(\boldsymbol{F_1}) + M_O(\boldsymbol{F_2}) + \cdots\cdots + M_O(\boldsymbol{F_N}) = \sum M_O(\boldsymbol{F})$$

3. 力矩的平衡条件

作用在物体上的各个力对转动中心点 O 的力矩的代数和为零,即合力矩为零。

4. 力矩的平衡方程

上述平衡条件的数学表达式如下:

$$M_O(\boldsymbol{F_1}) + M_O(\boldsymbol{F_2}) + \cdots\cdots + M_O(\boldsymbol{F_N}) = 0$$

即 $\sum M_O(\boldsymbol{F}) = 0$,为力矩的平衡方程,又叫杠杆平衡方程。

☆力矩平衡问题在生产和生活实践中经常会遇到。如:汽车制动踏板,杆秤的平衡问题等。在下面1.2.4 力矩平衡的观察和分析的实践模块中,针对杆秤的平衡问题将做具体分析。

二、力偶

1. 力偶

(1) 定义 由两个大小相等且方向相反的不共线平行力组成的力系,记作 $(\boldsymbol{F}, \boldsymbol{F}')$,两力间垂直距离 d 称为力偶臂,如图 1-8 所示。

力偶有许多实例,如:转动汽车方向盘,拧水龙头,钳工用丝锥攻螺纹,用铣刀铣削工件等。

(2) 特点 只能使物体转动,而不能使物体移动;不满足二力平衡条件,因此不能构成平衡力系;力偶中的两力,不能合成一合力、不能用一力平衡或用一力来等效替代,力偶只能用力偶来平衡。

☆力和力偶是静力学中的两个基本元素,两者是独立的。

2. 力偶矩

力偶作用效果的大小,与力 $\boldsymbol{F}$ 和力偶臂 d 的大小均成正比,即 $\pm Fd$ 称为力偶矩。正、负号表示力偶的转向,逆时针为正,反之为负。力偶矩和力矩的单位相同。

可用如图 1-9 所示的三种符号来表示力偶。

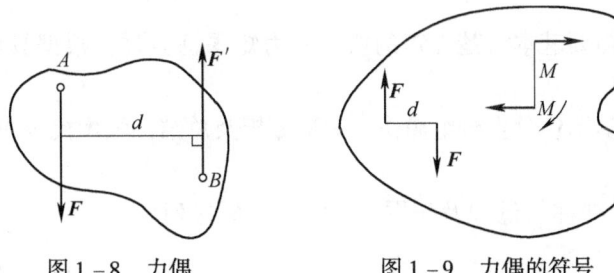

图 1-8 力偶　　　　图 1-9 力偶的符号

☆ (1) 力偶中的大小、力偶臂的长短及作用的位置都不是决定力偶对物体作用的独立因素,而力偶矩才是。

(2) 对平面力偶而言,力偶对物体作用效果取决于力偶矩的大小和转向,与矩心位置无关。

三、力的平移

1. 力的平移定理

可以将一个力 $\boldsymbol{F}$ 平行移动到其作用物体上的任意一点 O,但必须再附加一个力偶,该力

偶矩等于原力 F 对 O 点的力矩，如图 1-10 所示。

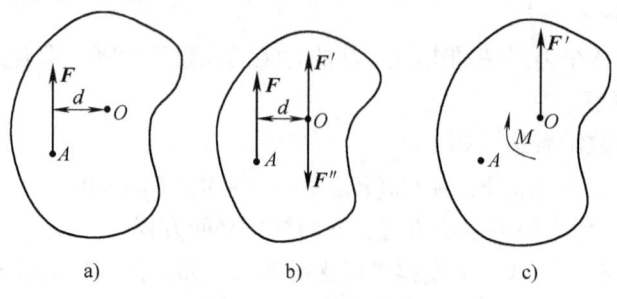

图 1-10 力的平移

*2. 力的平移定理可以解决的问题

力是矢量，当力平移时，原力对物体的作用效果就会改变，因此力的平移定理可以解决这类问题。如在钳工用丝锥攻螺纹时，需在锥柄两端均匀用力以形成一个力偶，而不允许单手施力锥柄一端以容易使丝锥折断的道理。

3. 力系简化

利用力的平移定理，也可将同一平面内的一个力和一个力偶替换成一个力，这样就可把一个复杂的平面力系简化。

*四、阶段性实习训练——力矩平衡的观察和分析

1. 实践教学目的

1）让学生感性认识杆秤平衡条件。

2）体验正确使用杆秤秤物的技能。

3）进一步理解力矩平衡条件及方程。

2. 实践工具及仪器

杆秤（8~10 把），秤砣（配套杆秤的 2~3 种质量），电子秤（1 台），砝码、书本等重物。

3. 实践教学方法

（1）学情　学生需要基本清楚力矩的概念及力矩平衡条件；根据具体学生数实施分组学习。

（2）教法　教师演示；学生分组操作、讨论分析及总结；学生代表或教师进行小结。

4. 实践教学内容

1）观察教师用杆秤称物过程及识图 1-11，计算并列出平衡方程。

$$M_O(P) = Pa, M_O(Q) = -Qb$$
$$M_O(P) + M_O(Q) = Pa - Qb = 0$$

2）用任务书的形式分步实践。

① 将上述公式中变量赋值，小组模仿操作，并记录。

② 秤砣的重量不变而改变重物的大小（砝码或书本等），进行杆秤秤物平衡操作，测量力臂的长度并记录数据，计算重物的质量（可用电子秤检验）。

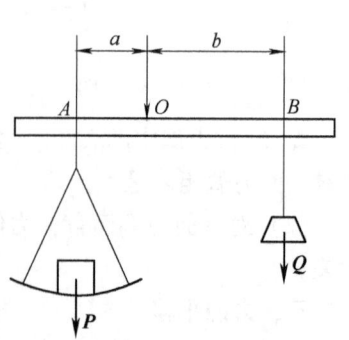

图 1-11 杆秤

③ 重物的大小不变而改变秤砣的重量，进行杆秤秤物平衡操作，测量力臂的长度并记录数据，计算秤砣的质量（可与标记重量比较）。

④ 秤砣和重物的重量都改变，进行杆秤秤物平衡操作，记录数据，可灵活求解秤砣的重量、重物的质量或力臂的长度。

3）小组小结每次任务结果，并供大家讨论。

4）学生代表或教师小结力矩平衡方程：$\sum M_O(F) = 0$

5）小组例举其他例子说明力矩平衡方程在生活、生产中的应用。

【考点分析】

1. 力矩及合力矩定理。
2. 力偶和力偶矩的概念。
3. 力的平移原理。

【例1】力偶矩是两个大小相等、方向相反，且不在同一直线上的力所产生的_____之和，力偶的作用效果与力的大小和力偶臂的长短有关，而与_____无关。

【解题指导】理解力偶矩的特点，尤其注意与力矩的区别。

【参考答案】矩心位置

【例2】解释在钳工用丝锥攻内螺纹时，为何需要用双手在锥柄两端均匀用力，而不允许单手施力于锥柄一端。

【解题指导】考查力的平移定理在实际中的应用。

【参考答案】在钳工用丝锥攻螺纹时，需要在锥柄两端均匀用力以形成一个力偶；若单手施力于锥柄一端，根据力的平移原理，该力等价于直接作用于丝锥端部，并附加一力偶，此时丝锥等效于同时受力偶和力的作用，而更容易使丝锥折断。

【例3】制动踏板如图1-12所示。踏板上的作用力 $F_a = 500\text{N}$，$a = 0.4\text{m}$，$b = 0.1\text{m}$，力 F_a 的作用点与制动踏板转动中心连线垂直于力 F_b，F_b 为推杆顶力，处于水平方向。试求踏板平衡时，推杆顶力 F_b 的大小。

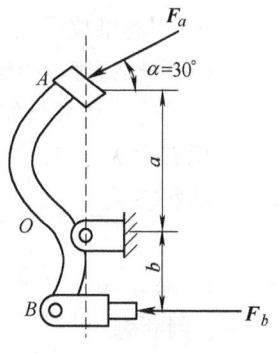

图1-12 制动踏板

【解题指导】掌握力矩平衡条件并应用力矩平衡方程。

【参考答案】踏板 AOB 为绕定轴 O 转动的杠杆，运用力矩平衡方程，可求解力 F_b 的大小。

$$\sum M_O(F) = 0$$
$$F_a \cos 30° a - F_b b = 0$$

$$F_b = \frac{F_a \cos 30° \cdot a}{b} = \frac{500 \times \frac{\sqrt{3}}{2} \times 0.4}{0.1}\text{N} = 1732.1\text{N}$$

【习题练习】

一、填空题

1. 当力的作用线通过矩心时，力矩为_____。
2. 力偶是作用在同一物体上的大小相等、方向相反、_____平行的一对平行力。
3. 力矩与力的位置_____关，力偶矩与矩心的位置_____关。

4. 作用在刚体上的力，可以平移到刚体上任意一点，但必须附加一个_____才能与原来的力等效。

5. 力偶矩的大小等于_____乘以_____。

二、选择题

1. 力偶对物体产生的运动效应为_____。
   A. 只能使物体转动
   B. 只能使物体移动
   C. 既能使物体转动，又能使物体移动
   D. 它与力对物体产生的运动效应有时相同，有时不同

2. 如图1-13所示，在刚体 A、B、C 三点上分别作用了三个大小相等的力 F_1、F_2、F_3，则_____。
   A. 刚体不平衡，其简化的最终结果是一个力
   B. 刚体不平衡，其简化的最终结果是一个力偶
   C. 刚体不平衡，其简化的最终结果是一个力和一个力偶
   D. 刚体平衡

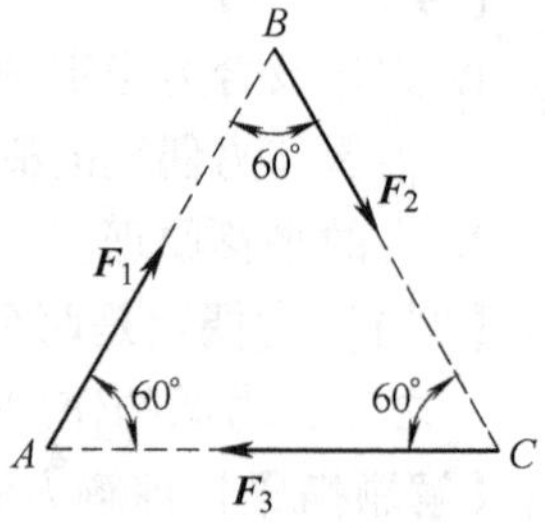

图1-13 受力刚体

3. 作用在同一刚体上的两个力，若其大小相等、方向相反，则它们_____。
   A. 只能是一对平衡力
   B. 只能是一个力偶
   C. 可能是一对平衡力或一个力偶
   D. 可能是一对作用力和反作用力

4. 属于力矩作用的是_____。
   A. 用丝锥攻螺纹
   B. 双手握转向盘
   C. 用螺钉旋具扭螺钉
   D. 用扳手拧螺母

5. 一等边三角形板如图1-14所示，边长为 a，沿三边分别作用有力 F_1、F_2 和 F_3，且 $F_1 = F_2 = F_3$，则此三角形板所处的状态是_____。
   A. 平衡
   B. 转动
   C. 移动
   D. 即移动又转动

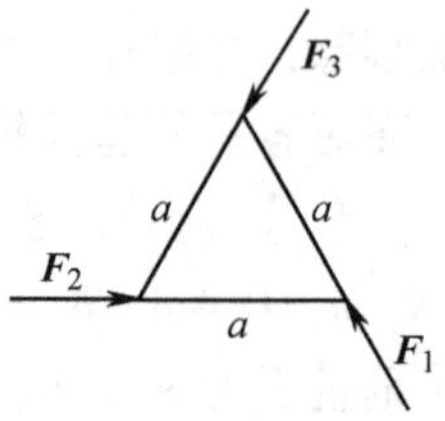

图1-14 等边三角形板

三、判断题

1. 当力沿其作用线移动时，力对刚体的转动作用不变。（ ）
2. 力偶无合力，所以它是一个平衡力系。（ ）
3. 力偶与力矩都是用来度量物体转动效应的物理量。（ ）
4. 同时改变力偶中力的大小和力偶臂的长短，而不改变力偶的转向，力偶对物体的作用效果就一定不会改变。（ ）
5. 作用于刚体上的力，其作用线可在刚体上任意平行移动，其作用效果不变。（ ）
6. 力偶只能用力偶来平衡，不能用力来平衡。（ ）

四、综合题

1. 如图1-15所示的4个力偶中，力的单位是N，长度单位是cm。试分析图示4个力偶哪些是等效的？

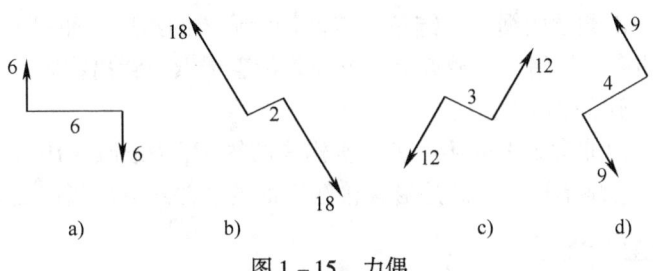

图 1-15 力偶

2. 求图 1-16 所示力系的合力对 O 点的力矩。已知 $F_1 = 100\text{N}$,$F_2 = 60\text{N}$,$F_3 = 80\text{N}$,$F_4 = 50\text{N}$。

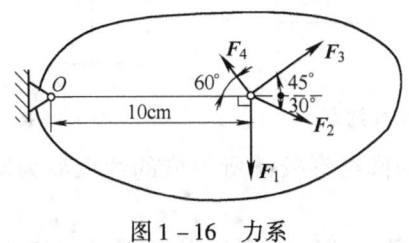

图 1-16 力系

3. 求图 1-17 所示力 F 对 O 点的力矩。

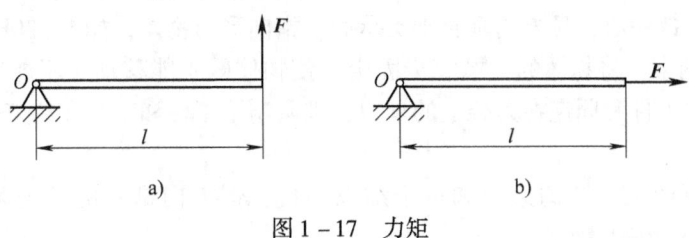

图 1-17 力矩

4. 力偶中的两力、作用力与反作用力、二力平衡条件中两力都是等值反向,试问三者有何区别?

第三节 约束、约束力、力系和受力图的应用

【学习目标】
掌握约束、约束力、力系的基本概念,能作杆件的受力分析图。

【学习内容】

一、约束与约束力

1. 基本概念

(1) 约束 限制物体的运动、起阻碍作用的物体。例如,家里的门受到铰链的限制,只能转动一定范围,那么铰链就是门的约束。

(2) 约束力 约束(施力物体)对被约束物体(受力物体)的作用力。

☆作用点是约束与被约束物体互相接触点;方向总是与约束所能限制的运动方向相反。

2. 常见约束类型及特点

（1）柔性约束　由柔软的绳索、链条、传动带所形成的约束，如图1-18所示。

☆它对物体的约束力作用在接触点上，方向是沿着绳索而背离物体。

它只承受拉力，不承受压力。

（2）滑面约束　由非常光滑的接触表面所构成的约束，如图1-19所示。

☆接触面上摩擦忽略不计，方向是沿着接触表面的公法线方向指向受力物体。

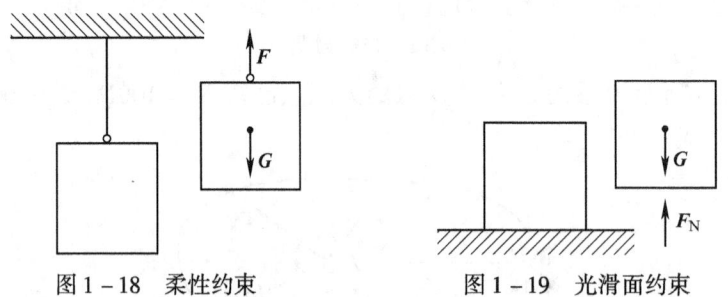

图1-18　柔性约束　　　　图1-19　光滑面约束

（3）铰链约束　由光滑的圆柱形铰链所构成的约束称为圆柱形铰链约束，简称铰链约束。

☆有固定铰链和活动铰链约束两种，固定铰链约束方向不能预先确定，通常用两个相互垂直的分力 F_x、F_y 来代替，如1-20a简图所示；活动铰链约束与光滑面约束相同，其约束力的作用线通过铰链中心，且方向垂直于支承面，指向受力物体，如1-20b简图所示。

（4）固定端约束　将物体的一端完全固定，使物体既不能移动又不能转动的约束。例如，用卡盘加紧的工件和固定在刀架上的车刀，被限制了工件和车刀在约束处沿任何方向的移动与转动。

☆固定端约束产生一个约束力和一个约束力偶，但方向都不能预先确定，通常用如图1-21所示的方法表示。

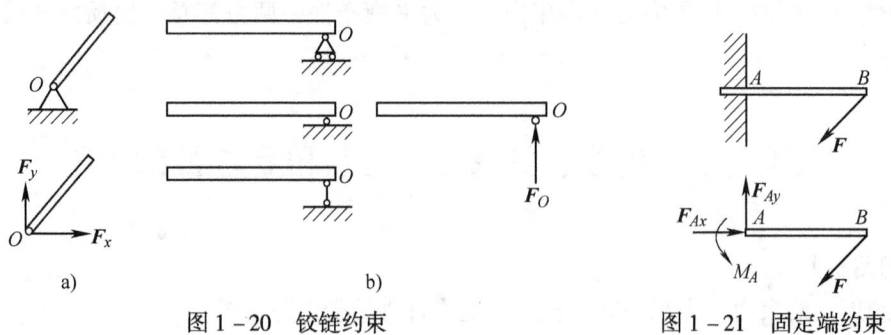

图1-20　铰链约束　　　　图1-21　固定端约束

二、力系

一个物体或构件上有多力作用，则这些力组成了一个力系；各力作用线均在同一平面内的力系，称为平面力系。

1. 平面汇交力系

若平面力系中的各力作用线都汇交于一点，则称为平面汇交力系。

2. 平面力偶系

作用在物体上同一平面内的多个力偶，组成了平面力偶系。

3. 平面平行力系

在平面力系中，各力的作用线都相互平行的力系称为平面平行力系。

4. 平面任意力系

在平面力系中，各力作用线既不汇交于一点，也不全部平行的力系称为平面任意力系。

☆平面汇交力系、平面力偶系和平面平行力系是平面任意力系的特殊形式。

三、受力图

1. 受力分析

确定作用在物体上的每一个力的作用位置和方向的分析过程称为受力分析。

2. 受力图

将被研究的物体从周围物体中分离出来，并用简明图形表示出其所受的全部作用力，这种表示物体受力情况的图形称为受力图。

3. 画受力图的一般步骤

1）确定研究对象，画出它的简图。

2）进行受力分析，分析出研究对象上的主动力与约束力，明确受力物体与施力物体。

3）画出作用在研究对象上的全部主动力与约束力。

☆充分运用二力杆、三力平衡汇交定理、作用与反作用公理来确定约束力的方向。

【考点分析】

1. 约束和约束力的涵义，常见约束类型及其特点。

2. 平面任意力系与几种特殊平面力系的概念。

3. 物体受力分析及受力图的画法。

【例1】只要平面力系的各力作用线都汇交于一点，此平面力系是_____。

【解题指导】掌握平面汇交力系的概念。注意与其他几种平面力系的区分。

【参考答案】平面汇交力系

【例2】电脑桌上放着一个电脑显示屏，那么桌子对显示屏的约束是_____。

A. 铰链约束　　　B. 光滑面约束　　　C. 固定端约束　　　D. 柔性约束

【解题指导】考查常见约束类型及其特点。

【参考答案】B

【例3】如图1-22a所示为三铰拱桥简图，A、B为固定铰链支座，C为连接左右半拱的中间铰链，在拱AC上作用一载荷F，拱的自重不计，试分别作出拱AC和CB的受力图。

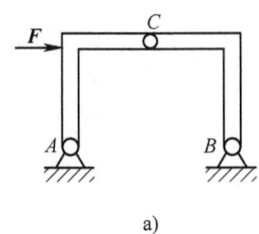 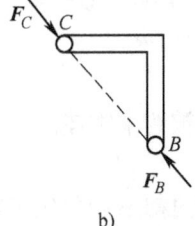 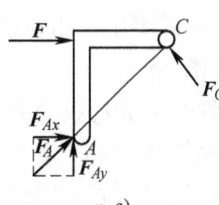

a)　　　　　　　　　b)　　　　　　　　　c)

图1-22　三铰拱桥受力分析

【解题指导】掌握受力分析和画受力图的步骤。

（1）取拱BC为研究对象　因拱BC自重不计，在B、C两处受到铰链约束，因此拱BC

为二力杆。约束力 F_B 和 F_C 方向沿着连线 BC，且等值、反向，如图 1-22b 所示。

（2）取拱 AC 为研究对象　在铰链 C 处，BC 的约束力为 F'_C，且 $F'_C = -F_C$。拱在 A 处受到铰链 A 的约束力 F_A 的作用，可用两个大小未知的正交分力 F_{Ax} 和 F_{Ay} 来代替。分析拱 AC 受力情况，满足三力平衡汇交定理。所以，反力 F_A 的作用线必通过 F'_C 与 F 的交点，如图 1-22c 所示。

【参考答案】作图，如图 1-22b、图 1-22c 所示。

【习题练习】

一、填空题

1. 一个物体的运动受到_____的限制时，这些_____就称为约束。
2. 作用于物体上的各力作用线都在_____，而且各力作用线都_____的力系，称为平面汇交力系。
3. 作用在物体上的力的作用线都在_____，并且既_____，也不全部平行的力系，称平面任意力系。
4. 画出分离体上所有主动力和_____的图，称为_____。
5. 光滑面约束的接触面上摩擦忽略不计，那么它的方向是与接触表面_____。

二、选择题

1. 地面对电线杆的约束是_____。
   A. 固定端约束　B. 光滑面约束　C. 柔性约束　D. 铰链约束
2. 某学生体重为 G，双手抓单杠吊于空中，感到最费力的动作是_____。
   A. 两臂垂直向上　　　　　　B. 两臂张开呈 45°角
   C. 两臂张开呈 135°角　　　　D. 两臂张开呈 90°角
3. 不属于固定端约束实例的是_____。
   A. 用卡盘加紧的工件　　　　B. 用绳索悬挂的重物
   C. 固定在刀架上的车刀　　　D. 地面对电线杆所形成的约束
4. 下列力系中不属于平面力系的是_____。
   A. 力偶系　　B. 平面汇交力系　C. 平衡力系　D. 平行力系
5. 以下说法中，不是画受力图一般步骤的是_____。
   A. 确定研究对象，画出它的简图
   B. 进行受力分析
   C. 画出作用在研究对象上的全部主动力与约束力
   D. 只需画出作用在研究对象上的约束力

三、判断题

1. 柔性约束的约束力方向一定背离被约束物体。　　　　　　　　　　　（　　）
2. 平面任意力系一定存在合力。　　　　　　　　　　　　　　　　　　（　　）
3. 铰链约束与固定端约束一样，方向都不能预先确定。　　　　　　　　（　　）
4. 在平面力系中，各力的作用线都相互平行的力系，称为平面平行力系。（　　）
5. 约束力属于被动力，重力、推力属于主动力。　　　　　　　　　　　（　　）

四、综合题

1. 常见约束的类型有哪些？固定端约束有什么特点？

2. 判断如图 1-23 所示的对杆 AB 的受力图是否正确？若有误，请改正。

3. 球重量为 G，放在与水平面成 45°角的光滑斜面上，并用与斜面平行的绳 AB 系住，如图 1-24 所示，试作受力物—球的受力图。

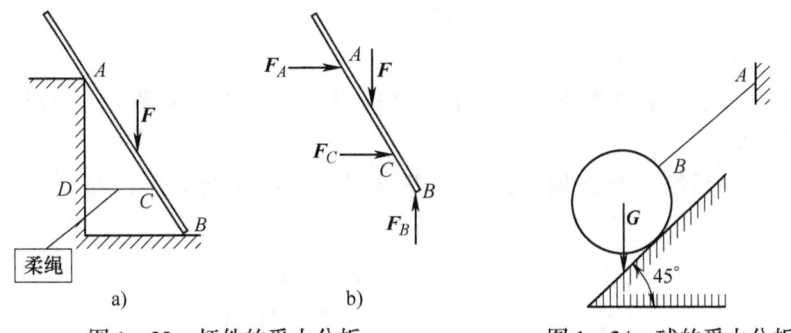

图 1-23　杆件的受力分析　　　　图 1-24　球的受力分析

第四节　*平面力系的平衡方程及应用

【学习目标】

会分析平面力系；

会建立平衡方程并计算未知力。

【学习内容】

对平面力系的平衡方程理解与应用有相当大的难度，但在实际工程问题中会经常遇到，因此对其有了解的必要性。

对齿轮与轴的受力分析是静力分析的具体应用体现；而功率与效率也是现代工程或企业中重要关注的问题。

一、平面力系的平衡方程

1. 平面汇交力系平衡方程

（1）合力投影定理　合力在任一坐标轴上的投影等于所有分力在该轴上投影的代数和。

（2）平面汇交力系平衡的充要条件　该力系的合力为零，即：

$$F_R = \sum F = 0$$

（3）平面汇交力系平衡方程　力系中各力在两直角坐标轴上投影的代数和分别为零，即：

$$\begin{cases} \sum F_x = 0 \\ \sum F_y = 0 \end{cases}$$

☆（4）用解析法求解平面汇交力系平衡的一般步骤

1）选取适当的平衡物为研究对象，画出它的简图。

2）进行受力分析，画出研究对象上的已知力与未知力，并设定未知力的方向。

3）选取合适的坐标系，并计算出各力的投影。

4）列平衡方程解出未知量。

2. 平面力偶系的平衡方程

（1）合力偶矩　平面力偶系可以合成一个合力偶，合力偶矩等于平面力偶系中各力偶矩的代数和。即：
$$M = M_1 + M_2 + \cdots + M_n = \sum M$$

(2) 平面力偶系的平衡方程　平面力偶系中，各力偶矩的代数和为零，即：
$$\sum M = 0$$

3. 平面平行力系的平衡方程

(1) 平面平行力系的平衡条件　力系中所有各力的代数和等于零；各力对平面内任意一点的合力矩等于零。

(2) 平面平行力系的平衡方程　由平衡条件得出平面平行力系的平衡方程，其基本形式：

$$\begin{cases} \sum F_y = 0 \\ \sum M_O(F) = 0 \end{cases} \text{或} \begin{cases} \sum F_x = 0 \\ \sum M_O(F) = 0 \end{cases}$$

二力矩式：
$$\begin{cases} \sum M_A(F) = 0 \\ \sum M_B(F) = 0 \end{cases}$$

☆由于各力的作用线都相互平行，在两个互相垂直的坐标轴上有一根轴上投影为零，因此适用于求解不超过两个未知量的平衡问题。

4. 平面任意力系的平衡方程

(1) 平面任意力系的平衡条件　该力系中所有各力，在两个互相垂直的坐标轴上投影的代数和为零，力系中所有各力对所在平面内任意点的合力矩为零。

(2) 平面任意力系的平衡方程　由平衡条件得出平面任意力系的平衡方程，其基本形式：

$$\begin{cases} \sum F_x = 0 \\ \sum F_y = 0 \end{cases} \text{和} \quad \sum M_O(F) = 0$$

二力矩式：（若 A、B 两点连线不与 x 轴垂直）
$$\begin{cases} \sum F_x = 0 \\ \sum M_A(F) = 0 \\ \sum M_B(F) = 0 \end{cases}$$

三力矩式：（若 A、B、C 三点不共线）
$$\begin{cases} \sum M_A(F) = 0 \\ \sum M_B(F) = 0 \\ \sum M_C(F) = 0 \end{cases}$$

☆平面任意力系有三个独立的平衡方程，因此可求解不超过三个未知量的平衡问题；而应用中以方便计算为原则，尽量避免解联立方程，减少计算量。

二、齿轮与轴的受力分析

1. 直齿圆柱齿轮受力

直齿圆柱齿轮受力分析如图 1-25 所示。

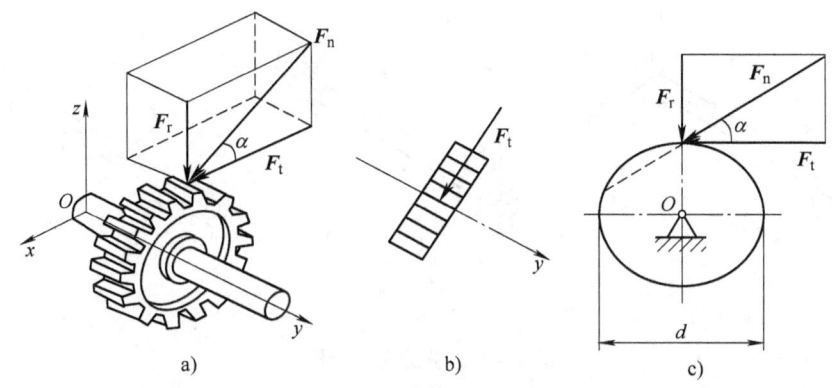

图 1-25 直齿圆柱齿轮受力分析

沿齿廓的公法线方向的力 F_n，可分解为圆周力 F_t 和径向力 F_r，它们的关系如下：

$$\begin{cases} F_r = F_n \sin\alpha \\ F_t = F_n \cos\alpha \end{cases}$$

如一对啮合的齿轮，作用在主、从动轮上各对应力均为作用力与反作用力。

☆1）从动轮的圆周力是驱动力，与回转方向同向；而主动轮的圆周力是阻力，与回转方向反向。

2）径向力指向各自轮的轮心。

2. 斜齿圆柱齿轮受力

斜齿圆柱齿轮受力分析如图 1-26 所示。

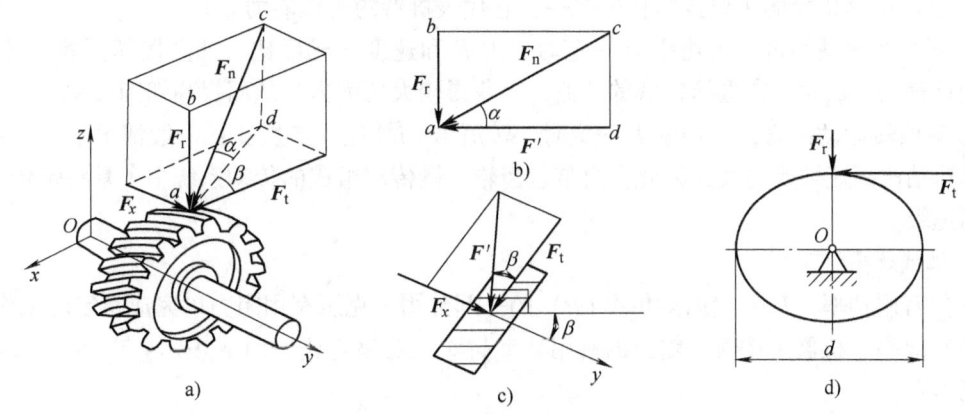

图 1-26 斜齿圆柱齿轮受力分析

沿齿廓的公法线方向的力 F_n，可分解为圆周力 F_t、径向力 F_r 和轴向力 F_x。

☆1）轴向力的大小与螺旋角度成正比，角度越大，轴向力越大。

2）为克服轴向力，可用承受轴向力的轴承；或采用人字齿轮。

3. 轴的受力分析

轴的受力分析如图 1-27 所示。

轴是机器中的重要零件。轴上通常安装键、齿轮等零件，因此轴上圆周力、径向力和轴向力都有可能受力。

☆1）轴的受力一般不在同一平面，它属于空间力系。

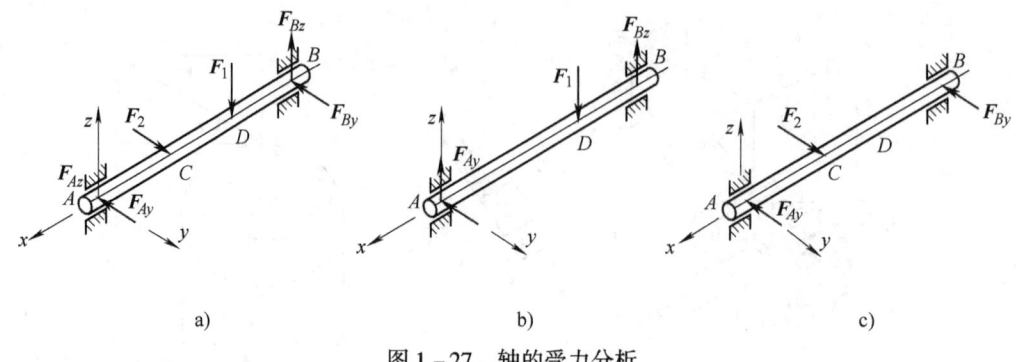

图 1-27 轴的受力分析

2）空间力系的平衡问题，可分解或转化为若干个平面力系的平衡问题。如图 1-27a 中的受力可转化到 xoz 平面，如图 1-27b；和 xoy 平面，如图 1-27c。

三、功率与效率

1. 功率

（1）定义及表达式　单位时间（t）所作的功（W），用 P 表示，$P = W/t$。

（2）单位　瓦（W）或千瓦（kW）。

（3）额定功率

1）直线运动：$P = Fv$；F 为外载荷（N），v 为速度（m/s）。

2）回转运动：$M = 9550 P/n$；P 为圆轴传递的功率（kW），M 为在轴上的外力偶矩（N·m），n 为圆轴转速（r/min）。

☆① 功率是机器的主要技术指标之一，它代表机器的工作能力。

② 对直线运动而言，当功率 P 一定时，力 F 和速度 v 成反比；如金属切削粗加工时，材料硬且背吃刀量大，常选择较低的转速，以获得较大切削力，从而提高切削效率。

③ 对回转运动而言，当功率 P 一定时，转矩 M 与转速 n 成反比；一般情况下同一台机器中低速轴比高速轴受力大，因此在由带、齿轮、链传动组成的传动系统中，常将带传动布置在高速级。

2. 机械效率

（1）有用功率（P_1）　输入功率（P）的一部分用于克服有用阻力以完成指定的工作。

（2）效率　机器工作时，输出的有用功率与输入功率之比，用 η 表示；P_2 为无用功率或损耗功率。

$$P = P_1 + P_2$$
$$\eta = P_1 / P$$

☆效率总是小于1。

【考点分析】

1. 平面汇交力系、平面力偶系、平面平行力系和平面任意力系的平衡方程及其简单计算。
2. 直齿圆柱齿轮、斜齿圆柱齿轮和一般的光轴的受力分析。
3. 功率与机械效率的概念及其简单计算。

【例1】一对啮合的直齿圆柱齿轮，主动轮的_____是阻力，与回转方向_____。

【解题指导】 明白直齿圆柱齿轮的受力情况，特别是主、从动轮圆周力的受力情况。

【参考答案】 圆周力　相反

【例2】 为什么说平面汇交力系、平面平行力系和平面力偶系的平衡条件是平面任意力系平衡条件的特殊情况？

【解题指导】 理解这些力系的涵义及平衡条件，通过比较就不难得出结论。

【参考答案】 见表1-1。

表1-1　各力系涵义与平衡条件汇总

力　系	涵　义	平衡条件（方程）
平面任意力系	各力作用线既不汇交于一点，也不全部平行	$\sum F_x=0$；$\sum F_y=0$；$\sum M_O(F)=0$
平面汇交力系	各力作用线都汇交于一点	$\sum F_x=0$；$\sum F_y=0$
平面力偶系	同一平面内的多个力偶	$\sum M_O(F)=0$
平面平行力系	各力的作用线都相互平行	$\sum F_y=0$；$\sum M_O(F)=0$

通过表1-1比较这些力系的涵义及平衡条件，可清楚看出，平面任意力系是平面力系的一般形式，而其他几种力系是在此基础上的特殊化，具有典型性。

【例3】 如图1-28a所示，起重机的水平梁 AB，A 端以铰链固定，B 端用拉杆 BC 拉住。梁重 $G=20\text{kN}$，载荷 $P=30\text{kN}$，梁的尺寸如图1-28中所示。试求拉杆的拉力及铰链 A 的约束力，拉杆 BC 自重不计。

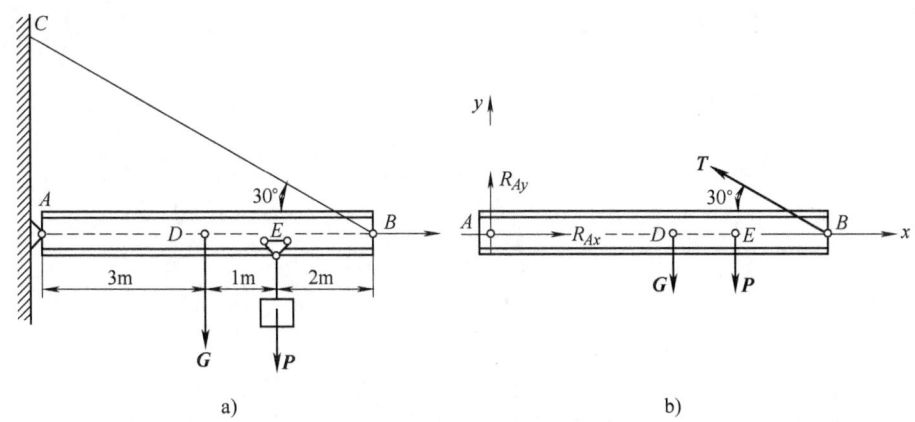

图1-28　悬臂吊车横梁的受力分析

【解题指导】 掌握平面任意力系平衡条件平衡方程，并根据具体情况来应用。

【参考答案】

1) 取梁 AB 为研究对象。

2) 画受力图，进行受力分析。梁上所受的已知力有 G 和 P，未知力有铰链 A 的约束力 R_A 和拉杆拉力 T，因拉杆 BC 为二力杆，故拉力 T 沿 BC 连线，而 R_A 的方向未知，将其分解为 R_{Ax}、R_{Ay} 两个分力，如图1-28b所示。

3) 列平衡方程，梁 AB 处于平衡状态，满足了平面任意力系平衡方程。即

$$\sum F_x=0 \quad R_{Ax}-T\cos 30°=0 \qquad ①$$

$$\sum F_y=0 \quad R_{Ay}+T\sin 30°-G-P=0 \qquad ②$$

$$\sum M_A(F)=0 \quad T\cdot AB\sin 30°-G\cdot AD-P\cdot AE=0 \qquad ③$$

4）解方程组，从式③解得

$$T = \frac{G \cdot AD + P \cdot AE}{AB \cdot \sin 30°} = \frac{20 \times 3 + 30 \times 4}{6 \times \frac{1}{2}} \text{kN} = 60 \text{kN}$$

代入①、②式得

$$R_{Ax} = T\cos 30° = 60 \times \cos 30° \text{kN} = 51.96 \text{ kN}$$

$$R_{Ay} = -T\sin 30° + G + P = (-60 \times \sin 30° + 20 + 30)\text{kN} = 20\text{kN}$$

第二单元

直杆的基本变形

【知识构架】

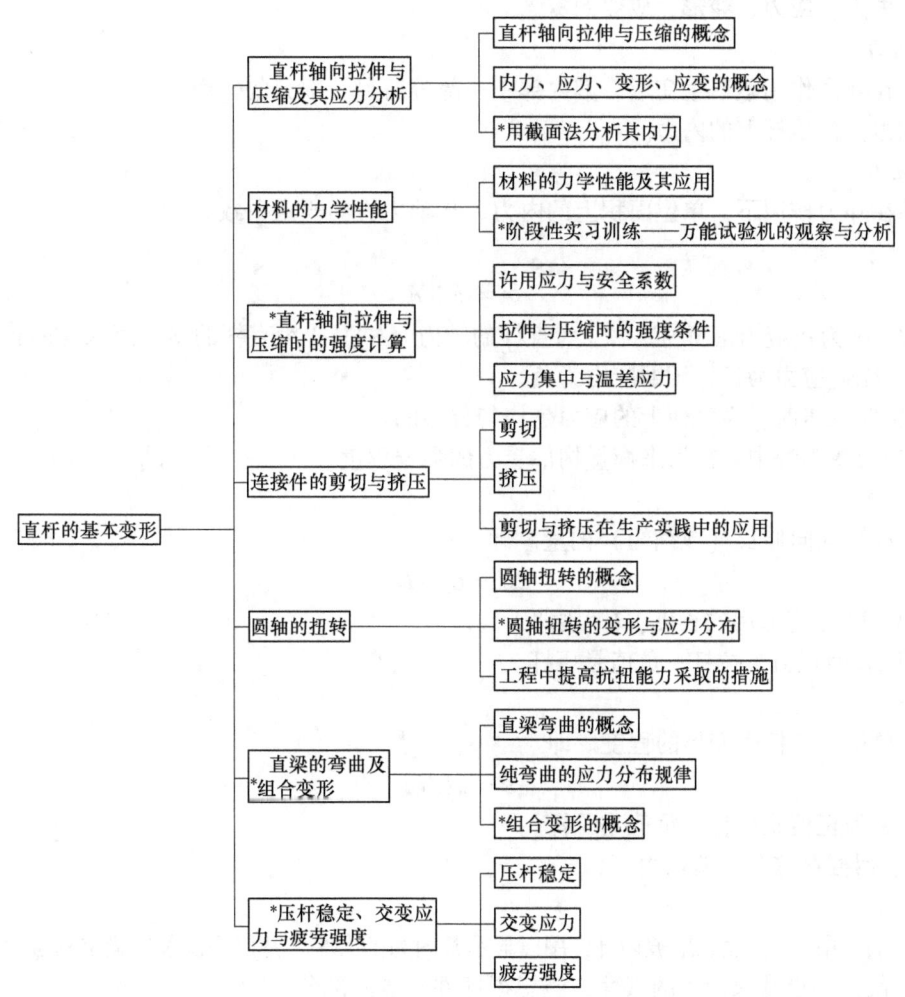

第一节 直杆轴向拉伸与压缩及其应力分析

【学习目标】

掌握直杆轴向拉伸（压缩）的概念；了解用截面法分析其内力。

【学习内容】

工程中将纵向尺寸远大于横向尺寸的构件,称为杆。而杆的轴线是直线称为直杆。直杆的轴向拉伸(压缩)作为杆件变形的基本形式之一,在工程实际中应用较广。

一、直杆轴向拉伸与压缩的概念

杆件产生沿轴线方向伸长或缩短的变形。

1. 受力特点

作用在杆端的两个外力(或合外力)等值、反向,且作用线与直杆轴线重合。

2. 变形特点

杆件产生沿轴线方向伸长或缩短。

二、内力、应力、变形、应变的概念

1. 内力

杆件在外力作用下产生变形,其内部中一部分对另一部分的作用。

☆轴力:拉压杆上的内力。

2. 应力

构件在外力作用下,单位面积上的内力。与轴力方向规定一致。

即

$$\sigma = F_N/A$$

式中,σ 为正应力(MPa);F_N 为直杆的轴力(N);A 为直杆的横截面积(mm^2)。

☆1)拉伸应力为正,压缩应力为负。

2)轴向拉压时,横截面上的应力是均匀分布的。

3)应力在工程中常被用来衡量构件受力的强弱程度。

3. 变形

表示杆沿轴向伸长(或缩短)的量。即

$$\Delta L = L_1 - L$$

式中,L_1 为变形后的长度;L 为原长。

☆若 ΔL 为正值是拉杆,负值是压杆。

4. 应变

表示单位原长杆件变形的程度。即

$$\varepsilon = \Delta L/L$$

☆若 ε 为正值是拉杆,负值是压杆。

*三、用截面法分析其内力

1. 截面法

受外力作用的杆件假想地被切开,用以显示其内力的大小,并以平衡条件确定其合力方法。

(1)截开 沿欲求内力的截面,假想把杆件分成两部分。

(2)代替 取其中一部分为研究对象,画出其受力图。在截面上用内力代替移去部分对留下部分的作用。

(3)平衡 列出平衡方程,确定未知的内力。

☆内力 F_N 方向:拉伸时为正(指向背离截面);压缩时为负(指向朝向截面)。

2. 例题

有一直杆受外力作用,如图 2-1 所示,求此杆各段的轴力。

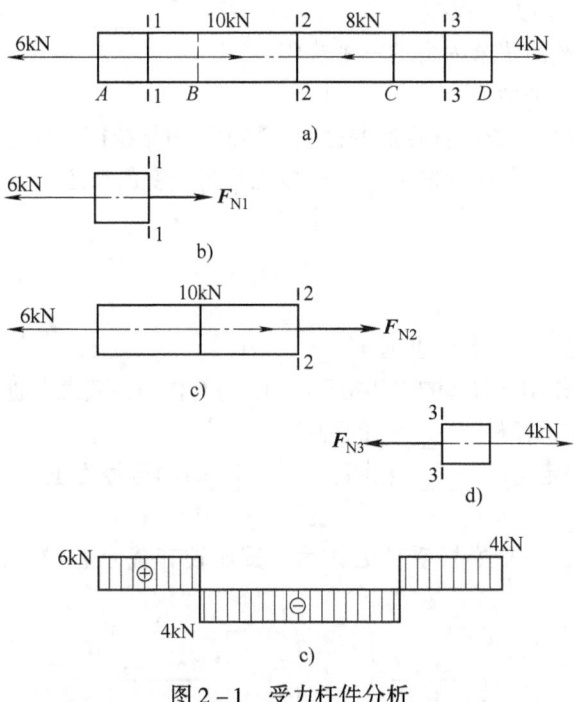

图 2-1 受力杆件分析

解： 根据外力的变化情况，各段轴力各不相同，应分段计算。

(1) AB 段　用截面 1—1 假想将杆截开，取左段研究，设截面上的轴力 F_{N1} 为正方向，受力如图 2-1b 所示。

由平衡条件　　　　　　　　$\sum F_x = 0$　　$F_{N1} - 6 = 0$

得　　　　　　　　　　　　　　$F_{N1} = 6\text{kN}$

所得结果为正值，表示所设 F_{N1} 的方向与实际方向相同，即 F_{N1} 为拉力。

(2) BC 段　取 2—2 截面左段研究，F_{N2} 设为正向，受力如图 2-1c 所示。

由平衡条件　　　　　　　　$\sum F_x = 0$　　$F_{N2} + 10 - 6 = 0$

得　　　　　　　　　　　　　　$F_{N2} = -4\text{kN}$

所得结论为负值，表示所设 F_{N2} 的方向与实际方向相反，即 F_{N2} 为压力。

(3) CD 段　取 3—3 截面右段研究，F_{N3} 亦先设为正，受力如图 2-1d 所示。

由平衡条件　　　　　　　　$\sum F_x = 0$　　$4 - F_{N3} = 0$

得　　　　　　　　　　　　　　$F_{N3} = 4\text{kN}$

所得结果为正值，表示所设 F_{N3} 的方向与实际方向相同，即 F_{N3} 为拉力。

【考点分析】
1. 直杆轴向拉伸（压缩）的概念。
2. 内力、应力、变形、应变的概念。
3. 用截面法分析直杆轴向拉压的内力。

【例 1】轴向拉压的变形特点是＿＿＿＿＿＿＿＿＿＿＿＿＿＿＿＿＿＿＿＿＿＿。

【解题指导】了解轴向拉伸和压缩的特点。

【参考答案】杆件沿轴线方向伸长或缩短

【例2】用截面法求内力可以按_____、代替和_____三个步骤进行。

【解题指导】考查截面法求内力的三个步骤。

【参考答案】截开　平衡

【例3】变形表示单位原长杆件变形的程度，其为正值是拉杆，其为负值是压杆。（　　）

【解题指导】考查变形与应变的概念。此概念应为应变的概念。

【参考答案】×

【习题练习】

一、填空题

1. 若变形为正值是_____杆，负值是_____杆。

2. 材料在_____作用下引起的内部相互作用，称为内力，其大小通常用_____法求得。

3. 应变表示单位原长杆件_____的程度。

4. 应力的正负号规定与_____相同，_____时的符号为正，_____时的符号为负。

二、选择题

1. 如图2-2所示，一阶梯杆受拉力作用，试比较其截面1—1、2—2、3—3上的应力关系_____。

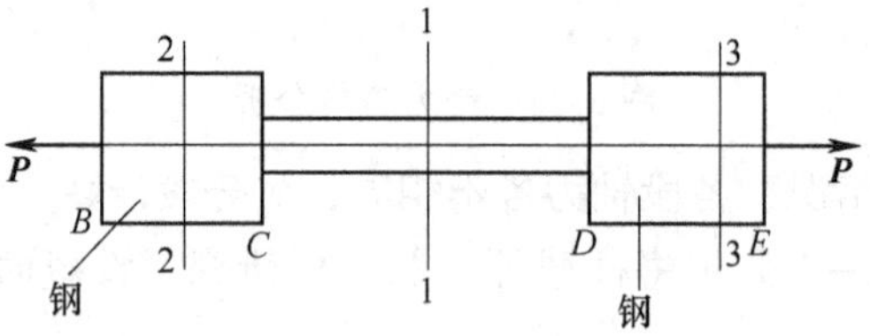

图2-2　阶梯杆受拉

A. $\sigma_1 < \sigma_2 = \sigma_3$　　B. $\sigma_1 > \sigma_2 = \sigma_3$　　C. $\sigma_1 < \sigma_2 < \sigma_3$　　D. $\sigma_1 > \sigma_2 > \sigma_3$

2. 如图2-3所示铰接的正方形结构，它由5根杆件组成，那么它们的情况是_____。

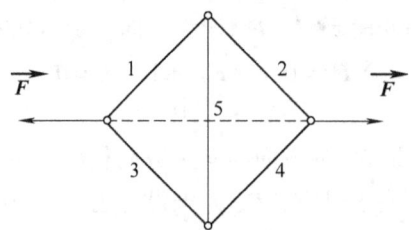

图2-3　铰接的正方形结构

　　A. 全是压杆　　　　　　　　　B. 全是拉杆
　　C. 5是压杆，其余是拉杆　　　D. 5是拉杆，其余是压杆

3. 两直杆材料相同且受相同的轴向外力，使内力和应力都相同的情况是_____。

　　A. 长度相同，截面积不同　　　B. 长度不同，截面积不同
　　C. 长度相同，截面积相同　　　D. 与长度、截面积无关

4. 当杆件受压缩时，变形与应变的正负结果是_____。

　　A. 变形与应变均为正　　　　　B. 变形为正，应变为负
　　C. 变形为负，应变为正　　　　D. 变形与应变均为负

5. 等截面直杆在两个外力作用下发生压缩变形，这对外力所具备的特点是：等值且_____。
   A. 反向、共线   B. 反向、过截面中心
   C. 反向、作用线与轴线重合   D. 同向、共线

三、判断题
1. 长度、截面积均相同的两直杆受相同的轴向外力，则内力和应力都相同。（　）
2. 应力在工程中表示构件受力的强弱程度。（　）
3. 当杆件受拉伸时，变形为负值。（　）
4. 应力单位换算：$1 \text{ kN/mm}^2 = 1 \text{ MPa}$。（　）
5. 轴力是因外力而产生的，所以轴力也是外力的一种。（　）

四、综合题
1. 什么是应力和应变？
2. 如图 2-4 所示阶梯轴的受力情况，已知 $F = 30\text{N}$，$A_{1-1} = 2A_{2-2} = 10\text{mm}^2$，试求两处截面的应力。
3. 试求图 2-5 所示直杆截面各段上的轴力，单位为 N。
4. 如图 2-6 所示，分别指出构件中的拉杆和压杆。

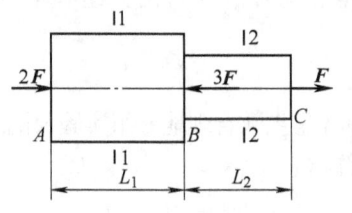
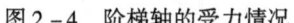

图 2-4　阶梯轴的受力情况

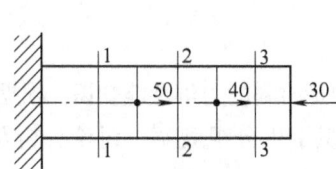

图 2-5　直杆截面各段上的轴力

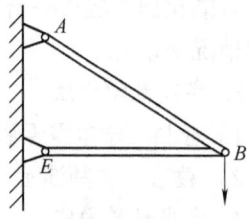

图 2-6　构件

第二节　材料的力学性能

【学习目标】了解材料的力学性能。
【学习内容】
一、材料的力学性能及其应用
1. 材料的力学性能含义
金属材料在外力作用下所表现出来的性能。
2. 低碳钢与铸铁拉压时的应力情况
（1）低碳钢拉伸时应力　经过 4 个阶段（弹性变形，屈服阶段，强化阶段，缩颈阶段）。
（2）铸铁拉伸时应力　无屈服和缩颈现象，变形很小时会突然断裂。
（3）低碳钢压缩时应力　可以产生很大的塑性变形而不被破坏。
（4）铸铁压缩时应力　抗压强度比抗拉强度好很多，但破坏也会突然发生。
3. 塑性材料和脆性材料的力学性能
1）塑性材料断裂前，弹性变形有明显的塑性变形和屈服现象；而脆性材料无屈服现

象,且在变形很小时就突然断裂。

2)塑性材料在拉伸、压缩时的比例极限、屈服强度、弹性模量都相同,且由于一般不超过屈服强度,所以其抵抗拉伸、压缩的能力相同;脆性材料抵抗拉伸能力远低于其抵抗压缩的能力。

3)冷作硬化是对零件加载后会产生塑性变形,材料的比例极限和屈服强度有所上升,但塑性下降的现象。

4. 应用

1)锻压件一般选择塑性较好的材料。

2)工程中一般会采用冷作硬化方法提高一些结构件的承载能力,如钢筋、冷轧钢板、链条等。

*二、阶段性实习训练——万能试验机的观察与分析

1. 实践教学目的

1)让学生感性认识金属材料的力学性能。

2)体验实验的观察、记录与分析方法。

3)基本掌握低碳钢与铸铁拉压时的应力状况。

2. 实践材料及仪器

万能拉伸实验机一台,15钢、Q235钢材料若干,记录本、笔若干(可由分组和学生数具体情况来定)。

3. 实践教学方法

1)学情　学生需要基本清楚材料的力学性能知识;根据具体学生数合理地分组实验及记录。

2)教法　教师演示;组织学生分组观察、讨论分析及总结。

4. 实践教学内容

把拉伸试样装夹在万能拉伸实验机上,试样原始直径均为 d_0,原始标距均为 L_0。

在逐渐施加拉伸载荷时,连续测量力 F 和相应的伸长量 ΔL,直至断裂。

1)低碳钢(以15钢为例)拉伸时应力观察、记录与分析

低碳钢的拉伸力-伸长曲线(图2-7a)、应力-应变曲线(图2-7b),经历弹性变形、屈服、强化、缩颈(图2-8)四个阶段的变形,记录见表2-1。

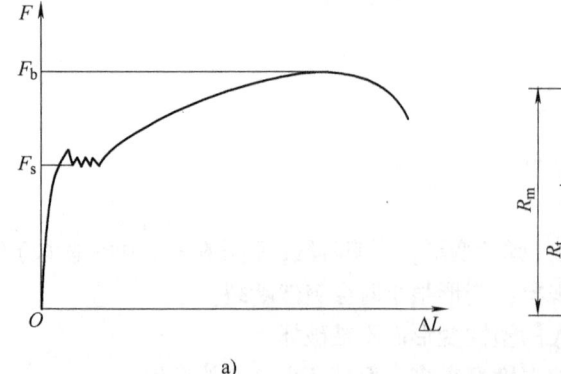
a)

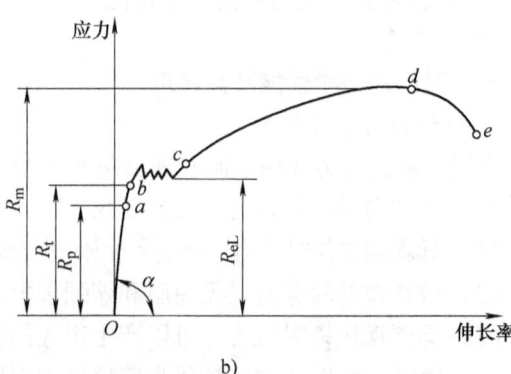
b)

图2-7　低碳钢的拉伸曲线和应力-应变曲线
a)拉伸力-伸长曲线　b)应力-应变曲线

表 2-1 拉伸时应力记录

测量点	拉伸后长度 L/mm	拉伸后直径 d/mm	伸长率 $A = \Delta L/L_0$	测量力 F/N	应力 $R = F/A$ /MPa
原始直径为 $d_0 =$			,原始标距均为 $L_0 =$		
比例极限 a 点					R_p
弹性极限 b 点					σ_e
屈服强度 c 点					R_{eL}
最大强化点 d 点					R_m
断点 e 点					缩颈现象
记录者				日期	

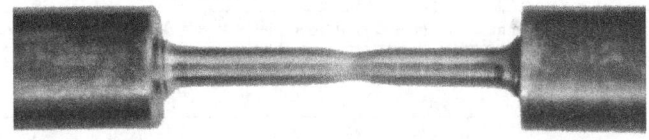

图 2-8 试件的缩颈现象

2) 低碳钢（以 15 钢为例）压缩时应力观察与分析，如图 2-9 所示，记录以表 2-2。

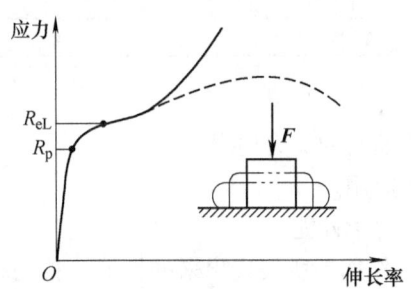

图 2-9 低碳钢压缩时应力变化图

表 2-2 压缩时应力记录

测量点	压缩后长度 L/mm	压缩后直径 d/mm	伸长率 $A = \Delta L/L_0$	测量力 F/N	应力 $R = F/A$/MPa
原始直径为 $d_0 =$			,原始标距均为 $L_0 =$		
比例极限 a 点					R_p
弹性极限 b 点					σ_e
屈服强度 c 点					R_{eL}
增加点 d 点					R_m
增加点 e 点					
记录者				日期	

在屈服阶段前，曲线形状与拉伸时基本重合；屈服后，试件被压扁，曲线上扬，但不会断裂。

☆增加点的力可参照拉伸试验中最大强化点和断点的测量力。

3) 铸铁拉伸（压缩）时应力观察与分析，如图 2-10 所示，记录见表 2-3。

铸铁拉伸时无屈服和缩颈现象，变形很小时就会突然断裂；铸铁压缩时抗压强度比抗拉强度好很多，但破坏现象会突然发生。

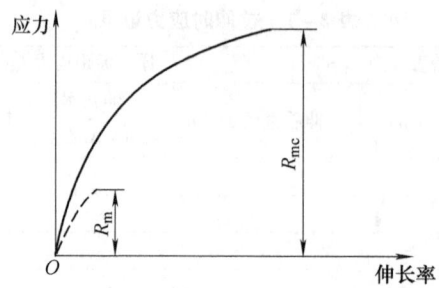

图 2–10　铸铁拉伸（压缩）时应力变化图

表 2–3　铸铁拉伸（压缩）时应力记录

测量点	压缩后长度 L/mm	压缩后直径 d/mm	伸长率 $A = \Delta L/L_0$	测量力 F/N	应力 $R = F/A$/MPa
原始直径为 $d_0 =$			原始标距均为 $L_0 =$		
拉伸 a 点					
拉伸 b 点					
拉伸 c 点					
压缩 d 点					
压缩 e 点					
压缩 f 点					
记录者				日期	

【考点分析】
1. 低碳钢与铸铁在拉伸压缩时的应力情况。
2. 材料力学性能的概念和应用。
3. 塑性材料和脆性材料的力学性能。

【例 1】金属材料在_____作用下所表现出来的性能，称为材料的力学性能。
【解题指导】掌握材料的力学性能。
【参考答案】外力。

【例 2】低碳钢拉伸时经过 4 个阶段，以下哪项不属于_____。
A. 弹性变形阶段　　B. 屈服阶段　　　　C. 强化阶段　　　　D. 疲劳阶段
【解题指导】考查低碳钢拉伸时，应力变化的几个阶段。
【参考答案】D

【例 3】塑性材料有明显的塑性变形和屈服现象，而脆性材料无屈服现象。（　　）
【解题指导】考查塑性材料与脆性材料拉伸中的特性。
【参考答案】√

 第三节　*直杆轴向拉伸与压缩时的强度计算

【学习目标】了解直杆轴向拉伸与压缩时的强度计算。
【学习内容】
一、许用应力与安全系数
为确保构件具有足够的强度，在外力作用下最大工作应力 σ_{max} 必须小于材料的极限应

力 σ^0。

1. 安全系数

安全系数取大于1的系数，用 n 表示。

2. 许用应力

材料的极限应力除以安全系数，并以此作为构件工作时所允许的最大应力称为许用应力，用 $[\sigma]$ 表示。

塑性材料一般用屈服应力 $[R_{eL}]$，脆性材料取强度极限 $[R_m]$。

☆安全系数反映了经济与安全的矛盾关系。取值太大会浪费材料，反之安全不能保证。塑性材料一般取 $n=1.5\sim 2$，脆性材料一般取 $n=2.5\sim 3.5$。

二、拉伸与压缩时的强度条件

为确保构件有足够的强度而正常工作，必须使其最大工作应力不超过材料的许用应力。

1. 强度计算公式

$$\sigma_{max} = F_N/A \leq [\sigma]$$

2. 三类强度问题

（1）强度校核　$\sigma_{max} = F_N/A \leq [\sigma]$

在已知材料的载荷（F_N）、载荷处的截面面积（A）及该材料的许用应力 $[\sigma]$ 情况下，可对其进行强度校核。

（2）选截面尺寸　$A \geq F_N/[\sigma]$

在已知材料的载荷（F_N）及该材料的许用应力 $[\sigma]$ 情况下，可对载荷处的截面面积（A）或截面尺寸（圆半径、矩形边长等）进行计算并选用。

（3）确定许可载荷　$F_N \leq [\sigma]A$

在已知载荷处的截面面积（A）及该材料的许用应力 $[\sigma]$ 情况下，可确定许可载荷（F_N）。

三、应力集中与温差应力

1. 应力集中

局部应力显著增大的现象称为应力集中。

☆塑性材料能缓和应力集中的性能，脆性材料对应力集中较敏感；但无论哪种材料对强度都有影响。

2. 温差应力

温度改变而引起的应力称为温差应力，也称热应力。在铸造、锻造、焊接、热处理生产中由于加热冷却不均匀，会引起温差应力，一般可用热处理消除。

【考点分析】

1. 许用应力与安全系数。
2. 拉伸与压缩时的强度条件及计算公式。
3. 应力集中与温差应力。

【例1】塑性材料能缓和应力集中的性能，因此对构件的强度没有影响。　　　（　）

【解题指导】了解塑性与脆性材料在应力集中时的特点，它们都会影响构件的强度。

【参考答案】×

【例2】构件的许用应力 $[\sigma]$ 是保证构件安全工作的＿＿＿＿＿。

A. 最低工作应力　　B. 最低破坏应力　　C. 最高工作应力　　D. 平均工作应力

【解题指导】了解许用应力与安全的关系。

【参考答案】C

【例 3】如图 2-11 所示为铸造车间吊运铁液包的双套吊钩。吊钩杆部横截面为矩形，$b=25\text{mm}$，$h=50\text{mm}$。杆部材料的许用应力 $[\sigma]=50\text{MPa}$。铁液包自重 8kN，最多能容 30kN 重量的铁液。试校核吊杆的强度。

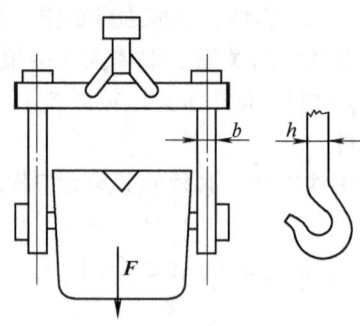

图 2-11　双套吊钩

【解题指导】了解拉伸与压缩时的强度计算。

【参考答案】由于总载荷由两根吊杆来承担，因此每根吊杆的轴力应为

$$F_N = \frac{F}{2} = \frac{30+8}{2}\text{kN} = 19\text{kN}$$

吊杆横截面上的应力为

$$\sigma = F_N/A = \frac{19 \times 10^3}{25 \times 50}\text{MPa} = 15.2\text{MPa}$$

可见 $\sigma < [\sigma]$，故吊杆的强度足够使用。

第四节　连接件的剪切与挤压

【学习目标】掌握剪切和挤压变形的概念及应用。

【学习内容】

一、剪切

1. 剪切的特点

(1) 力的特点　作用在构件两侧面上的外力的合力等值、反向，作用线平行且相距很近。

(2) 变形的特点：介于两作用力之间的各截面有沿作用力方向发生相对错动的趋势，如图 2-12 所示的铆钉连接。

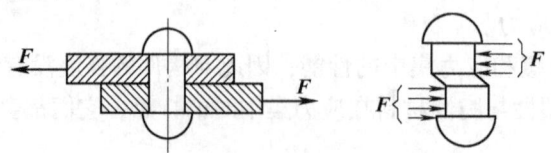

图 2-12　铆钉连接

(3) 剪力　构件在外力作用下发生剪切变形时，内部产生抵抗变形的内力。剪刀用 F_Q 表示。

2. 种类

分为单剪（一个剪切面）和双剪（二个剪切面）。

3. 切应力

构件发生剪切变形时，单位面积上所受到的剪力称为切应力，用 τ 表示。

$$\tau = F_Q / A$$

式中，τ 为切应力，单位为 MPa；F_Q 为剪切面上的剪力，单位为 N；A 为剪切面的面积，单位为 mm^2。

二、挤压

1. 挤压的概念

杆件在剪切变形的同时，往往还在受力处接触的作用面上，承受局部较大的压力，而出现塑性变形的现象，如图 2-13 所示的螺栓联接。

2. 挤压变形特点

其特点是挤压面发生塑性变形或压溃。

挤压力 F_p 是相互挤压的作用力，挤压力垂直于挤压面。

3. 挤压应力

在挤压面上，单位面积上所受到的挤压力称为挤压应力。用 σ_{jy} 表示。

$$\sigma_{jy} = F_p / A_{jy}$$

式中，σ_{jy} 为挤压应力，单位为 MPa；F_p 为挤压力，单位为 N；A_{jy} 为挤压面积，单位为 mm^2。

☆挤压面积按挤压面正投影面积计算；当挤压面为圆柱面时，用通过直径的截面代替，如图 2-13d 所示。

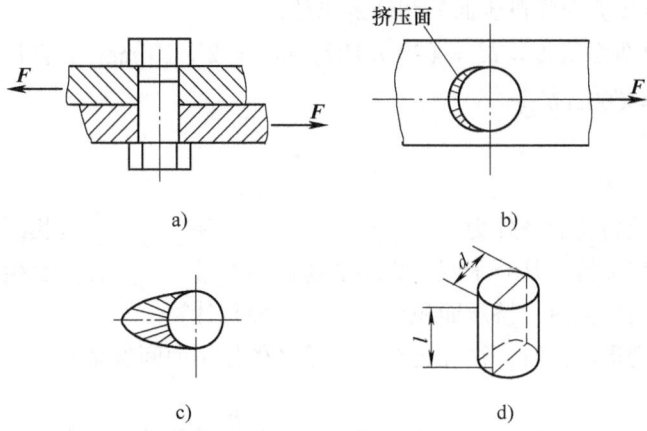

图 2-13　螺栓联接

三、剪切与挤压在生产实践中的应用

工程中为使机器中主要零件不被损坏，就会把某个次要零件设计成该机器中最薄弱环节，以便当出现机器超载时，次要零件先破坏，从而保护其他主要零件。

剪切和挤压强度的校核为上述情况提供理论依据。

【考点分析】

1. 剪切和挤压的概念。

2. 判断连接件的受剪面与受挤面。

3. 剪切与挤压在生产实践中的应用。

【例1】挤压变形特点是_____。

【解题指导】了解挤压变形的特点。

【参考答案】作用面发生塑性变形或压溃。

【例2】剪切时的变形特点是介于两作用力之间的各截面有沿作用力方向发生相对错动的趋势。   （   ）

【解题指导】理解剪切概念的变形特点。

【参考答案】√

【例3】如图2-14所示的齿轮用平键与轴联接，已知轴的直径 $d=70\text{mm}$，键的尺寸为 $b \times h \times l = 20\text{mm} \times 12\text{mm} \times 10\text{mm}$，试求剪切面积和挤压面积。

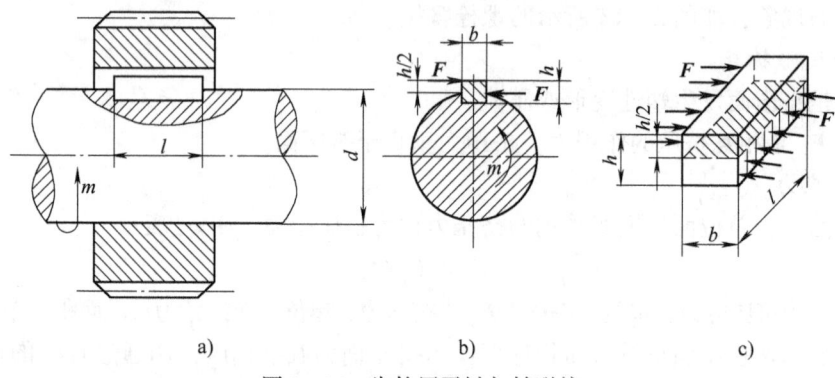

图2-14 齿轮用平键与轴联接

【解题指导】掌握剪切和挤压面的判断及求法。

【参考答案】剪切面积 $A = bl = (20 \times 100)\text{mm}^2 = 2 \times 10^3 \text{mm}^2$；挤压面积 $A_{jy} = hl/2 = (12 \times 100/2)\text{mm}^2 = 600\text{mm}^2$。

【习题练习】

一、填空题

1. 剪切变形的受力特点是外力_____、_____和_____且相距很近。

2. 剪切变形的变形特点是介于两力之间的各截面有沿_____方向发生相对错动的趋势。

3. 挤压面是半圆柱面时，挤压面积按_____面积计算。

4. 构件在剪切变形的同时，往往还在相互接触的作用面间发生_____变形。

二、选择题

1. 校核图2-15所示结构中铆钉的剪切强度，剪切面积是_____。

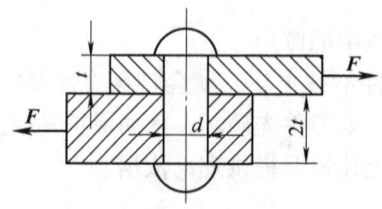

图2-15 铆钉简图

A. $\pi d^2/4$ B. dt C. $2\,dt$ D. πd^2

2. 如图 2-16 所示，一个剪切面的内应力为 _____。

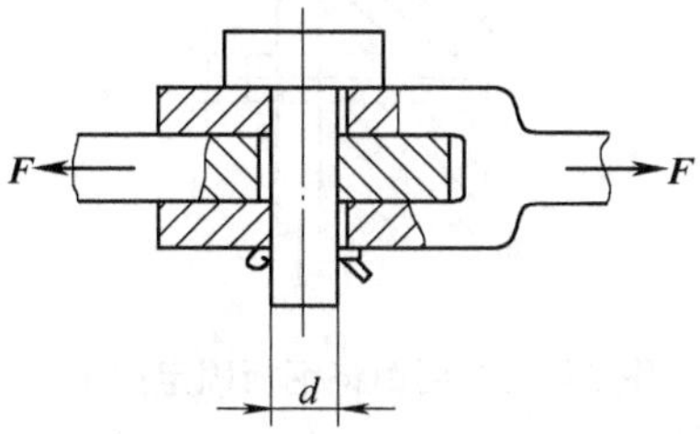

图 2-16 螺钉联接

A. F B. $2F$ C. $F/2$ D. 以上均不是

3. 在图 2-17 所示结构中，拉杆的剪切面形状是 _____。

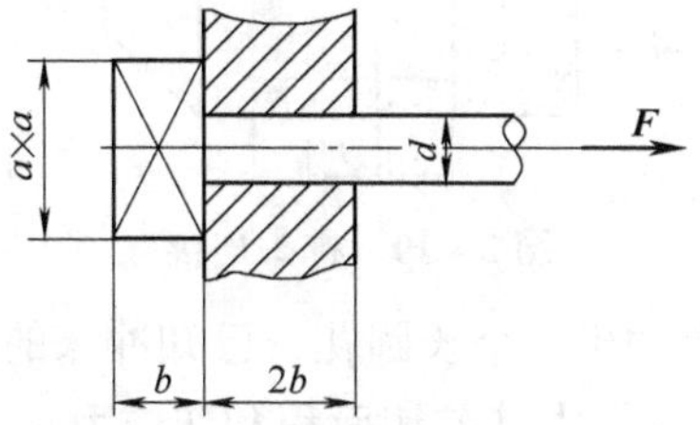

图 2-17 拉杆的剪切简图

A. 圆 B. 矩形 C. 外方内圆 D. 圆柱面

4. 挤压变形为构件 _____ 变形。

A. 轴向压缩 B. 局部互压 C. 全表面 D. 横截面

5. 剪切和挤压在生产实际中的应用表述正确的是 _____。

A. 剪切和挤压强度的校核不提供理论依据
B. 剪切在生产实际中应用得比挤压多
C. 挤压应力的实际分布较复杂，一般挤压面积按实际面积计算
D. 连接件的剪切与挤压在实际应用中常作为保险件，超载时先破坏

6. 工程中不受剪切变形的零件有 _____。

A. 销 B. 铆钉 C. 拉杆 D. 键

三、判断题

1. 切应力方向总是和外力的方向相反。 （　）
2. 剪切变形就是将被剪构件剪断。 （　）
3. 构件受剪切时，剪力与剪切面垂直。 （　）
4. 剪切变形与挤压变形同时存在，同时消失。 （　）
5. 挤压变形实际上就是轴向压缩变形。 （　）

四、综合题

1. 简述剪切零件的变形特点和受力特点。
2. 用直径 $d=22$mm 的销把 5mm 厚的钢板固定在墙上，如图 2-18 所示。当受载荷 F

作用时，求销的剪切面积和挤压面积。

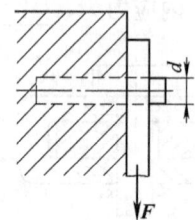

图 2-18　用销将钢板固定图示

3. 在图 2-19 所示的榫头连接中，已知 $l = 10$ mm，$a = 5$ mm，$b = 30$ mm，求剪切面积和挤压面积。

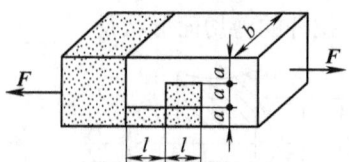

图 2-19　榫头连接

4. 在厚度 $t = 3$ mm 的钢板上冲出一个长圆孔，已知冲床的冲剪力 $F_Q = 120$ kN，长圆孔的尺寸如图 2-20 所示，单位为 mm。求其剪切面积和切应力。

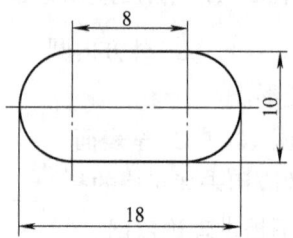

图 2-20　钢板上冲出的长圆孔

第五节　圆轴的扭转

【学习目标】理解圆轴扭转的概念及其受力、变形特点；掌握圆轴扭转变形的强度计算；了解提高圆轴抗扭能力采取的措施。

【学习内容】

一、圆轴扭转的概念

构件在力偶作用下使相邻两个横截面绕轴线发生相对转动的现象称为扭转。

1. 扭转的受力特点

垂直于杆件平面内，作用一对等值、反向的力偶。

2. 扭转的变形特点

各横截面绕轴线发生相对转动。

3. 外力偶矩

$$m \approx 9\,550P/n$$

式中，m 为外力偶矩，单位为 $N \cdot m$；P 为传递功率，单位为 kW；n 为轴的转速，单位为 r/min。

4. 扭矩

在外力偶矩作用下发生扭转变形，其横截面产生的内力称为扭矩，用 M_s 表示。

1）右手螺旋法则判定：用右手的四指弯曲方向与扭转方向一致，大拇指就表示扭矩方向；当拇指指向背离截面时，扭矩为正，反之为负，如图 2-21 所示。

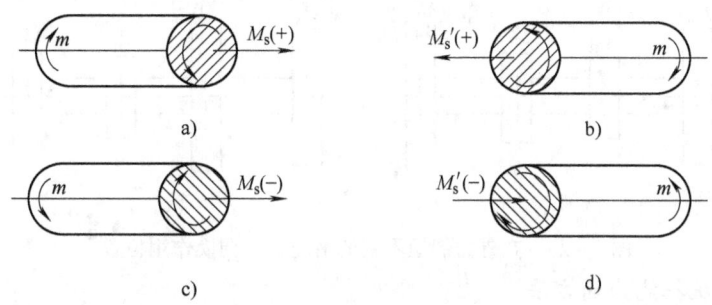

图 2-21 右手螺旋法则判定

2）内力求法：截面法。

*二、圆轴扭转的变形与应力分布

1. 圆轴扭转时横截面上切应力的分布规律

横截面上某点的切应力与该点至圆心的距离成正比，如图 2-22 所示。

☆切应力在圆心处为零，在周围上最大。

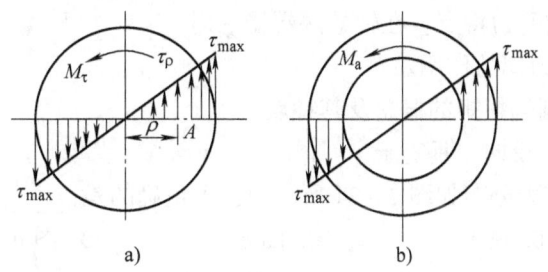

图 2-22 圆轴应力分布

a) 实心轴　b) 空心轴

2. 最大切应力计算公式

$$\tau_{max} = M_{Tmax}/W_t$$

式中，τ_{max} 为最大切应力，单位为 Pa 或 MPa；M_{Tmax} 为截面上最大扭矩，单位为 $N \cdot m$；W_t 为抗扭截面系数，单位为 mm^3。

(1) 心圆轴　$W_t = \Pi D^3/16 \approx 0.2D^3$

(2) 空心圆轴　$W_t \approx 0.2D^3(1-\alpha^4)$，$\alpha = d/D$

三、工程中提高抗扭能力采取的措施

1. 提高圆轴抗扭能力需考虑因素

1）合理选用截面，提高轴的抗扭截面系数 W_t。

如在强度相同情况下，采用空心轴既节省材料又减轻重量，同时大大提高抗扭截面系数，从而提高轴的强度。

2）合理安排受力情况，降低最大扭矩。

如在各段外力偶矩不变的情况下，合理调换作用位置，找出 $|\tau_{max}|$ 最小的布置方案。如图2-23中所示将 a 图的传动方案改为 b 图的传动方案，从而降低轴的最大扭矩。

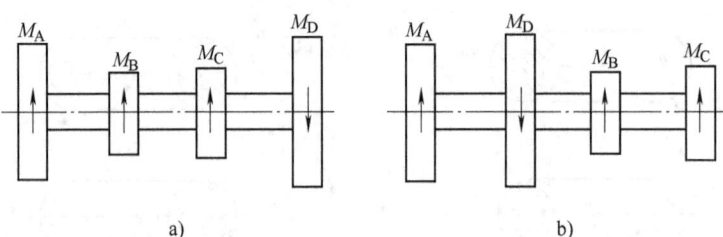

图2-23 在外力偶矩不变的情况下，调换作用位置

2. 提高圆轴抗扭能力的方法

1）合理安排受力，降低最大扭矩。

2）合理选用截面，提高抗扭刚度。

3）在强度条件许可的条件下，选刚度大的材料。

【考点分析】

1. 圆轴扭转的概念。

2. 圆轴扭转时横截面上切应力的分布规律及最大切应力计算公式。

3. 提高圆轴抗扭能力需考虑因素及其措施。

【例1】圆轴扭转的受力特点：在轴的两端受一对_____、_____，且作用面_____中心轴线的一对力偶的作用。

【解题指导】理解圆轴扭矩的概念及其特点。

【参考答案】等值　反向　垂直于

【例2】圆轴扭转应力分布如图2-24所示中，不正确的是_____。

A. 图 a　　　B. 图 b　　　C. 图 c　　　D. 图 d

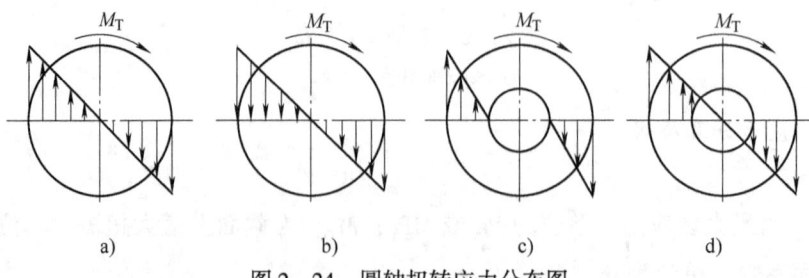

图2-24 圆轴扭转应力分布图

【解题指导】了解圆轴扭转时横截面上切应力的分布规律。

【参考答案】B

【例3】 简述工程中提高圆轴抗扭能力采取的措施有哪些?

【解题指导】 掌握提高圆轴抗扭能力的方法。

【参考答案】 合理安排受力,降低最大扭矩;合理选用截面,提高抗扭刚度;在强度条件许可的条件下,选刚度大的材料。

【习题练习】

一、填空题

1. 在圆轴扭转中,外力偶矩与圆轴转速的关系成_____。
2. 实心圆轴扭转时,横截面上的最小切应力一定为_____。
3. 圆轴扭转时,切应力在圆心处为零,_____上最大。
4. 一般用_____法来求圆轴扭矩。
5. 圆轴扭转时的内力称为_____,用字母_____表示。

二、选择题

1. 下列实例中属于扭转变形的是_____。
   A. 吊起吊钩　　B. 钻孔的钻头　　C. 火车车轴　　D. 钻孔的零件
2. 两根受扭圆轴,一根是钢轴,另一根是铜轴,若受力情况及截面均相同,则_____。
   A. 两轴的最大切应力相同,强度也相同
   B. 两轴的最大切应力不同,强度也不同
   C. 两轴的最大切应力相同,但强度不同
   D. 两轴的最大切应力不同,但强度不同
3. 如图 2-25 所示,圆轴扭转时,下列切应力分布图正确的是_____。

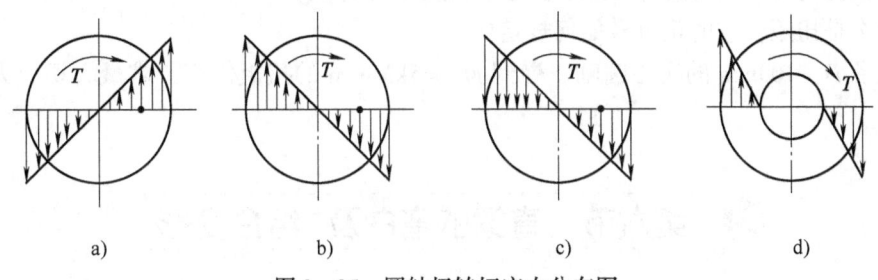

图 2-25　圆轴扭转切应力分布图

   A. 图 2-25a　　B. 图 2-25b　　C. 图 2-25c　　D. 图 2-25d
4. 如图 2-26 所示的圆轴,用截面法求扭矩,无论取哪一段作为研究对象,其同一截面的扭矩大小符号_____。

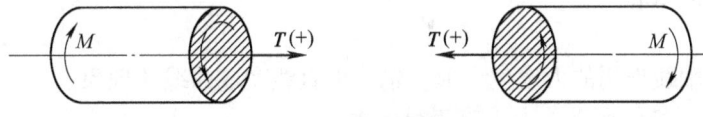

图 2-26　圆轴截面

   A. 完全相同　　B. 正好相反　　C. 不能确定

5. 在图 2-27 中，只发生扭转变形的轴是_____。

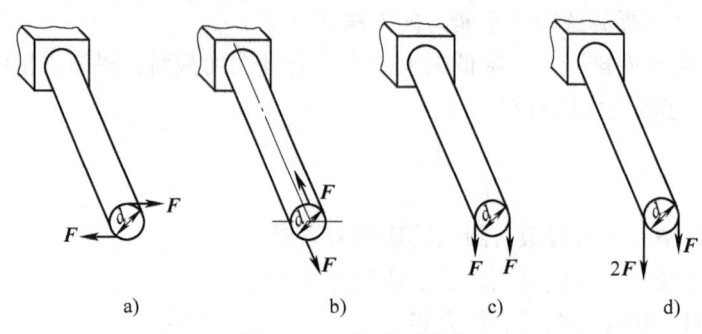

图 2-27 轴受力情况

A. 图 2-27a B. 图 2-27b C. 图 2-27c D. 图 2-27d

6. 空心圆轴扭转时，横截面上的最小切应力_____。

A. 一定为零 B. 一定不为零 C. 可能为零，也可能不为零

三、判断题

1. 当圆轴两端受到一对等值、转向相反的力偶作用时，圆轴就会发生扭转变形。（　　）
2. 圆轴扭转时，各横截面之间产生绕轴线的相对错动，所以可以说扭转变形的实质是剪切变形。（　　）
3. 承受扭转作用的圆轴，其扭矩最大处就是切应力最大处。（　　）
4. 圆轴抗扭能力的大小与材料的性能无关。（　　）
5. 对于承受扭转作用的等截面圆轴而言，扭矩最大的截面就是危险面。（　　）

四、综合题

1. 圆轴扭转时，它的受力特点和变形特点分别是什么？
2. 什么是扭矩？它的正负号如何规定？
3. 直径 $D=100$mm 的实心圆轴，受到 $M_T = 5$kN·m 的扭矩作用，求最大切应力和最小切应力？

第六节　直梁的弯曲及*组合变形

【学习目标】掌握直梁的弯曲的概念；了解纯弯曲的应力分布规律；了解组合变形的概念与实例。

【学习内容】

一、直梁弯曲的概念

1. 定义

受垂直于梁的轴线作用的力发生变形，轴线由直线变成曲线的现象。

（1）受力特点　杆件所受的力垂直于梁的轴线。

（2）变形特点　梁的轴线由直线变成曲线。

2. 梁的基本形式

工程中以弯曲变形为主的构件称为梁。

(1) 简支梁　一端是固定铰链支座,另一端是活动铰链支座的梁,如图 2-28a 所示。

(2) 外伸梁　支座与简支梁相同,但一端或两端伸出支座以外的梁,如图 2-28b 所示。

(3) 悬臂梁　一端是固定端约束,另一端是自由端约束的梁,如图 2-28c 所示。

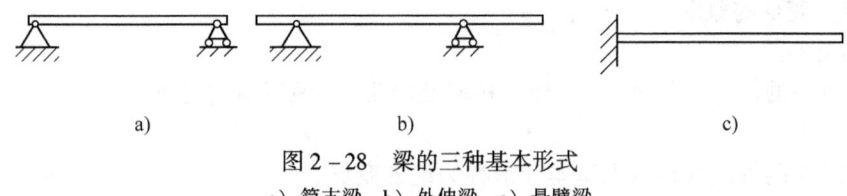

图 2-28　梁的三种基本形式
a) 简支梁　b) 外伸梁　c) 悬臂梁

二、纯弯曲的应力分布规律

1. 梁的外力

常见有三种:集中力、集中力偶和均布载荷。

2. 梁的内力

在外力作用下梁发生弯曲变形,其截面上就有抵抗变形的内力产生。

包括剪力 F_Q 和弯矩 M。

*对梁的强度影响较大的是弯矩。

3. 符号规定

(1) 剪力符号　如图 2-29a 所示,梁上截取一段,左侧剪力向上、右侧剪力向下为正,反之为负。

(2) 弯矩符号　如图 2-29b 所示,梁上截取一段,使梁弯曲时,凹面向上为正,反之为负。

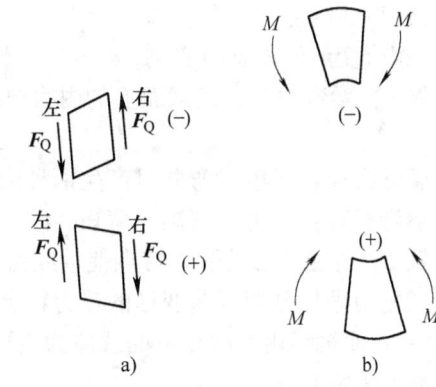

图 2-29　剪力和弯矩符号的规定
a) 剪力符号的规定　b) 弯矩符号的规定

4. 纯弯曲的应力分布规律

(1) 纯弯曲　只有弯曲作用而没有剪切作用的梁,称为纯弯曲梁。

(2) 纯弯曲正应力分布规律　横截面上各点的正应力大小与该点到中性轴的距离成正比,如图 2-30 所示。

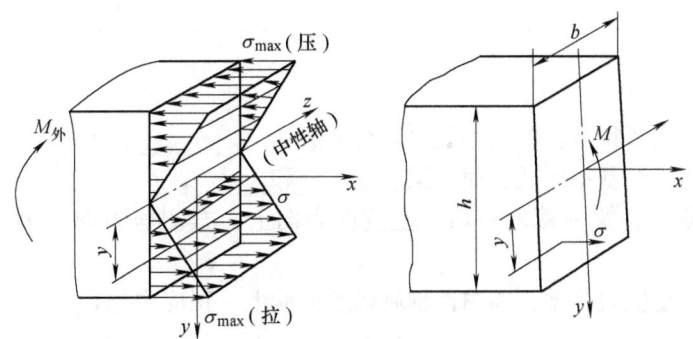

图 2-30　纯弯曲正应力分布

☆在中性轴处正应力为零,离中性轴越远的截面上,正应力越大。

（3）中性层与中性轴

1）中性层：梁纯弯曲变形时既不伸长又不缩短的一层。

2）中性轴：中性层与横截面的交线。

☆弯曲变形时，横截面绕中性轴转动。

三、*组合变形的概念

1. 基本变形

构件受单一的拉伸（压缩）、剪切、扭转及弯曲变形称为基本变形。

2. 组合变形

构件同时受两种或两种以上基本变形称为组合变形。

如：旋紧的螺栓产生拉－扭组合变形；建筑中的边柱受力不沿柱子轴线，受到轴向压力与力偶的组合作用，因此为压缩－弯曲组合变形；传动轴工作中产生弯曲－扭转组合变形。

【考点分析】

1. 直梁的弯曲的概念及其特点。

2. 梁的基本形式、梁的内力及其符号。

3. 纯弯曲的应力分布规律。

4. 组合变形的概念与实例。

【例1】梁弯曲时，横截面上的内力包括_____和_____，其中对梁的强度影响较大的是_____。

【解题指导】了解梁弯曲时产生两种内力，其中弯矩是主要影响因素。

【参考答案】剪力　弯矩　弯矩

【例2】弯曲变形的受力特点使轴线由直线变成曲线。　　　　　　　　　　　　（　　）

【解题指导】掌握弯曲变形的受力特点和变形特点。受力特点应是杆件所受的力垂直于梁的轴线；使轴线由直线变成曲线应为变形特点。

【参考答案】×

【例3】对纯弯曲正应力分布规律描述不正确的是_____。

A. 正应力大小与该点到中性轴的距离成正比

B. 在中性轴处正应力最小但不为零

C. 离中性轴越远的截面上，正应力越大

【解题指导】了解纯弯曲正应力分布规律。

【参考答案】B

【习题练习】

一、填空题

1. 直梁弯曲的变形特点：梁的轴线由直线变成_____。

2. 梁的受力有三种基本形式：简支梁、_____和_____。

3. 剪力符号规定，梁上截取一段，左侧剪力向上、右侧剪力向下为_____，反之为_____。

4. 在中性轴处正应力为零，离中性轴越远的截面上，正应力越_____。

二、选择题

1. 工厂大型厂房的吊车横梁，一般都使用_____。

A. 矩形钢　　　B. 圆钢　　　　　C. 工字钢　　　　D. 槽钢

2. 当横向外力作用在梁的纵向对称平面内时，梁将发生_____。
   A. 挤压变形　　B. 扭转变形　　C. 平面弯曲　　D. 剪切变形
3. 如图2-31所示，用T形截面形状的铸铁材料做悬臂梁，从提高梁的弯曲强度角度考虑，下图中的方案合理的是_____。

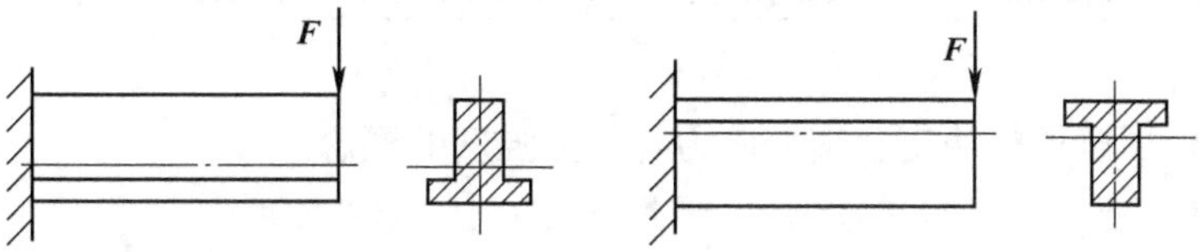

图2-31　T形截面的悬臂梁

   A. 图2-31a　　B. 图2-31b　　C. 都不合理
4. 图2-32表示横截面上的应力分布图，其中属于直梁弯曲的是图_____。

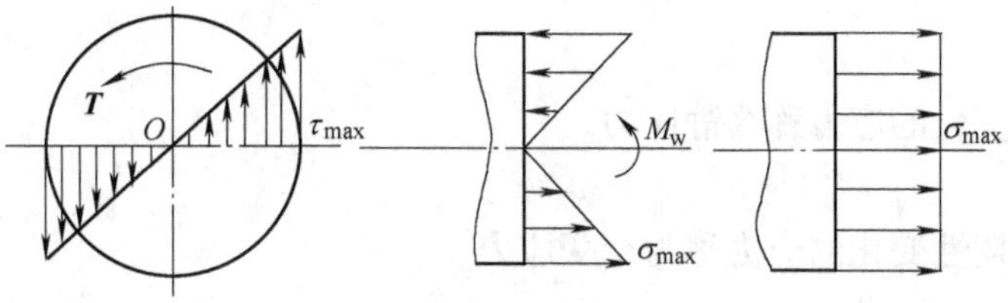

图2-32　横截面上的应力分布图

   A. 图2-32a　　B. 图2-32b　　C. 图2-32c
5. 在梁的弯曲过程中，梁的中性层_____。
   A. 不变形　　B. 长度不变　　C. 长度伸长　　D. 长度缩短
6. 如图2-33所示，火车轮轴产生的是_____。

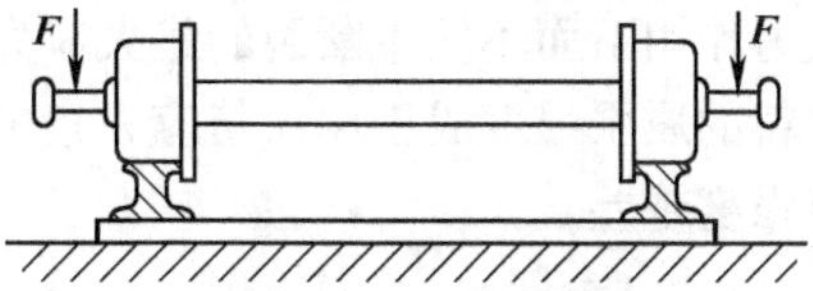

图2-33　火车轮轴

   A. 拉伸或压缩变形　　　　B. 剪切变形
   C. 扭转变形　　　　　　　D. 弯曲变形

三、判断题
1. 梁弯曲变形时，弯矩最大的截面一定是危险截面。　　　　　　　　　（　　）
2. 提高梁的弯曲刚度，可以采用缩小跨度或增加支座的方法。　　　　（　　）
3. 细长杆受压时，杆件越细长，稳定性越好。　　　　　　　　　　　　（　　）
4. 弯曲变形的实质是剪切。　　　　　　　　　　　　　　　　　　　　　（　　）
5. 梁弯曲时，中性层上的正应力为零。　　　　　　　　　　　　　　　　（　　）

四、综合题
1. 什么是直梁弯曲？它的受力特点和变形特点是什么？

2. 什么是梁的纯弯曲？其横截面上的正应力是如何分布的？
3. 梁的内力有几个分量？它们的正负是如何规定的？

第七节 *压杆稳定、交变应力与疲劳强度

【学习目标】了解压杆稳定、交变应力与疲劳强度的概念。
【学习内容】
一、压杆稳定
压杆失稳是不能保持压杆原有直线平衡状态而突然变弯的现象。
*杆越长抗弯能力越小；抗弯刚度越大，抗弯能力越大；杆端的支撑越牢固，越不容易发生弯曲。
二、交变应力
1. 静应力
不随时间发生变化的应力称为静应力。
2. 交变应力
随时间发生周期性变化的应力称为交变应力。
三、疲劳强度
1. 疲劳破坏
金属材料在交变应力作用下，零件内部的最大应力虽远低于静载荷下的强度极限，甚至低于屈服强度，多次应力循环后可能发生突然的脆性断裂的现象称为疲劳破坏。
特点：应力小，断裂前多次应力循环，断口无明显的塑性变形，表现为脆性断裂，断口有光滑区和粗糙区。
2. 疲劳强度
金属材料在无限次交变应力作用下而不发生断裂的最大应力值称为疲劳强度。
影响到的主要因素：与材料的屈服强度成正比；与应力集中和表面粗糙度值成反比；尺寸越大、内部缺陷越多，疲劳强度越差。
【考点分析】
1. 压杆稳定、交变应力的概念及应用。
2. 疲劳强度的概念及特点。
【例1】梁不能保持压杆原有直线平衡状态而突然变弯的现象是_____。
【解题指导】了解压杆失稳的概念。
【参考答案】压杆失稳
【例2】疲劳强度影响的主要因素是什么？
【解题指导】了解疲劳强度影响的主要因素。
【参考答案】与材料的屈服强度成正比；与应力集中和表面粗糙度值成反比；尺寸越大、内部缺陷越多，疲劳强度越差。

第三单元

机械工程材料

【知识构架】

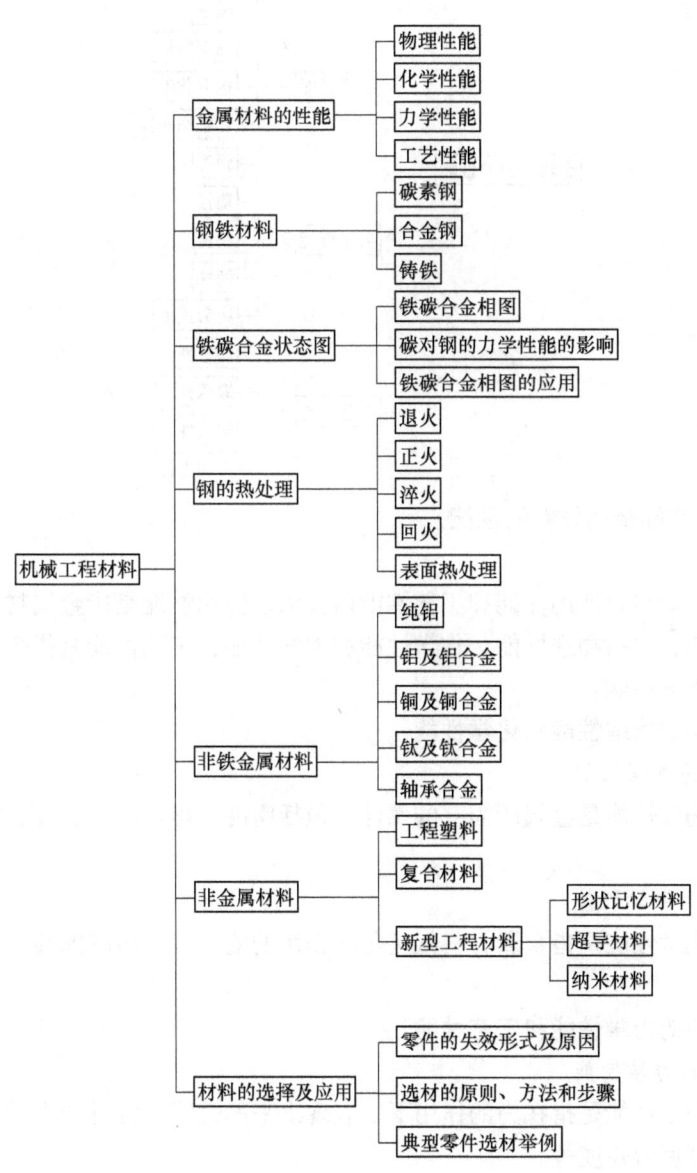

第一节　金属材料的性能

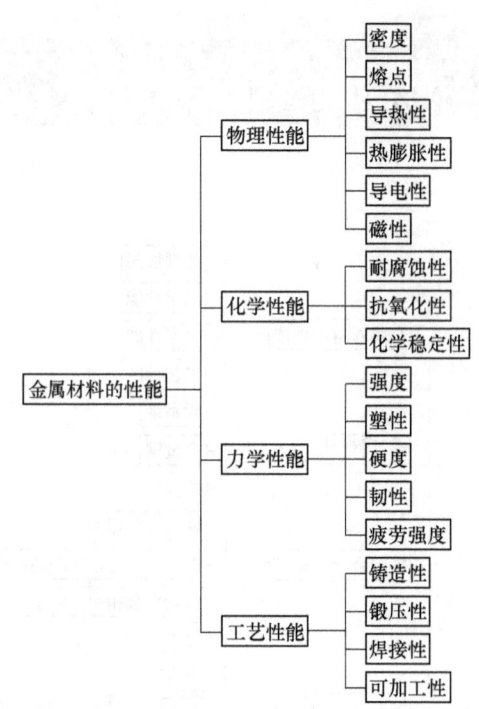

【学习目标】掌握金属材料的性能。

【学习内容】

金属材料的性能包含使用性能和工艺性能两方面。使用性能是指金属材料在使用条件下所表现出来的性能，包括物理性能、化学性能和力学性能，工艺性能是指金属材料在各种加工条件下表现出来的性能。

一、金属材料的物理性能和化学性能

1. 金属材料的物理性能

金属材料的物理性能是金属所固有的属性，包括密度、熔点、导热性、热膨胀性、导电性和磁性。

2. 金属材料的化学性能

金属材料的化学性能是指金属材料抵抗化学作用的能力，有耐腐蚀性、抗氧化性和化学稳定性。

二、金属材料的力学性能和工艺性能

1. 金属材料的力学性能

金属材料的力学性能是指在力的作用下所表现出来的性能。常见的力学性能有强度、塑性、硬度、韧性和疲劳强度等。

2. 力学性能指标

强度和塑性一般都是通过拉伸试验来测定的。

拉伸试验所使用的是静载荷，拉伸曲线分为四个阶段：弹性变形阶段（OE）；屈服阶段（ES）；强化阶段（SB）；缩颈阶段（BZ）；

(1) 强度　金属材料在静载荷作用下抵抗塑性变形或断裂的能力。
(2) 塑性　金属材料在静载荷作用下产生塑性变形而不断裂的能力。
(3) 硬度　金属材料在静载荷作用下抵抗其他更硬物体压入其表面的能力。
(4) 冲击韧度　金属材料在一次冲击载荷作用下抵抗破坏的能力。
(5) 疲劳强度　金属材料在无限多次交变载荷作用下抵抗破坏的能力。

常见金属材料的力学性能指标见表 3 – 1。

表 3 – 1　常见金属材料的力学性能指标

力学性能	性能指标		
	符号	名称	单位
强度	R_m	抗拉强度	MPa（N/mm²）
	R_{eL}	下屈服强度	
塑性	A	断后伸长率	%
	Z	断面收缩率	
硬度	HBW	布氏硬度	
	HRC	洛氏硬度	
	HV	维氏硬度	
韧性	a_K	冲击韧度	J/cm²
疲劳强度	S	N 次循环后的疲劳强度	MPa

3. 金属材料的工艺性能

金属材料的工艺性能是指在各种加工条件下表现出来的适应能力，有铸造性、锻压性、焊接性、切削加工性和热处理性。

【考点分析】
1. 金属材料的性能及分类。
2. 5 个力学性能的概念、分类等。

【例 1】金属材料的力学性能指标有_____、_____、_____、_____和_____等。

【解题指导】此题属于记忆题，主要考查学生对力学性能的 5 个指标是否熟悉。

【参考答案】强度　塑性　硬度　韧性　疲劳强度

【例 2】金属材料在_____作用下产生_____而不_____的能力称为塑性，塑性指标是_____和_____，其值越大表示材料的塑性越_____。

【解题指导】此题属于记忆题，主要考查学生对塑性力学性能含义的记忆和所组成的 2 个指标是否熟悉。

【参考答案】静载荷　永久变形　破坏　伸长率　断面收缩率　好

【例 3】拉伸试验时，试样拉断前所能承受的最大应力称为材料的_____。
A. 比例极限　　　B. 抗拉强度　　　C. 屈服强度　　　D. 弹性极限

【解题指导】此题属于记忆题，主要考查学生对抗拉强度力学性能的含义记忆是否熟悉。

【参考答案】B

【习题练习】

一、填空题

1. 金属材料的性能分为_____和_____。
2. 金属材料在_____作用下,抵抗_____和_____的能力称为强度,衡量强度的指标是_____和_____。
3. 铝的密度小于_____,所以它属于_____金属。
4. 金属材料的工艺性能是指金属材料从_____到_____的生产过程中,在各种加工条件下表现出的性能,包括_____、_____、_____和_____。
5. 金属材料的化学性能包括_____、_____和_____。
6. 常用的硬度有_____、_____和_____。
7. 淬火钢常用_____硬度试验法,铜、铝等非铁金属材料常用_____硬度试验法。
8. 金属材料抵抗_____作用而不破坏的能力称为韧性,重型锻压机主要要求锤头材料具有较高的_____。
9. 生产脸盆采用冲压成形,其材料应有良好的_____。
10. 材料在无限多次_____作用下而不破坏的_____称为疲劳强度,对钢来说无限多次指_____,而对非铁金属材料无限多次指_____。
11. 灰铸铁的铸造性_____,锻压性_____,焊接性_____,可加工性_____。

二、选择题

1. 下列属于力学性能指标的是_____。
   A. 热膨胀性   B. 化学稳定性   C. 疲劳强度   D. 锻压性
2. 属于材料化学性能的是_____。
   A. 密度   B. 抗氧化性   C. 硬度   D. 铸造性
3. 属于材料工艺性能的是_____。
   A. 导电性   B. 耐腐蚀性   C. 塑性   D. 焊接性
4. 下列属于物理性能指标的是_____。
   A. 热膨胀性   B. 化学稳定性   C. 疲劳强度   D. 锻压性
5. 灰铸铁具有良好的_____。
   A. 焊接性   B. 锻压性   C. 铸造性   D. 塑性

三、判断题

1. 灰铸铁的硬度测定可用布氏硬度试验法。(   )
2. 金属材料在承受大能量一次冲击时,其冲击抗力主要取决于硬度。(   )
3. 材料的韧性越好,则可锻性越好,适宜锻造成复杂形状的零件。(   )
4. 维氏硬度因测试较麻烦,所以应用很少。(   )
5. a_K 值越大,说明材料的塑性越好。(   )
6. 材料的韧性好,则锻压性也好。(   )
7. 低碳钢具有良好的锻压性,但焊接性较差。(   )
8. 焊接 60 钢时焊缝缺陷多、质量差,所以它的焊接性较差。(   )
9. 铜、铝等非铁金属材料的焊接性一般比碳钢差。(   )
10. 硬度很高的材料可加工性差,而硬度很低的材料可加工性好。(   )

第二节 钢铁材料

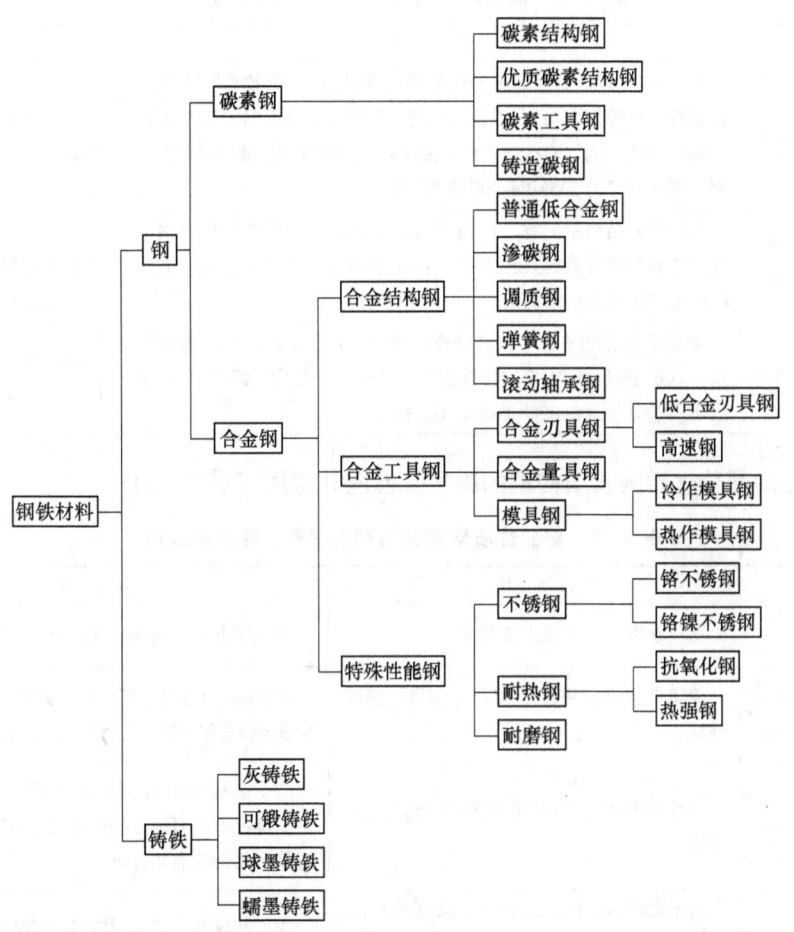

【学习目标】 了解碳素钢、合金钢、铸铁及铸钢的分类、牌号、性能和用途。
【学习内容】
一、碳素钢
1. 碳素钢的分类

(1) 定义 碳的质量分数小于2.11%的铁碳合金,其中还含有少量的硅、锰、硫、磷等杂质的钢称为碳钢。其中硅、锰是有益元素,硫、磷是有害元素。硫使钢产生热脆性,磷使钢产生冷脆性。

(2) 分类
1) 按用途分为碳素结构钢(可分为碳素结构钢、优质碳素结构钢)和碳素工具钢。
2) 按碳的质量分数分为低碳钢($w_C < 0.25\%$)、中碳钢(w_C 为 0.25%~0.60%)和高碳钢($w_C > 0.60\%$)。
3) 按质量分为普通钢($w_S < 0.055\%$,$w_P < 0.045\%$)、优质钢($w_S < 0.035\%$,$w_P < 0.035\%$)和高级优质钢($w_S < 0.025\%$,$w_P < 0.025\%$)。

4）按脱氧程度分为沸腾钢、镇静钢和半镇静钢。

2. 碳素钢的牌号、性能和选用

（1）碳素钢的牌号、分类、性能和应用（表3-2）

表3-2 碳素钢的牌号、分类、性能和应用

名称		牌号	应用
碳素钢	碳素结构钢	由"Q"（表示屈服强度的汉语拼音字首）、一组数据（表示屈服强度，单位为MPa）、质量等级符号和脱氧方法符号（四个部分按顺序组成，例如Q235AF表示脱氧方法为沸腾钢、质量等级为A级、屈服强度为235MPa的碳素结构钢	用于一般工程结构、日常生活用品和普通机械
	优质碳素结构钢	优质碳素结构钢的牌号用两位数字表示，这两位数字代表钢的平均含碳质量分数的万分之一。例如45表示平均含碳质量分数为0.45%的优质碳素结构钢	用于制造机械零件，可以用热处理方法来改善和提高其力学性能
	碳素工具钢	碳素工具钢的牌号以汉语拼音字母"T"后面加阿拉伯数字表示，其数字表示钢中平均含碳质量分数的千分之几。例如T8表示含碳质量分数为0.80%的碳素工具钢	主要用于制造刃具、模具、量具以及其他工具

（2）常见的部分优质碳素结构钢的牌号、性能和应用（表3-3）

表3-3 部分优质碳素结构钢的牌号、性能和应用

牌号	特性	应用
08F 10	属于软钢，强度低，塑性好	用于制造冷轧钢板、深冲压件
15 20 25	属于低碳钢，强度不太高，塑性、焊接性好	用于制造冲压件、焊接件，如经渗碳淬火，可提高表面硬度和耐磨性，用于高速、重载、受冲击件
30 35 45Mn 55	属于中碳钢，调质后具有良好的力学性能	用于制造受力较大的重要部件，如再表面淬火，可提高表面硬度和耐磨性，用于高速重载重要件，如齿轮类零件等
60	属于高碳钢，经淬火和中、低温回火后，弹性或耐磨性高	用于制造弹性件或耐磨件，如弹簧、钢板等

（3）常见的部分碳素工具钢的牌号、性能和应用（表3-4）

表3-4 常见碳素工具钢的牌号、性能和应用

牌号	碳的质量分数（%）	退火后的硬度HBW 不大于	淬火后的硬度HRC 不小于	应用举例
T7、T7A	0.65~0.74	187	62	錾子、模具、锤子、木工工具及钳工装配工具等不受大的冲击、需较高硬度和耐磨性的工具
T8、T8A	0.75~0.84	187	62	
T9、T9A	0.85~0.94	192	62	刨刀、冲压模具丝锥、手工锯条及卡尺等不受较大冲击的工具和耐磨机件
T10、T10A	0.95~1.04	197	62	
T11、T11A	1.05~1.14	207	62	
T12、T12A	1.15~1.24	207	62	丝锥、铰刀、钻头、锉刀、刮刀等不受冲击而要求极高硬度的工具和耐磨机件
T13、T13A	1.25~1.34	217	62	

二、合金钢

合金钢是在普通碳素钢的基础上添加适量的一种或多种合金元素的钢。合金元素可以是金属元素也可以是非金属元素。主要合金元素有硅、锰、铬、镍、钼、钨、钒、钛、铝、铜、硼和稀土元素等。其性能具有高强度、高韧性、耐磨、耐蚀、耐高低温和无磁性等特点。

1. 合金钢的分类（表3-5）

表3-5 合金钢的常见分类方式

分类方式	类别	说明
按用途	合金结构钢	用于制造重要的机器零件和工程结构件
	合金工具钢	用于制造重要的刃具、量具和模具
	特殊性能钢	具有某种特殊物理、化学性能的钢，如不锈钢、耐热钢、耐磨钢
按所含合金元素总质量分数	低合金钢	合金元素总质量分数 <5%
	中合金钢	合金元素总质量分数 5~10%
	高合金钢	合金元素总质量分数 >10%

2. 合金钢的牌号及用途说明（表3-6）

表3-6 合金钢的牌号及用途

合金钢	合金结构钢	合金结构钢的牌号采用两位数字（表示平均含碳质量分数万分之几）+元素符号（表示钢中含有主要合金元素）+数字（表示合金元素质量分数，凡合金元素质量分数 <1.5% 时不标出；如果平均质量分数为 1.5%~2.5% 时，则标为2；如果平均质量分数 2.5%~3.5% 时标为3；依此类推	低合金结构钢广泛用于桥梁、锅炉、高压容器；合金渗碳钢是指用于制造渗碳零件；合金调质钢主要用于制造重载作用下同时承受冲击载荷作用的一些重要零件；合金弹簧钢用于制造各种弹簧；滚动轴承钢用于制造各种滚动轴承的滚动体和内外套圈
	合金工具钢	一位数字（表示平均含碳质量分数的千分数）+元素符号（表示钢中含有主要合金元素）+数字（表示合金元素质量分数，表示方法与合金结构钢相同）。如 9SiCr 表示其中平均含碳的质量分数为 0.9%，Si、Cr 的质量分数都小于 1.5% 的合金工具钢	合金刃具钢主要用于制造切削刀具；模具钢主要用来制造各种模具；量具钢主要用于制造测量工具
	特殊性能钢	特殊性能钢是指具有特殊物理、化学性能的钢，在机械制造中常用的特殊性能钢有不锈耐酸钢、耐热钢和耐磨钢等	

(1) 合金结构钢

合金结构钢可分为普通低合金钢和机械制造用钢。

1) 常见普通低合金钢的牌号、力学性能和用途见表3-7。

表3-7 常见普通低合金钢的牌号、力学性能和用途

牌号	抗拉强度 R_m/MPa	下屈服强度 R_{eL}/MPa	断后伸长率 A（%）	用途举例
16Mn	520	360	26	桥梁、汽车大梁、船舶等
15MnV	540	400	18	锅炉、大型厂房等
9Mn2V	460	310	21	油罐、油槽等
14MnMoV	620	500	15	500℃以下高压容器

2) 机械制造用钢可分为渗碳钢、调质钢、弹簧钢和滚动轴承钢。常用机械制造用钢的牌号、性能和用途见表 3-8。

表 3-8 常用机械制造用钢的牌号、性能和用途

类别	牌号	特性	用途
渗碳钢	20Cr 18Cr2Ni4WA 20CrMnTi	属于低碳钢（$w_C = 0.10\% \sim 0.25\%$），加入合金元素主要有铬、镍、锰等渗碳、淬火、低温回火后表面硬度、耐磨性高，心部塑性和韧性好	适于制造高速、重载、受冲击的重要部件，如传动轴、高速齿轮等
调质钢	40Cr 35CrMo 38CrMoAlA	属中碳钢（$w_C = 0.25\% \sim 0.50\%$），主要加入合金元素有铬、镍、锰、硅等，调质（淬火+高温回火）后具有良好的综合力学性能	用于制造重载作用下同时承受冲击载荷作用的一些重要零件，如需要提高表面高硬度和耐磨性，可采用表面淬火，如曲轴等
弹簧钢	65Mn 60Si2Mn	$w_C = 0.5\% \sim 0.7\%$，主要加入合金元素有锰、铬等，具有高的弹性极限、高疲劳强度，足够的塑性和韧性，良好的表面质量	用于制造汽车、拖拉机上的减振板簧和螺旋弹簧，汽缸安全阀簧，止回阀簧等
滚动轴承钢	GCr15	$w_C = 0.95\% \sim 1.15\%$，主要加入元素铬，其质量分数在 0.60%~1.65% 之间，同时添加锰、硅、钼、钒等可以提高淬透性；具有高的接触疲劳强度、高硬度和高耐磨性，高的弹性极限和一定的冲击韧性，并有一定的抗蚀性	用于制造各种滚动轴承的滚动体和内外套圈的专用钢，还可制造刃具、冷冲模具、量具以及性能要求与滚动轴承相似的零件

(2) 合金工具钢

合金工具钢可分为合金刃具钢、合金模具钢和合金量具钢。

1) 合金刃具钢可分为低合金刃具钢和高速钢。常用合金刃具钢的牌号、性能和用途见表 3-9。

表 3-9 常用合金刃具钢的牌号、性能和用途

类别	牌号	特性	用途
低合金刃具钢	9SiCr CrMn CrWMn	$w_C = 0.75\% \sim 1.5\%$，主要加入元素有铬、硅、锰、钨、钒等，具有高硬度、高耐磨性、高淬透性、变形小	用于制造形状复杂、尺寸较大、切削用量较大的刀具，如车刀、刨刀、钻头和铰刀；常用热处理的方法是球化退火、淬火加低温回火
高速钢	W18Cr4V W6Mo5Cr4V2	$w_C = 0.7\% \sim 1.65\%$，主要加入元素有铬、钨、钼、钒、钴等，具有高热硬性（热硬性高达 600℃）、高硬度、高耐磨性、高强度	用于制造切削速度较高的刃具（如车刀、钻头等）和形状复杂、负载较重的成形刀具（如铣刀、拉刀等），还可用于制造冷冲模、冷挤压模以及某些耐磨零件

2) 合金模具钢可分为冷作模具钢和热作模具钢，常用合金模具钢和合金量具钢的牌号、性能和用途见表 3-10。

(3) 特殊性能钢

1) 主要用途：具有特殊的物理、化学性能，用来制造除具有一定力学性能外，还具有特殊性能要求的零件。

2) 牌号表示方法与合金结构钢相似。

表 3-10　常用合金模具钢和合金量具钢的牌号、性能和用途

冷变形模具钢	Cr12	$w_C > 0.8\%$，主要加入元素 Cr、Mo、W、V、Co 等，具有高的硬度和耐磨性，并具有足够高的强度、韧性和疲劳强度	用于制造使冷态金属成形的模具，如冷冲模、冷压模等
	Cr12MoV		
热变形模具钢	5CrNiMo	$w_C = 0.3\% \sim 0.6\%$，主要加入元素 Cr、Mn、Ni、Mo、W、V 等，高温下强度和韧性高、耐磨性、抗热疲劳性和导热性好	用于制造使金属在高温下成形的模具，如热锻模、压铸模等；5CrNiMo 做大锻模，小锻模可用 5CrMnMo 替代
	3Cr2W8V		
合金量具钢	CrWMn	高硬度、高耐磨性和高的尺寸稳定性和足够的韧性	用于制造测量工具，如游标卡尺、千分尺、塞规和量规等
	GCr15		
备注	滚珠轴承钢 GCr6、GCr15 等也是很好的低合金工具钢		

3）典型牌号的含义：如 1Cr18Ni9 表示碳的质量分数≤0.08%，Cr 的质量分数约为 18%，镍的质量分数约为 9%。

常用特殊性能钢的牌号、特性和用途见表 3-11。

表 3-11　常用特殊性能钢的牌号、特性和用途

类别	名称	牌号	特性	用途
不锈耐酸钢	铬不锈钢	1Cr13、2Cr13	抗腐蚀能力强	用于制造汽轮机叶片、水压机阀等
		3Cr13、4Cr13		用于制造弹簧、医疗机械及在弱腐蚀条件下工作而要求高强度的耐蚀零件
	铬镍不锈钢	0Cr18Ni9	平均 $w_{Cr}=18\%$，$w_{Ni}=8\% \sim 11\%$。抗蚀能力强	用于制造在强腐蚀介质中工作的设备，如吸收塔、贮槽、管道及容器等
		1Cr18Ni9		
耐热钢	抗氧化钢	4Cr9Si2	高温抗氧化性、高温强度高，长期在高温下不起氧化皮	用于长期在高温下不起氧化皮、强度要求不高的零件，如加热炉底板、渗碳箱等的零件
		1Cr13SiAl		
	热强钢	15CrMo	在高温下不但有良好的抗氧化性，而且有较高的高温强度	用于高温强度的汽油机、柴油机的排气阀、汽轮机叶片、转子等
		4Cr14Ni4WMO		
耐磨钢		ZGMn13	$w_C = 1.0\% \sim 1.3\%$，$w_{Mn} = 11\% \sim 14\%$，通过在强烈冲击载荷下发生冲击硬化，从而获得很高耐磨性的高锰钢	主要用于制造铁路道岔、坦克履带、挖土机铲齿等

三、铸铁

1. 定义

铸铁是碳的质量分数大于 2.11% 并含有较多的 Si、Mn、S、P 等元素的铁碳合金。

2. 铸铁的性能

(1) 缺点　力学性能不如钢，不易变形加工。

(2) 优点　有良好的铸造性、耐磨性、减震性、切削加工性和低的缺口敏感性。

3. 铸铁的分类

铸铁中碳的存在形式有石墨和渗碳体两种存在形式。石墨质软，渗碳体质硬而脆。根据铸铁中石墨的存在形式可分为灰铸铁、可锻铸铁、球墨铸铁和蠕墨铸铁。

常见铸铁的石墨形态、牌号含义、性能及其用途见表 3-12。

表 3-12 常见铸铁的石墨形态、牌号含义、性能及其用途

类别	石墨形态	牌号举例	牌号说明	性能	用途
灰铸铁	片状	HT100 HT200 HT300 HT350	"HT"表示灰铸铁,数字表示最低的抗拉强度	良好的铸造性能、切削加工性、减摩性和减振性等,但力学性能差	用于各种承受载荷和要求消振的床身、机架,结构复杂的箱体、壳体和经受摩擦的导轨、缸体等
可锻铸铁	团絮状	KTH300-06 KTH330-08 KTH350-10 KTH370-12 KTZ300-06 KTZ450-06 KTZ650-02	"KT"是"可铁","Z"表示以珠光体为基体,"H"表示黑心,以铁素体为基体;两组数字分别表示最低抗拉强度 R_m 和断后伸长率 A	强度和韧性较灰铸铁好,但铸造性能较灰铸铁差	用于承受动载下壁厚小于30mm的中、小件,如扳手、汽车轮壳、铁道零件、脚手架零件、管道零件;曲轴、连杆、齿轮、凸轮轴、摇臂、活塞环等
蠕墨铸铁	蠕虫状	RuT340 RuT420	"RuT"表示蠕墨铸铁,数字表示最低的抗拉强度	兼有灰铸铁和球墨铸铁的性能	用于汽车后桥壳、受压阀门、活塞环、气缸套、制动盘等
球墨铸铁	球粒状	QT400-18 QT450-10 QT500-7 QT600-3 QT700-2	"QT"表示"球铁",两组数字分别表示最低抗拉强度 R_m 和断后伸长率 A	性能优良,强度、塑性、韧性均强于灰铸铁	用于承受冲击、震动的零件,如汽车、拖拉机的轮毂、驱动桥壳等,传递动力的齿轮、曲轴、连杆

【考点分析】
碳素钢、合金钢、铸铁和铸钢的分类、牌号、性能和用途。

【例1】钢中_____和_____是有害元素,其中_____使钢冷脆,_____使钢热脆。

【解题指导】此题属于记忆题,主要考查学生对碳钢中的4个杂质是否熟悉。

【参考答案】硫 磷 磷 硫

【例2】45钢按用途分属于_____钢,按含碳量分类属于_____钢,按质量分类属于_____钢;T12A钢按用途分属于_____钢,按含碳量分类属于_____钢,按质量分类属于_____钢。

【解题指导】此题属于理解题,主要考查学生是否掌握碳素钢的分类,要求学生能灵活掌握碳素钢的典型牌号按不同分类标准表示的名称。

【参考答案】结构 中碳 优质 工具 高碳 高级优质

【例3】选择材料制造:冷冲压件用_____;齿轮用_____;手工锯条用_____;钢筋用_____。
A. T10　　　　B. 45　　　　C. 08F　　　　D. Q235A

【解题指导】此题属于综合实践题,主要考查学生是否掌握碳素钢的用途,要求学生能灵活根据零件的材料需求选择碳素钢的牌号。

【参考答案】C B A D

【例4】机械制造用钢一般都经_____才能发挥其性能,可分为_____、_____

和_____等。

【解题指导】此题属于记忆题,主要考查学生对机械制造用钢的分类是否熟悉。

【参考答案】热处理 渗碳钢 调质钢 弹簧钢

【例5】制造要求有良好的综合力学性能的主轴、曲轴等应用_____。
A. 40Cr   B. 60Si2Mn   C. 20CrMnTi   D. GCr15

【解题指导】此题属于材料应用题,主要考查学生是否掌握合金结构钢的选用方法。

【参考答案】A

【例6】高锰钢ZGMn13具有高耐磨性的原因是_____。
A. 热处理提高了硬度和耐磨性   B. 表面受到冲击产生硬化
C. 因有较多的Fe_3C存在   D. 含碳量高

【解题指导】此题属于综合实践题,主要考查学生是否掌握耐磨钢具有高耐磨性的原因。

【参考答案】B

【例7】根据碳在铸铁中的存在形式,铸铁可分为_____、_____、_____、_____。

【解题指导】此题属于记忆题,主要考查学生对铸铁的分类是否熟悉。

【参考答案】灰铸铁 可锻铸铁 球墨铸铁 蠕墨铸铁

【例8】柴油机曲轴可用_____制造。
A. HT200   B. KTH350-10   C. QT500-05   D. RUT420

【解题指导】此题属于材料应用题,主要考查学生对铸铁的选用方法是否熟悉。

【参考答案】C

【习题练习】

一、填空题

1. 工程上常用的材料有_____、_____和_____。
2. 钢中____和____是有害元素,其中____使钢冷脆,____使钢热脆,它们都是炼钢时由_____进入钢中;____和____是有益元素,是炼钢时由_____带入钢中的。
3. 碳钢按用途分为_____和_____;合金钢按用途分为_____、_____和_____。
4. 合金弹簧钢应具有高的_____、高_____、足够的_____和良好的_____,主加元素有_____、_____、_____等,需淬火后_____。
5. 合金刃具钢分为_____和_____;模具钢分为_____钢和_____钢两种。
6. 高速钢刀具当其切削温度高达600℃时,仍能保持其高_____和_____,即具有高的_____,常用的高速钢有_____系高速钢和_____系高速钢。
7. 量具的工作部分要求_____、_____和高的_____。对精度要求较高的量具,一般都采用_____合金工具钢,如CrWMn等。
8. 特殊性能钢是指具有特殊_____、_____性能的钢,包括_____和_____。
9. 耐磨钢是指具有高耐磨性的高_____钢,它基本上都是_____成型。

10. 可锻铁的石墨呈_____状,是用_____经过_____处理,使_____分解而得到的,它有_____和_____两种基体。

11. 灰铸铁中由于_____对基体的割裂作用,降低了铸铁的_____性能,但同时却使灰铸铁获得一些优异的性能,如良好的_____、_____、_____、_____。

12. 球墨铸铁中石墨以_____状存在,为此要进行_____处理,即要加入适量的_____和_____,其力学性能与_____相近。

二、选择题

1. 价格低廉、冶炼容易的工程结构用钢是_____。
   A. 普低钢   B. 机械制造用钢   C. 碳素结构钢   D. 优质碳素结构钢

2. 钢的质量是按照_____来划分的。
   A. S、P 的含量   B. Si、Mn 的含量   C. Fe、C 的含量   D. 力学性能的高低

3. 锉刀选用_____材料制造。
   A. 65Mn   B. T8   C. T12A   D. 40Cr

4. 制造屈服极限要求较高的螺旋弹簧应选用_____。
   A. 40Cr   B. 60Si2Mn   C. 20CrMnTi   D. GCr15

5. 下列材料中,_____较适宜制造麻花钻。
   A. W18Cr4V   B. 20CrMnTi   C. 40Cr   D. GCr15

6. 3Cr13 属于_____。
   A. 冷变形模具钢   B. 铬不锈钢   C. 耐热钢   D. 耐磨钢

7. 机床床身可用_____制造。
   A. HT200   B. KTH350－10   C. QT500－05   D. RUT420

三、判断题

1. 碳素工具钢与合金钢一般都是优质钢。   (   )
2. 工具钢都是高碳钢。   (   )
3. 3Cr2W8V 钢的平均含碳质量分数为 0.3%,它是模具钢。   (   )
4. 40Cr 钢的最终热处理一般是淬火后进行中温回火。   (   )
5. 除 Fe、C 外还含有其他元素的钢就是合金钢。   (   )
6. ZGMn13 是耐磨钢,它经热处理后具有很高的耐磨性。   (   )
7. 可锻铸铁塑性比灰铸铁好,所以它可以用于锻造。   (   )
8. 通过热处理可以改变灰铸铁的基体组织,显著提高力学性能。   (   )
9. 石墨的存在破坏了基体组织的连续性,所以石墨在铸铁中是有害无益的。   (   )
10. 从灰铸铁的牌号上可以看出它的抗拉强度和断伸长率。   (   )

四、解释材料牌号

1. Q235－A－F

2. T13A

3. 40Cr

4. 9SiCr

5. W18Cr4V
6. 4Cr13
7. ZGMn13
8. HT200
9. KTH300 – 06
10. QT700 – 2

第三节　铁碳合金状态图

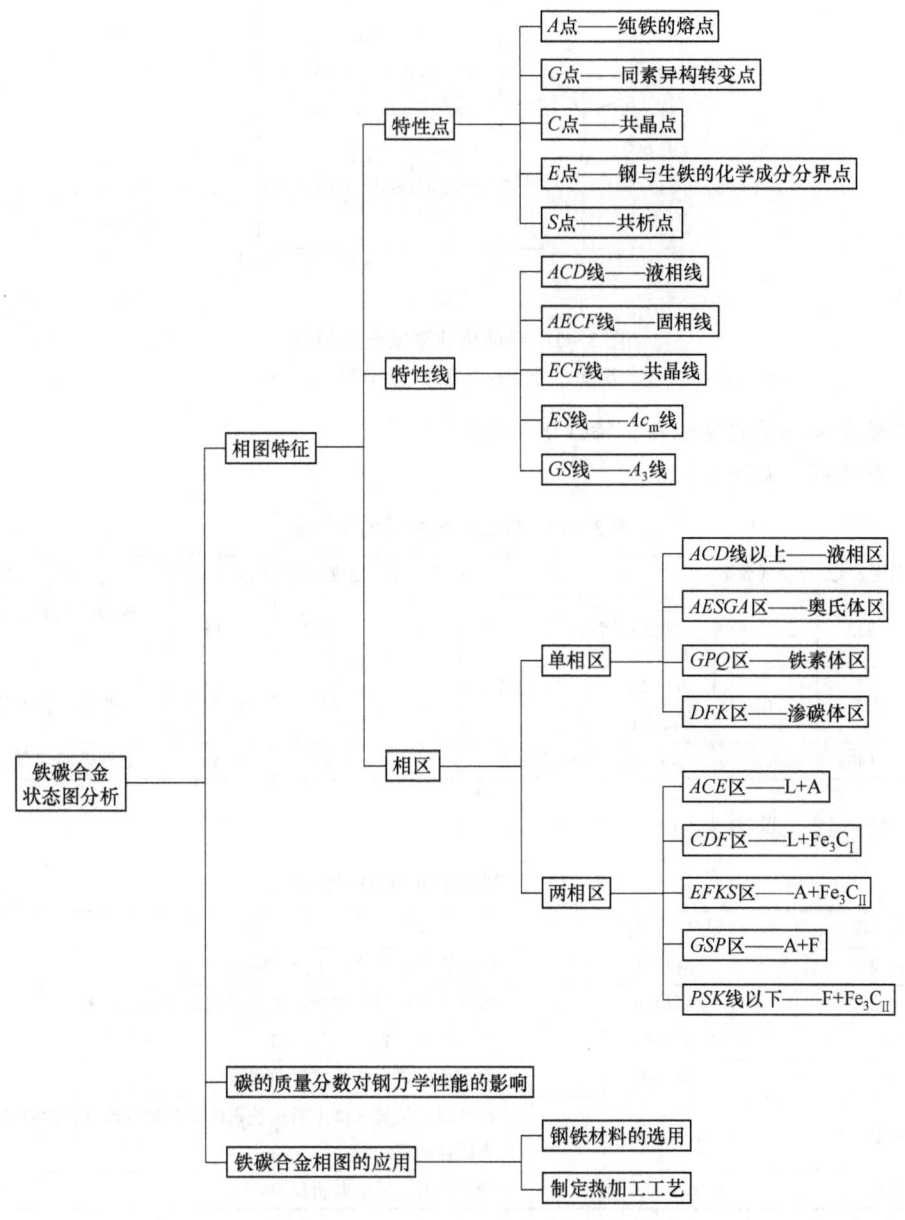

【学习目标】 了解简化铁碳合金相图的特征。

【学习内容】

一、铁碳合金相图

铁碳合金相图是表示平衡状态下不同化学成分的铁碳合金,在不同温度时所具有的状态或组织的图形。

1. 经简化的铁碳合金相图(图 3-1)。

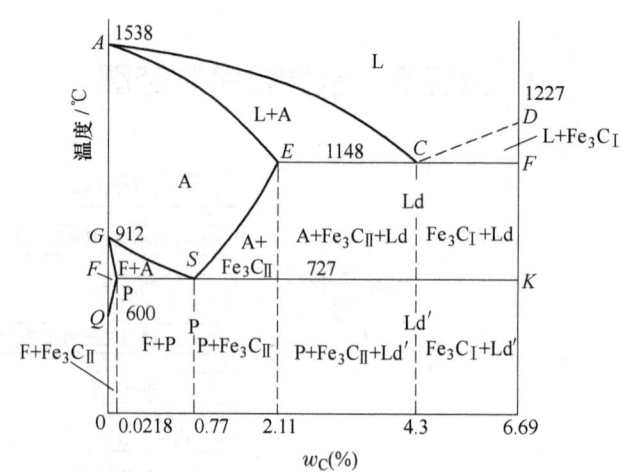

图 3-1 经简化的铁碳合金相图

注:纵坐标为温度 t,横坐标为碳的质量分数 w_C

2. 铁碳合金相图的特性点、特性线和相区

(1) 特性点,见表 3-13。

表 3-13 铁碳合金相图的特性点

特性点	温度 t/℃	w_C/(%)	含义	特性点	温度 t/℃	w_C/(%)	含义
A	1 538	0	纯铁的熔点	E	1 148	2.11	钢与生铁的化学成分分界点
G	912	0	α-Fe 向 γ-Fe 同素异构转变点	S	727	0.77	共析点,发生共析反应
C	1 148	4.3	共晶点,发生共晶反应	D	1 227	6.69	渗碳体的熔点

(2) 特性线,见表 3-14。

表 3-14 铁碳合金相图的特性线

特性线	名称	含义
ACD 线	液相线	铁碳合金在此线以上处于液相(L)
AECF 线	固相线	冷却至此线时为固相,加热至此线时开始融化
ECF 线	共晶线	至此线时,发生共晶反应
ES 线	Ac_m 线	碳在奥氏体中的溶解度曲线
GS 线	A_3 线	冷却时,从奥氏体中析出铁素体的开始线或加热时铁素体转变为奥氏体的终止线
PSK 线	A_1 线,共析线	至此线时,发生共析反应

(3) 相区,见表 3-15。

表 3-15 铁碳合金相图的相区

单相区		两相区	
相区	相组成	相区	相组成
ACD 线以上	L(液相)	ACE 区	L+A
AESGA 区	A(奥氏体)	CDF 区	L+Fe_3C_I
GPQ 区	F(铁素体)	EFKS 区	A+Fe_3C_{II}
DFK 区	Fe_3C(渗碳体)	GSP 区	A+F
		PSK 线以下	F+Fe_3C_{II}

二、碳的质量分数对钢的力学性能的影响

随着钢中碳的质量分数 w_C 的增加,钢的强度和硬度不断升高,塑性、韧性不断降低,当 $w_C > 0.9\%$ 时,虽然硬度升高,但强度下降,塑性、韧性继续降低。工业上所应用的碳钢,一般其 $w_C \leq 1.4\%$。

三、铁碳合金相图的应用

1. 钢铁材料的选用

1) 建筑结构和各种型钢需要塑性、韧性好的材料,应选用低碳钢。
2) 机械零件需要强度、塑性及韧性都较好的材料,应选用中碳钢。
3) 各种工具需要硬度高和耐磨性好的材料,应选用高碳钢。

2. 制定热加工工艺

(1) 铸造 确定合金的浇注温度在液相线以上 50~100℃;
(2) 锻造 始锻温度 1150~1250℃,终锻温度 750~850℃,一般在 A(奥氏体)区域。
(3) 热处理 热处理方法不同,其温度也不同。

【考点分析】
1. 简化铁碳合金相图的特征,各个特性点、特性线和相区。
2. 碳的质量分数对钢的力学性能的影响,铁碳合金相图的应用。

【例1】铁碳合金相图是表示_____状态下,不同化学成分的_____随温度变化的图形。
【解题指导】此题属于记忆题,主要考查学生铁碳相图概念的掌握情况。
【参考答案】平衡 铁碳合金

【例2】为了保证工业上使用的钢具有足够的强度,并具有一定的塑性和韧性,钢中 w_C 一般不能超过_____。
A. 0.8%　　　　　B. 1.4%　　　　　C. 2.11%　　　　　D. 4.3%
【解题指导】此题属于理解题,主要考查学生对碳的质量分数与钢力学性能之间的关系。
【参考答案】B

【例3】在铁碳合金相图中,ECF 为_____线,PSK 为_____线。
【解题指导】此题属于记忆题,主要考查学生对铁碳合金相图中特性线的理解。
【参考答案】共晶线 共析线

【习题练习】

一、填空题

1. 铁碳合金相图中,纵坐标为_____,横坐标为_____。
2. 铁碳合金室温时的基本组织有_____、_____、_____、珠光体和莱氏体。

3. 纯铁的熔点是_____。

4. 简化的铁碳合金状态图中有_____个单相区，_____个二相区。

二、单项选择题

1. 发生共晶转变的 w_C 的范围是_____。
   A. 0.77%～4.3%　B. 2.11%～4.3%　C. 2.11%～6.69%　D. 4.3%～6.69%

2. 液态合金在平衡状态下冷却时结晶终止的温度线叫_____。
   A. 液相线　　　B. 固相线　　　C. 共晶线　　　D. 共析线

3. 共析转变的产物是_____。
   A. 奥氏体　　　B. 渗碳体　　　C. 珠光体　　　D. 莱氏体

4. 铁碳合金相图中，ACD 线是_____。
   A. 液相线　　　B. 固相线　　　C. 共晶线　　　D. 共析线

5. 工业上应用的碳钢，w_C 一般不大于_____。
   A. 0.77%　　　B. 1.3%～1.4%　　C. 2.11%～4.3%　　D. 6.69%

三、简答题

含碳量对合金的组织和性能有什么影响？

第四节　钢的热处理

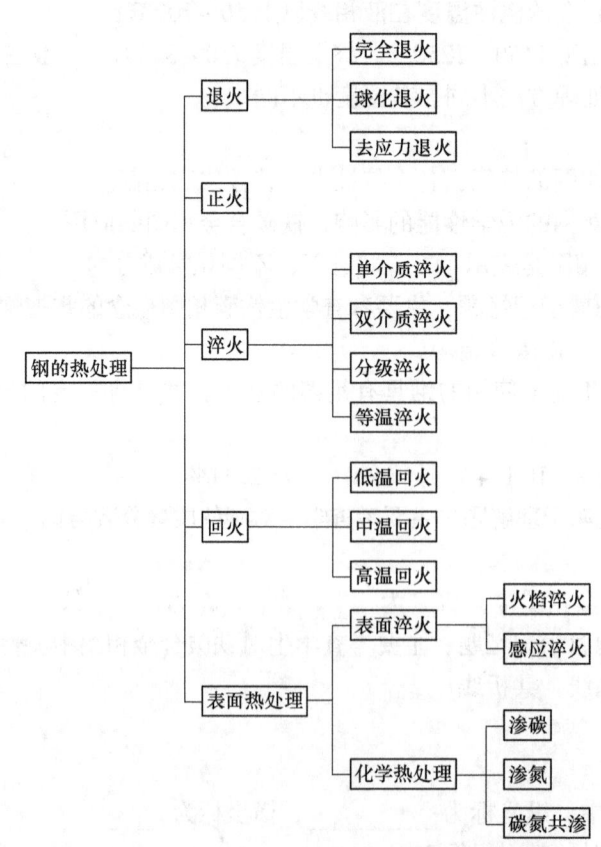

【学习目标】了解钢的热处理及其目的
【学习内容】

一、热处理的概念及分类

1. 热处理的概念

钢的热处理是指采用适当的方式将钢或钢制工件进行加热、保温、冷却，以获得预期的组织结构与性能的工艺。

热处理分类可分为普通热处理和表面热处理。

1) 普通热处理分为退火、正火、淬火和回火。

2) 表面热处理分为表面淬火和化学热处理。

2. 热处理的三个阶段

任何一种热处理工艺都包括加热，保温，冷却三个阶段。

热处理各类型的定义、目的和应用见表 3-16。

表 3-16 热处理各类型的定义、目的和应用

热处理名称		定 义	目的和应用
普通热处理	退火	退火是将工件加热到适当温度，保持一定时间，然后缓慢冷却的热处理工艺	降低硬度，提高塑性，改善切削加工和压力加工性能；细化晶粒，改善内部组织和性能；为以后的热处理作准备
	正火	正火是将工件加热奥氏体化后在空气中冷却的热处理工艺	正火的目的和应用与退火基本相同，一般作为预备热处理
	淬火	淬火是将工件加热奥氏体化后以适当方式冷却获得马氏体或贝氏体组织的热处理工艺	得到马氏体或贝氏体组织，提高钢的强度、硬度和耐磨性
	回火	回火是将淬火钢重新加热到低于727℃的某一温度，保温一定时间，然后在空气中冷却到室温的热处理工艺	消除残余应力，防止变形和开裂；调整工件硬度、强度、塑性和韧性，达到使用性能要求；稳定组织与尺寸，保证精度；改善和提高加工性能
表面热处理	表面淬火	表面淬火是仅对工件表面层进行的淬火	其目的是使工件表面具有高硬度、耐磨性，而心部具有足够的强度和韧性
	钢的化学热处理	化学热处理是将工件置于适当的活性介质中加热、保温、冷却，使一种或几种元素渗入钢件表层，以改变钢件表面层的化学成分、组织和性能的热处理工艺	使表层获得高硬度和耐磨性，心部仍保持高塑性和韧性

二、退火与正火

1. 退火

(1) 冷却方式　随炉冷却（炉冷）。

(2) 退火的目的

1) 降低钢的硬度，提高塑性，改善其切削加工性能和压力加工性能。

2) 细化晶粒，均匀钢的组织，为以后热处理做准备。

3) 消除工件的残余应力，稳定工件尺寸，防止其变形或开裂。

(3) 退火分类　可分为完全退火、球化退火、去应力退火。

1）完全退火主要适用于中碳钢和合金钢的铸件、锻件。

2）球化退火主要用于碳素工具钢、合金工具钢、滚动轴承钢等高碳钢的热处理。

3）去应力退火主要用于消除工件的残余应力，防止工件在加工和使用过程中发生变形，影响其精度。

需要指出的是，去应力退火不改变材料内部的组织，而完全退火和球化退火后会发生材料内部组织的改变。

2. 正火

（1）冷却方式　在空气中冷却（空冷）。

（2）正火目的

1）能适当提高低碳钢、低碳合金钢的硬度，改善其切削加工性能。

2）可作为力学性能要求不高零件的最终热处理，有时也可以代替中、低碳钢的退火。

3）降低含碳量较高的钢的硬度，消除网状渗碳体，为球化退火做组织准备。

需要指出的是，正火的冷却速度较退火快，当工件形状、结构较复杂时，可能造成工件开裂，在这种情况下，宜采用退火。

三、钢的淬火

1. 淬火

（1）冷却方式　在液体冷却介质中冷却（油冷，水冷）。

（2）淬火目的　提高钢的强度和硬度。

（3）冷却介质的冷却能力　冷却介质包括油、水、盐水、碱水等，其冷却能力依次提高。用油作为淬火冷却介质适合于合金钢，用水作为淬火冷却介质适合于碳钢。若碳钢淬火冷却时用油作为冷却介质，会因为冷却速度较慢而使得淬火后钢的硬度不足；若合金钢淬火冷却时用水作为冷却介质，会因为冷却速度过快而可能造成合金钢开裂。

2. 淬硬性和淬透性

淬硬性是淬火后钢所能达到的最高硬度。淬透性是淬火后工件获得淬硬层深度的能力。深度越深，则淬透性越好；若整个工件从外到内都成为淬硬层，则称为全淬透。大多数合金钢加入了增加淬透性的微量元素，能够使得它的淬透性普遍好于碳钢，容易被全淬透。

淬硬性取决于钢的碳的质量分数，低碳钢中由于碳的质量分数较低，其淬硬性差；而高碳钢中由于碳的质量分数较高，因此淬硬性较好。淬透性主要取决于钢的化学成分和淬火冷却方式。一般来说，碳的质量分数相同的碳钢与合金钢其淬硬性没有差别，而合金钢的淬透性高于淬硬性。

淬硬性与淬透性是两个不同的概念，它们没有直接的联系，即淬透性好的钢，淬硬性不一定好，反之亦然。

四、钢的回火

1. 回火目的

1）消除淬火产生的内应力，稳定工件尺寸，防止工件在使用中发生变形，甚至开裂。

2）提高塑性和韧性，降低硬度，获得良好的综合力学性能。

2. 回火的分类

常用回火的方法、特点及应用见表3-17。

表 3-17 常用回火的方法、特点及应用

种　类	低温回火	中温回火	高温回火
方法	工件在 250℃ 以下进行的回火	工件在 250~500℃ 之间进行的回火	工件在 500℃ 以上进行的回火
特点	保持淬火工件高的硬度和耐磨性，降低淬火残余应力和脆性	得到较高的弹性和屈服强度、适当的韧性	得到强度、塑性和韧性都较好的综合力学性能
应用范围	用于刃具、量具、模具、滚动轴承、渗碳及表面淬火的零件等	用于弹簧、锻模和冲击工具等	用于各种较重要的受力结构件，如连杆、螺栓、齿轮及轴类零件等

3. 调质

淬火后进行高温回火的热处理工艺称为调质。

退火、正火与调质对钢力学性能影响的比较如下。

1）由于正火的冷却速度高于退火，因此正火钢的硬度高于退火钢。

2）调质后材料的力学性能较正火、退火均好。

调质处理后材料的硬度较高，同时塑性和韧性也较好，即具有良好的综合力学性能。因此，重要的零件都应进行调制处理。

五、钢的表面热处理

钢的表面热处理可分为表面淬火和化学热处理两种。

1. 表面淬火

表面淬火是仅对工件表面层进行的淬火，其能使工件表面具有高硬度、耐磨性而心部具有足够的强度和韧性的热处理工艺。

表面淬火分为火焰淬火和感应淬火。

1）火焰淬火

①应用要点：采用氧-乙炔作为热源，加热温度不易控制；淬硬层深度为 2~6mm，同样不易控制。火焰淬火质量不稳定，多用于中碳钢制件，适用于单件或小批量生产。

②操作方法：用氧-乙炔混合气体燃烧的火焰喷射到钢件表面上进行快速加热，当达到淬火温度后立即喷水冷却。

③目的：提高钢件表面硬度、耐磨性及疲劳强度，心部仍保持韧性状态。

2）感应淬火

①应用要点：采用感应电流等作为热源，加热温度均匀；淬硬层均匀，深度为 0.5~15mm，操作易实现机械化和自动化，易于控制，质量稳定，多用于中碳钢和中碳合金结构钢制件，适用于大批量生产。由于肌肤效应，高频感应淬火的淬硬层深度一般为 1~2mm，中频淬火其深度一般为 3~5mm，低频淬火其深度一般大于 10mm。

②目的：提高钢件表面硬度、耐磨性及疲劳强度，心部保持韧性状态。

③操作方法：将钢件放入感应器中，使钢件表层产生感应电流，在极短的时间内加热到淬火温度，然后喷水冷却。

2. 化学热处理

化学热处理是将工件放在适当的活性介质中加热、保温、冷却，使一种或几种元素渗入钢件表层，以改变钢件表层的化学成分、组织和性能的热处理工艺。

化学热处理分渗碳、渗氮、碳氮共渗、渗金属等类型。化学热处理改变了钢的表面组织和化学成分。

1）渗碳：目的是使零件达到"内韧外硬"的要求，因此渗碳的对象应选择为低碳钢（这类钢表面含碳量低，碳才能渗入其表面）。渗碳后零件的心部仍为低含碳量，而表面则为高含碳量，使得淬火和低温回火后零件的表面具有高硬度、高耐磨性，而心部具有良好的塑性和韧性。

2）渗氮：目的是提高钢件表面的硬度、耐磨性、疲劳强度以及抗蚀能力，多用于含有铝、铬、钼等合金元素的中碳合金结构钢制件，以及碳素钢和铸铁，一般渗氮层深度为0.025~0.8mm。

3）碳氮共渗：目的是提高钢件表面的硬度、耐磨性、疲劳强度以及抗蚀能力，多用于低碳钢、低合金结构钢以及工具钢制件，一般渗氮层深度为0.02~3mm；渗氮后还要进行淬火和低温回火，向钢件表面同时渗碳和渗氮。

常用表面热处理方法、作用和用途见表3-18。

表3-18 常用表面热处理方法、作用和用途

类别	名称	方法	作用和用途
表面淬火	感应淬火	利用感应电流通过工件所产生的热效应，使工件表面受到局部加热，并进行快速冷却的淬火工艺	加热速度快，加热温度使工件表面具有高硬度、耐磨性而心部具有足够的强度和韧性，操作简便，易实现机械化、自动化，适于大批量生产
	火焰淬火	用氧气-乙炔火焰使工件表层加热并快速冷却的淬火工艺	淬硬层深度一般为2~6mm，加热温度及淬硬层深度不易控制，适用于单件或小批量的中碳钢、中碳合金结构钢的大型工件制造
化学热处理	渗碳	把低碳钢工件放在渗碳介质中，加热、保温后使表面层的碳浓度升高。根据渗碳介质不同可分为固体渗碳、液体渗碳和气体渗碳	使表层获得高硬度和耐磨性，心部仍保持高塑性和韧性，用于承受较大冲击载荷和易磨损的零件，如齿轮、活塞销、轴类零件等
	渗氮（氮化）	在一定温度下和一定介质中使氮原子渗入工件表层的化学热处理工艺	硬度高（1000~1200HV），耐磨性高，氧化变形小，并能耐热、耐腐蚀、耐疲劳等，用于精密机床的主轴、高速传动的齿轮等
	碳氮共渗（氰化）	钢的表面同时渗入碳和氮，常用的是气体碳氮共渗	比渗碳的加热温度低，零件变形小，生产周期短，且零件表层有较高的硬度、耐磨性和疲劳强度

【考点分析】

1. 钢的热处理分类，各个热处理的概念、目的、分类及其应用场合。
2. 零件的热处理工艺的分析。

【例1】正火是工件经加热、保温后在_____中冷却的热处理工艺。

A. 空气　　　　B. 水　　　　C. 油　　　　D. 炉

【解题指导】此题属于记忆题，主要考查学生对普通热处理工艺冷却方式的掌握情况。

【参考答案】B

【例2】在其他条件都相同的情况下，下列_____的淬硬性最好。

A. 20钢　　　　B. 45钢　　　　C. 60钢　　　　D. T12钢

【解题指导】此题属于理解题，主要考查学生对淬硬性与钢的含碳量关系的掌握情况。

【参考答案】D

【例3】20CrMnTi 钢经过表面渗碳后进行淬火处理，则回火应用_____。
A. 低温回火　　　B. 中温回火　　　C. 高温回火　　　D. 不需回火

【解题指导】此题属于理解应用题，主要考查学生对机械制造用钢的热处理及对渗碳的要求是否了解，渗碳后进行淬火加低温回火，可以使合金渗碳钢表面具有高的硬度和耐磨性，而心部具有良好的塑性和韧性。

【参考答案】D

一、填空题

1. 热处理是指采用适当的方式将钢或钢制件进行_____、_____和_____，以获得所需要的_____与_____的工艺。
2. 普通热处理包括_____、_____、_____和_____；表面热处理包括_____和_____。
3. 正火是将钢加热到适当温度，保持一定时间后_____的热处理工艺，它比退火的冷却速度_____，因而正火后的强度、硬度_____于退火，且操作简便，生产周期_____，成本_____。
4. 高碳钢中有网状渗碳体，可先用_____消除，再采用_____。
5. 将钢加热到适当温度，保持一定时间，然后_____冷却的热处理工艺称为淬火，它的目的是提高钢的_____、_____和_____。
6. 常见的淬火冷却介质有_____、_____和_____。
7. 按回火温度不同，可将回火分为_____、_____和_____。
8. 调质处理即为_____和_____相结合的热处理工艺。
9. 表面淬火是仅对工件的_____进行淬火，而心部仍保持_____。其目的是使工件表面具有_____、_____，而心部需要足够的_____、_____。
10. 化学热处理是将工件置于适当的_____中，通过_____的方法，使一种或几种元素渗入钢件_____，以改变钢件表层的_____、_____和_____的热处理工艺。
11. 根据介质的状态不同，渗碳可分为_____、_____和_____。

二、选择题

1. 为改善 T12 钢的切削加工性，其预先热处理该采用_____。
   A. 完全退火　　B. 球化退火　　C. 去应力退火　　D. 正火
2. 钢淬火时，导致零件开裂的原因是_____。
   A. 工件的内应力超过材料的屈服极限　　B. 工件的内应力超过材料的弹性极限
   C. 工件的内应力超过材料的比例极限　　D. 工件的内应力超过材料的抗拉强度
3. 钢经调质处理与经正火处理比较，其力学性能_____。
   A. 前者强度较低，塑性和韧性较高　　B. 前者强度较高，塑性和韧性较低
   C. 前者强度、塑性和韧性均较低　　　D. 前者强度、塑性和韧性均较高
4. 某齿轮表面要求硬而耐磨，心部具有良好的韧性，应采用_____。
   A. T12 钢淬火后低温回火　　　B. 45 钢调质处理
   C. 15 钢渗碳、淬火及低温回火　D. 15 钢淬火及中温回火
5. 合金钢在淬火冷却时，冷却介质常用_____。
   A. 矿物油　　　B. 水　　　C. 10% 的盐水　　　D. 碱水

6. 弹簧淬火后应选用_____。
   A. 低温回火　　B. 中温回火　　C. 高温回火　　D. 都可以

三、判断题

1. 可能的条件下尽量用退火代替正火。（　）
2. 对性能要求不高的中碳钢零件，可采用正火代替调质处理。（　）
3. 淬火是热处理的最后一道工序。（　）
4. 40 钢和 40Cr 的淬硬性相同，而 40Cr 比 40 钢的淬透性好。（　）
5. 对高速钢热处理时在空气中冷却，一定是正火。（　）
6. 表面热处理的工艺过程有加热、保温和冷却。（　）
7. 局部磨损的齿轮和特大件表面淬火时，应采用感应加热。（　）
8. 渗碳和渗氮后都要淬火。（　）
9. 渗碳介质中，固体渗碳应用最广。（　）
10. 滚动轴承和量具的最终热处理是淬火后低温回火。（　）

四、简答题

1. 什么叫钢的退火？常用的退火方法有哪几种？
2. 什么是淬硬性？什么是淬透性？淬透性与淬硬性有什么关系？
3. 工件淬火后为什么要及时回火？回火的目的是什么？

第五节　非铁金属材料和硬质合金

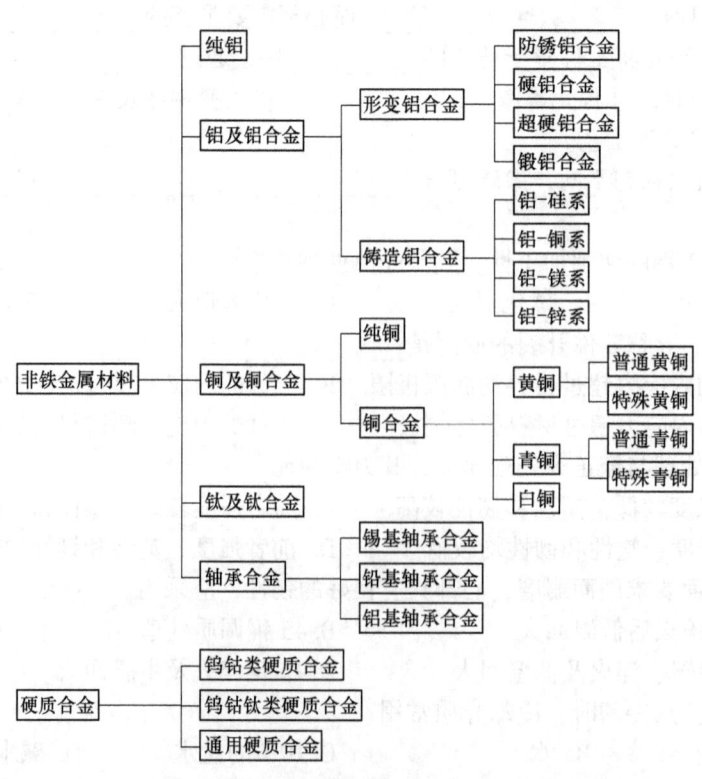

【学习目标】了解非铁金属材料和硬质合金的分类、牌号、性能和用途。
【学习内容】
一、非铁金属材料

非铁金属材料是指除钢铁材料以外的其他金属材料,如铝、铜、镁、锌、铬等金属及其合金。常用的非铁金属材料有铝及铝合金、铜及铜合金、钛及钛合金、滑动轴承合金等。

1. 铝及铝合金

铝合金可分为形变铝合金和铸造铝合金。变形铝合金根据性能的不同可分为防锈铝合金、硬铝合金、超硬铝合金、锻铝合金。铸造铝合金又可分为铝硅合金、铝铜合金、铝镁合金和铝锌合金。

1) 常见的形变铝合金牌号、特性和用途见表3-19。

表3-19 常见形变铝合金的牌号、特性和用途

分类	牌号	特性	主要用途
防锈铝合金	LF	热处理不能强化,强度不高,塑性和耐蚀性好,焊接性好	用于在液体介质中工作的中等强度的焊接件、冷冲压件和容器等,如防锈蒙皮、油箱、导管及日用器具等
硬铝合金	LY	通过热处理能显著提高强度和硬度,但耐蚀性不高	用于制造中等强度的零件和构件,如飞机的大梁、空气螺旋桨、铆钉和仪表等零件
超硬铝合金	LC	在室温下强度高,塑性较低,耐蚀性不高,热处理后,强度、硬度比硬铝还高,故名超硬铝	用于制造高载荷零件,如飞机上的大梁、加强框、起落架等
锻铝合金	LD	力学性能与硬铝相近,有良好的热塑性及良好的耐蚀性,适合于锻造,故名锻铝	用于制造航空及仪表工业中形状复杂、质量轻且强度要求较高的锻件或冲压件,如离心式气压机的叶轮等

2) 常见的铸造铝合金牌号、特性和用途见表3-20。

表3-20 常见铸造铝合金的牌号、特性和用途

分类	牌号	特性	主要用途
铝硅合金	ZAlSi5Cu1Mg	铸造性能和力学性能良好	用于铸造在250℃以下工作、形状复杂、受力稍大的零件,如油泵壳体、风冷发动机的汽缸头等
铝铜合金	ZAlCu5Mn	耐热性好,铸造性能和耐腐蚀性较差	用于铸造在300℃以下工作、受载中等、形状不太复杂的飞机零件,如支臂、挂架和内燃机汽缸头、活塞等
铝镁合金	ZAlMg10	力学性能较好,耐腐蚀性较好	用于铸造在大气或海水中工作以及承受大振动载荷、工作温度不超过150℃的零件,如舰船配件、氨用泵体等
铝锌合金	ZAlZn11Si7	铸造性能好,力学性能较好,宜于压铸	用于铸造工作温度不超过200℃、形状复杂的汽车、飞机、仪器零件等

2. 铜及铜合金

铜及铜合金有良好的导热性、导电性、抗磁性、耐蚀性和工艺性,在仪表工业、电器工

业、机械制造业和造船业中应用广泛。铜合金可分为黄铜（铜锌合金）、白铜（铜镍合金，应用较少）和青铜（铜与除锌、镍外的其他元素的合金）。

常见的黄铜和青铜的牌号、特性和用途见表3-21。

表3-21 常见铜合金的牌号、特性和用途

分类	类别	牌号	特性	主要用途
黄铜	普通黄铜	H70	强度较高，塑性和冷成型性较好	用于制造弹壳、散热器等，故又称为弹壳黄铜
		H62	强度较H70高	用于制造弹簧、垫圈、金属网等
	特殊黄铜	HPb59-1	强度、耐蚀性和工艺性较好	用于制造大型轴套、垫圈等
		HMn58-2	强度、耐蚀性和工艺性较好	用于制造在腐蚀条件下工作的零件，如气阀、滑阀等
青铜	锡青铜	QSn4-3	耐磨性高，对大气、水、海水有良好的耐蚀性	用于致密性要求不高、尺寸要求严格的耐磨和耐蚀零件，如轴承、齿轮等
	无锡青铜	QAl7	耐热、耐磨和防磁	用于重要的弹簧及弹性元件
		QBe2		用于重要仪表的弹簧、齿轮、轴承等

3. 轴承合金

轴承合金是制造滑动轴承的轴瓦或内衬的合金。轴承合金的组织要求是软基体上均匀分布着硬质点或硬基体均匀分布着软质点。常用的轴承合金有锡基、铅基、铜基和铝基轴承合金。

常见的轴承合金的牌号、特性和用途见表3-22。

表3-22 常见轴承合金的牌号、特性和用途

分类	牌号	特性	主要用途
锡基轴承合金	ZSnSb12	硬度适中，减磨性好，足够的塑性、韧性，良好的耐蚀性、导热性，膨胀系数较好，但疲劳强度低，工作温度<150℃，成本高	用于汽车、拖拉机、汽轮机等机械的高速轴，应用较广
	ZSnSb4Cu4		
	ZSnSb11Cu6		
铅基轴承合金	ZPbSb16Sn16Cu2	强度、韧性、导热性、耐蚀性均低于锡基轴承合金，但价格便宜	用于中低速、中低载荷的滑动轴承
	ZPbSb15Sn10		
	ZPbSb15Sn5		
铜基轴承合金	ZCuPb30	良好的耐磨性、热导性和疲劳强度，能在高温下工作	用于高速、重载下工作的轴承，如航空发动机、柴油机等高速机器的主轴承和连杆轴承
	ZCuSn10Pb1		
铝基轴承合金	ZAlSn6Cu1Ni1	原料丰富，价格便宜，导热性好，疲劳强度高，良好的耐热、耐磨和抗蚀性，能承受较大压力和速度	用于高速重载轴承，如高速重载的汽车、拖拉机及柴油机的轴承

二、硬质合金

1. 定义

硬质合金是指以一种或几种难溶碳化物（WC、TiC）的粉末为主要成分，以钴、镍、

钼等为粘结剂，用粉末冶金方法制作的材料。

2. 性能特点

硬度高、热硬性好、耐磨性好。

3. 分类

常见的硬质合金按成分和性能特点可分为钨钴类硬质合金、钨钴钛类硬质合金和通用硬质合金。

常见硬质合金的牌号、含义和应用见表3-23。

表3-23 常见硬质合金的牌号、含义和应用

分类	牌号	牌号含义	应用
钨钴类	YG3X YG6 YG8 YG15	由"YG"（"硬、钴"两字汉语拼音字首）和平均含钴量的质量分数组成。如YG8表示钴的质量分数为8%，碳化钨的质量分数为94%。主要成分是碳化钨（WC）和粘结剂钴（Co）	强度和韧性比钨钴钛类高。适宜制作切削脆性材料（如铸铁、胶木等）的刀具以及模具、量具和耐磨机械零件（如车床的顶尖等）
钨钴钛类	YT5 YT15 YT30	由"YT"（"硬、钛"两字汉语拼音字首）和碳化钛的质量分数组成。如YT15表示碳化钛的质量分数为15%，其余为碳化钨和钴。主要成分是碳化钨（WC）、碳化钛（TiC）和钴（Co）	具有较高的硬度、热硬性及耐磨性，适宜制作切削韧性材料（如碳素钢）的刀具
通用类 （万能合金）	YW1	由"YW"（"硬、万"两字汉语拼音字首）加顺序号组成。主要成分是碳化钨（WC）、碳化钛（TiC）和钴（Co）	用于制作切削不锈钢、耐热钢、高锰钢等难加工的钢材的刀具，也可以代替钨钴类硬质合金加工铸铁等脆性材料

【考点分析】

非铁金属材料、硬质合金的分类、牌号、性能和用途。

【例1】铝合金按其成分和工艺特点可分为_____和_____。

【解题指导】此题属于记忆题，主要考查学生对铝合金的分类是否熟悉。

【参考答案】形变铝合金　铸造铝合金

【例2】HMn58-2中Mn的质量分数是_____。

A. 58%　　　　　B. 2%　　　　　C. 40%　　　　　D. 42%

【解题指导】此题属于理解题，主要考查学生对特殊黄铜的元素含量值是否掌握。

【参考答案】B

【例3】材料ZPbSb10Sn16Cu2是_____。

A. 合金铸铁　　　B. 锡基轴承合金　　C. 铅基轴承合金　　D. 铜合金

【解题指导】此题属于理解应用题，主要考查学生对轴承合金的牌号、种类知识是否掌握。

【参考答案】C

【例4】常见的硬质合金有_____硬质合金、_____硬质合金和_____硬质合金。

【解题指导】此题属于记忆题，主要考查学生对硬质合金的分类是否熟悉。

【参考答案】钨钴类　钨钴钛类　通用类

【例5】YG8 硬质合金刀具常用于切削_____材料。
A. 耐热钢　　　　B. 不锈钢　　　　C. 一般钢材　　　D. 铸铁
【解题指导】此题属于理解题，主要考查学生对硬质合金的应用是否掌握。
【参考答案】D
【习题练习】

一、填空题

1. 非铁金属材料是除_____以外的金属材料。

2. 形变铝合金有_____、_____、_____和_____。

3. 铸造铝合金有_____、_____、_____和_____。

4. 白铜是_____合金；黄铜是以_____为主加元素的铜合金，它分为_____黄铜和_____黄铜。

5. 青铜是指铜与_____或_____以外的元素组成的合金。按化学成分的不同，分为_____和_____。

6. 根据钛合金在室温下组织的不同，钛合金可分为_____、_____和_____三种。

7. 硬质合金的种类有很多，但常见的有_____、_____和_____硬质合金。

8. 通用硬质合金又称为_____硬质合金，通常用来切削_____、_____和_____等难加工材料。

9. 钨钴类硬质合金主要成分由_____和_____组成，适宜于加工_____类材料。

10. 钨钴钛类硬质合金和钨钴类硬质合金相比，在成分上添加了_____，具有较高的_____、_____和_____，适用于加工_____材料。

二、选择题

1. 有关材料 H62 下列说法正确的是_____。
　　A. 普通黄铜，铜的质量分数是 38%　　B. 普通黄铜，锌的质量分数是 38%
　　C. 特殊黄铜，铜的质量分数是 62%　　D. 特殊黄铜，锌的质量分数是 62%

2. 下列属于热处理不能强化的铝合金的是_____。
　　A. 防锈铝　　　B. 锻铝　　　　C. 硬铝　　　　D. 超硬铝

3. 价格便宜，用于中等负荷、中低速度的场合的轴承是_____。
　　A. 铝基轴承合金　B. 锡基轴承合金　C. 铅基轴承合金　D. 钛合金

4. YT5 属于_____类硬质合金。
　　A. 钨钴　　　　B. 钨钴钛　　　C. 通用　　　　D. 钨钛钽钴

5. 车刀刀头采用 YT15 硬质合金，其中牌号中的 15 表示_____的质量百分数。
　　A. 钴　　　　　B. 钛　　　　　C. 碳化钨　　　D. 碳化钛

6. 精加工铸铁、非铁金属等材料，宜选用_____硬质合金。
　　A. YT5　　　　B. YT15　　　　C. YG3　　　　D. YG8

7. YT15 硬质合金刀具常用于切削_____材料。
　　A. 耐热钢　　　B. 不锈钢　　　C. 一般钢材　　D. 铸铁

8. 1Cr13 等不锈钢材料宜采用_____硬质合金来进行切削。
   A. YG8   B. YT5   C. YT15   D. YW1

三、判断题

1. 纯铝的导电性仅次于银和铜。　　　　　　　　　　　　　　　　（　　）
2. T4 和 T7 表示碳素工具钢。　　　　　　　　　　　　　　　　（　　）
3. 锡基轴承合金是价格最便宜的一种轴承合金，应尽量优先选用。　　（　　）
4. 生产汽车发动机缸体的材料一般选用防锈铝合金。　　　　　　　（　　）
5. 人类历史上应用最早的一种合金是铝合金。　　　　　　　　　　（　　）
6. 钨钴类硬质合金用于加工钢等塑性材料。　　　　　　　　　　　（　　）
7. 硬质合金刀具具有硬度高、热硬性好、耐磨性好的特点。　　　　（　　）
8. 硬质合金刀具的抗压强度高，抗弯强度也很高。　　　　　　　　（　　）

第六节　非金属材料和新型工程材料

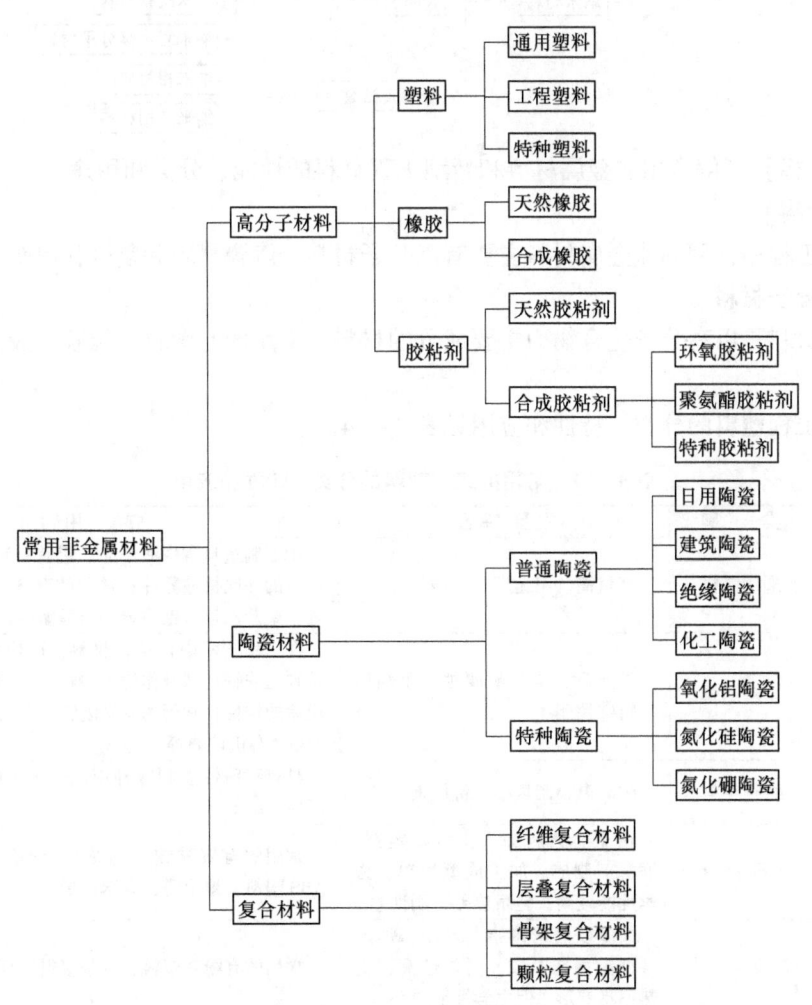

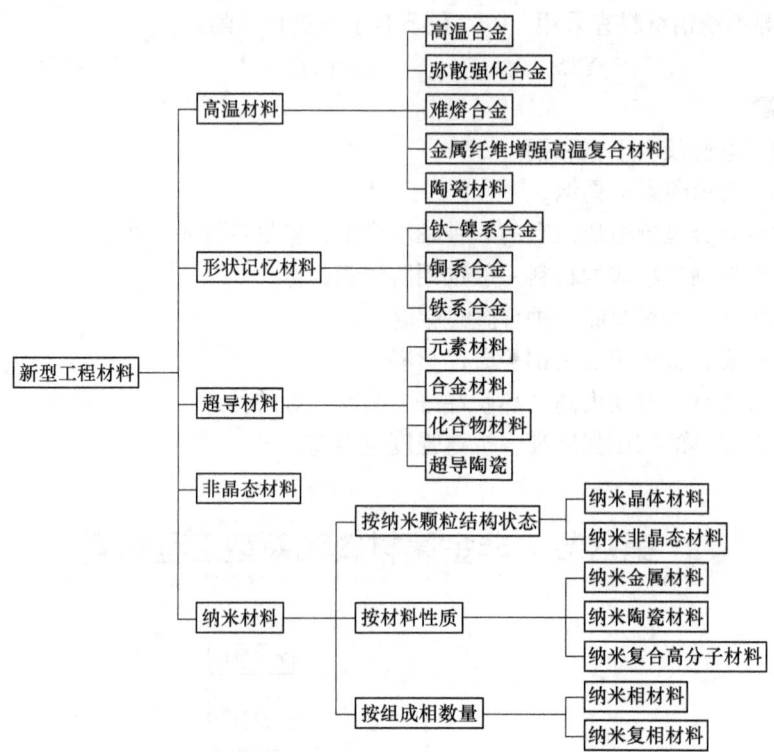

【学习目标】了解常用非金属材料和新型工程材料的性能、分类和用途。
【学习内容】
在机械工程中常用的非金属材料主要有高分子材料、陶瓷材料和复合材料等。

一、高分子材料

高分子材料是以高分子化合物为主要成分的材料。常用的有塑料、橡胶和胶粘剂。

1. 塑料

常用的工程塑料的分类、特性和应用见表3-24。

表3-24 常用的工程塑料的分类、特性和应用

分类方法	类别	主要特性	应用
按应用范围	通用塑料	产量高、用途广、价格低	用于制造日常生活用品、包装材料和工农业生产用的一般机械零件；常用的有聚乙烯、聚氯乙烯、聚苯乙烯、聚丙烯、酚醛塑料、氨基塑料等
	工程塑料	具有耐高温、耐腐蚀、耐辐射等特殊性能	在工程技术中作结构材料，可代替部分金属，特别是非铁金属制作的某些机械构件或某些特殊用途的构件；常用的有聚酰胺（尼龙）、聚甲醛、ABS、有机玻璃等
	特种塑料	耐高温、产量小、价格贵	具有特殊性能和特种用途，用于耐高温塑料、医用塑料等
按热性能分类	热塑性塑料	由聚合树脂加入少量稳定剂、润滑剂制成，加工成型简单、力学性能较高，但耐热差、刚性差	常用的有聚酰胺（尼龙）、聚乙烯、聚丙烯、ABS塑料、聚甲醛、聚苯乙烯等
	热固性塑料	大多以缩聚树脂为基础，加入各种添加剂而成，耐热性高，受热不易变形，但力学性能差	常用的有酚醛塑料、氨基塑料、环氧塑料等

2. 橡胶

常用橡胶的分类、特性和应用见表3-25。

表3-25 常用橡胶的分类、特性和应用

分类方法	类别	主要特性及应用
按生胶来源	天然橡胶	从橡胶树的浆汁中提取的,属于天然树脂。它的抗拉强度与回弹性比多数合成橡胶好,绝缘性好,但耐热性、抗老化性、耐介质性等较差,一般作胶带、电线、电缆和轮胎等
	合成橡胶	从石油、天然气、煤和农副产品中提炼制得的合成产物,可以代替天然橡胶,常用的有氯丁橡胶、丁苯橡胶、聚氨酯橡胶等
按应用范围	通用橡胶	常用的有天然橡胶、丁苯橡胶、顺丁橡胶等
	特种橡胶	能在特殊条件下(如高温、低温、酸、碱、油、辐射等)下使用的橡胶,常用的有乙丙橡胶、硅橡胶、氟橡胶等

3. 胶粘剂

常用胶粘剂的分类、特性和应用见表3-26。

表3-26 常用胶粘剂的分类、特性和应用

类别	名称	用途
天然胶粘剂	天然胶粘剂	如松香等,应用范围不如合成胶粘剂广
合成胶粘剂	环氧胶粘剂(又称万能胶)	广泛应用于船舶、机械、电子仪表、化工、宇航工业等
	聚氨酯胶粘剂(又称乌利当)	用于液氮等低温设备的粘接
	特种胶粘剂	用于电子、宇航工业中具有特殊性能要求的零部件的胶接

二、陶瓷材料

常用陶瓷的加工方法、特性和应用见表3-27。

表3-27 常用陶瓷的加工方法、特性和应用

类别		名称	加工方法及特性	应用
普通陶瓷(粘土类陶瓷)		日用陶瓷、建筑陶瓷、绝缘陶瓷、化工陶瓷	以粘土、长石、石英等天然硅酸盐矿物为原料,经粉碎、成型和烧结制成,又称传统陶瓷或硅酸盐陶瓷;具有成本低、质地坚硬、耐腐蚀、不导电,加工成形性较好的特点,但耐高温性较差	用于电气、化工、建筑、纺织、日用等行业,如化工中的耐碱耐酸容器、管道和反应塔等
特种陶瓷	氧化铝陶瓷	刚玉瓷、刚玉-莫来石瓷、莫来石瓷	以人工合成的金属氧化物、碳化物等原料制成;强度比普通陶瓷高2~3倍,硬度仅次于金刚石等,耐高温,具有优良的电绝缘性和耐腐蚀性,但脆性大,抗急冷急热性差	具有独特性能,能满足工程结构的特种需要,广泛应用于冶金、国防、宇航和电气等工业部门
	氮化硅陶瓷	反应烧结氮化硅瓷	以人工合成的氮化物、硅化物等原料制成;具有良好的化学稳定性,除氢氟酸外,能够耐各种无机酸腐蚀;硬度高,耐磨性好,具有良好的电绝缘性、抗急冷急热性、自润滑性和耐辐射性等	用于耐腐蚀、耐磨、耐高温、耐绝缘的零件,如各种泵的密封件、耐高温轴承、输送铝液的电液泵管道、阀门、燃气轮机叶片等
	氮化硼陶瓷	六方氮化硼陶瓷、立方氮化硼陶瓷	以人工合成的氮化物、硼化物等原料制成;具有良好的耐热性、抗急冷急热性、热稳定性好,具有良好的绝缘性和化学稳定性等	六方氮化硼陶瓷因硬度较低,可进行切削加工,用于耐高温轴承、玻璃制品的成形模具;立方氮化硼陶瓷用于磨料和刀具

三、复合材料

复合材料是指由两种或两种以上的不同性质的材料，经过人工组合而成的新型多相材料。它具有单一材料无法比拟的综合性能，强度大、高温性能好、化学稳定性好、减摩耐磨性能好。

常用的复合材料主要有纤维复合材料、层叠复合材料、骨架复合材料和颗粒复合材料等。

四、新型工程材料

新型工程材料主要有高温材料、形状记忆材料、超导材料、非晶态材料和纳米材料等。

(1) 新型的高温材料　它指在550℃以上温度条件下能承受一定应力并具有抗氧化和抗热腐蚀能力的材料，包括高温合金、弥散强化合金、难熔合金、金属纤维增强高温复合材料和陶瓷材料等。

(2) 形状记忆材料　它可分为钛-镍系、铜系、铁系合金三大类。

(3) 超导材料　所谓超导是指某些物体当温度下降至某一定数值时，电阻突然趋近于零的现象。超导材料按其化学成分可分为元素材料、合金材料、化合物材料和超导陶瓷。

(4) 非晶态材料　非晶态合金又称金属玻璃。

(5) 纳米材料　它指由尺寸为1~100nm的纳米粒子凝聚成的纤维、薄膜、块体及与其他纳米粒子或常规材料组成的复合材料。

1) 纳米材料的分类，见表3-28。

表3-28　纳米材料分类的常见形式

分类方式	类　别
按纳米颗粒结构状态	纳米晶体材料
	纳米非晶态材料
按材料性质	纳米金属材料
	纳米陶瓷材料
	纳米复合高分子材料（纳米塑料、纳米橡胶、纳米胶粘剂、纳米涂料、纳米纤维）
按组成相数量	纳米相材料（由单相微粒构成的固体）
	纳米复相材料（每个纳米微粒本身由两相构成）

2) 纳米材料的特性：运用纳米技术，将物质加工到100nm以下尺寸时，由于它的尺寸已接近光的波长，加上其具有大表面的特殊效应，因此其所表现的特性，如熔点、磁性、导热、导电特性等，往往产生既不同于微观原子、分子，也不同于该物质在整体状态时所表现的宏观性质，也即纳米材料表现出物质的超常规特性，主要有4个方面，见表3-29。

表3-29　纳米材料的4个超常规特性

分类方式	说　明
体积效应（小尺寸效应）	当粒径减小到一定值时，纳米材料的许多物理特性都与颗粒尺寸有敏感的依赖关系，表现出奇异的小尺寸效应。如：对于在粗晶状态下难以发光的半导体Si、Ge等，当其粒径减小到纳米量级时，会表现出明显的可见光发光现象，并随着粒径的进一步减小，发光强度逐渐增强，发光光谱逐渐蓝移；又如，在纳米磁性材料中，随着晶粒尺寸的减小，样品的磁有序状态将发生本质的变化，粗晶状态下为铁磁性的材料，当颗粒尺寸小于某一临界值时可以转变为超顺磁状态，当金属颗粒减小到纳米量级时，电导率已下降得非常低，这时原来的良导体实际上会转变成绝缘体

(续)

分类方式	说　　明
表面与界面效应	粒子的尺寸越小，比表面积越大。纳米材料中位于表面的原子占相当大的比例，随着粒径的减小，引起表面原子数迅速增加。如粒径为10nm时，比表面积为90m²/g；粒径为5nm时，比表面积为180m²/g；粒径小到2nm时，比表面积猛增到450m²/g。这样高的比表面，使处于表面的原子数越来越多，使其表面能、表面结合能迅速增加，致使它表现出很高的粒子化学性
量子尺寸效应	当粒子尺寸下降到最低值时，费米能级附近的电子能级由准连续变为离散能级现象称为量子尺寸效应。1993年，美国贝尔实验室在硒化镉中发现，随着粒子尺寸的减小，发光的颜色从红色变成绿色进而变成蓝色，有人把这种发光带或吸收带由长波长移向短波长的现象称为"蓝移"
宏观量子隧道效应	微观粒子具有贯穿势垒的能力称为隧道效应。用此概念可定性地解释超细镍微粒在低温下继续保持超顺磁性的原因。科学工作者通过实验证实了在低温下确实存在磁的宏观量子隧道效应。这一效应与量子尺寸效应一起，确定了微电子器件进一步微型化的极限，也限定了采用磁带磁盘进行信息储存的最短时间

【考点分析】
1. 非金属材料的性能分类，特别是高分子材料的分类、用途。
2. 新型工程材料的性能、分类及其应用场合。

【例1】按受热后的表现，塑料分为_____和_____。
【解题指导】此题属于记忆题，主要考查学生对受热后塑料表现关系的掌握情况。
【参考答案】热固性塑料　热塑性塑料

【例2】常用的复合材料主要有_____、_____、_____和_____等。
【解题指导】此题属于记忆题，主要考查学生对复合材料的分类情况是否掌握。
【参考答案】纤维复合材料　层叠复合材料　骨架复合材料　颗粒复合材料

【例3】常见的新材料主要有_____、_____、_____、_____和_____等。
【解题指导】此题属于记忆题，主要考查学生对新材料的分类情况的掌握。
【参考答案】高温材料　形状记忆材料　超导材料　非晶态材料　纳米材料

【例4】医学上用的骨折固定板是用下列_____合金来制造的。
A. 铜系合金　　　　B. 钛-镍系合金　　　C. 铁系合金　　　D. 高温合金
【解题指导】此题属于理解应用题，主要考查学生对形状记忆材料种类的应用的掌握情况。
【参考答案】B

【例5】机械工业中，为提高机械设备的耐磨性、硬度和使用寿命，经常采用_____对机械关键零部件进行金属表面涂层处理。
A. 高温材料技术　　　　　　　B. 形态记忆材料技术
C. 超导材料技术　　　　　　　D. 纳米材料技术
【解题指导】此题属于理解应用题，主要考查学生对新材料的应用情况是否掌握。
【参考答案】D

【习题练习】

一、填空题

1. 按受热后的表现，塑料分_____和_____；习惯上也将塑料分为_____、_____和_____。
2. 橡胶分为_____和_____；陶瓷分为_____和_____；胶粘剂分为_____和_____两大类。
3. 复合材料的比强度____，化学稳定性____。
4. 传统陶瓷经过_____、_____和_____制成。尼龙是_____。
5. 新型的高温材料是指在550℃以上温度条件下能承受一定应力并具有_____和抵抗_____的材料。
6. 新型的高温材料包括_____、_____、_____、金属纤维增强高温复合材料和_____等。
7. 形状记忆合金可分为_____、_____、_____三大类。
8. 1911年____国的物理学家海克·坎默林·奥尼斯首先发现了世界上有_____的存在。
9. 非晶态合金又称_____。由于其抗腐蚀性能非常优越，获得了____的名称，可以用于海洋和医学方面。
10. 纳米材料的4个超常规特性指的是_____、_____、_____和宏观量子隧道效应。

二、选择题

1. 在下列塑料中，素有"塑料王"之称的是_____。
   A. 聚乙烯　　　B. 聚丙烯　　　C. 聚四氟乙烯　　　D. 环氧塑料
2. 制造先进的燃气涡轮发动机的涡轮叶片是用_____合金来制造的。
   A. 高温材料　　B. 形态记忆材料　　C. 超导材料　　D. 纳米材料
3. 零电阻现象和完全抗磁性是_____的两个最基本、互相独立的特性。
   A. 高温材料　　B. 形态记忆材料　　C. 超导材料　　D. 纳米材料
4. 海上军用飞机电缆、鱼雷、化学滤器、反应容器等是用_____来制造的。
   A. 高温材料　　B. 形态记忆材料　　C. 非晶态材料　　D. 纳米材料
5. 电冰箱、空调机外壳里的抗菌除味塑料是采用_____制成的。
   A. 高温材料　　B. 形态记忆材料　　C. 超导材料　　D. 纳米材料

三、判断题

1. 热固性塑料可反复加热回收利用。（　　）
2. 复合材料和胶粘材料的性质可以相同也可以不同。（　　）
3. 陶瓷抗拉强度大，但遇急冷急热时性能较差。（　　）
4. 医学上用的脊椎矫正棒是用铜系形状记忆合金来制造的。（　　）
5. 超导体的两个最基本的性质是电性质和磁性质。（　　）

第七节 材料的选择及应用

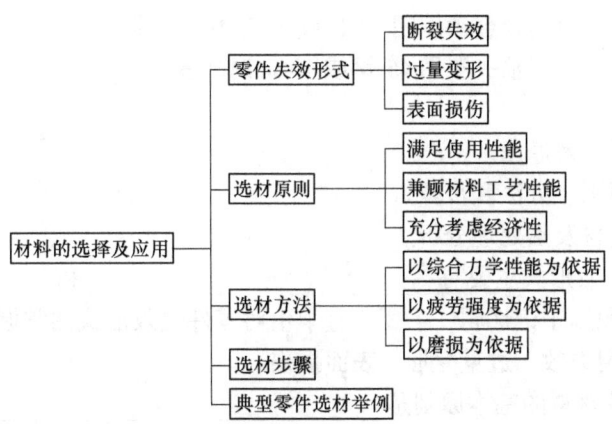

【学习目标】 了解材料如何选择及应用。

【学习内容】

一、零件的失效形式及原因

零件的失效是指零件不能保证其工作精度或达不到预期的功效。

一般机械零件的失效形式有以下三种。

(1) 断裂失效 它指零件完全断裂而无法工作的失效,是机械零件的主要失效形式。可分为延性断裂、脆性断裂、疲劳断裂、蠕变断裂等。

(2) 过量变形 它指在外力作用下零件发生整体或局部的过量弹性变形、塑性变形或蠕变变形而导致整个机器或设备无法正常工作,或能正常工作但保证不了产品质量的现象。

(3) 表面损伤 它指零件在工作中,因机械和化学作用,使其表面损伤而造成的失效。主要有磨损失效、接触疲劳失效、表面腐蚀失效。

零件的失效与方案设计、材料选择、加工工艺和安装使用等因素有关。

二、选材的原则、方法和步骤

1. 选材的一般原则

基本原则:在保证满足材料使用性能的前提下,再考虑材料的工艺性能和材料的经济性。

2. 选材的方法

1) 以综合力学性能为主要依据。

2) 以疲劳强度为主要依据。

3) 以磨损为主要依据。

3. 选材的步骤

1) 分析零件的工作条件及失效形式,确定零件的性能要求。

2) 对同类零件的用材情况进行调查研究,从其使用性能、原材料供应和加工等方面分析选材是否合理,以此作为选材参考。

3) 从零件性能要求中找出关键的性能要求,通过力学计算或实验等方法,确定零件应具有的力学性能指标或理化性能指标。

三、典型零件选材举例

（1）机床齿轮　以钢为主，常用中碳钢或中碳合金钢。除选用金属齿轮外，有时还可改用塑料齿轮。

（2）汽车齿轮　一般用合金渗碳钢 20Cr 或 20CrMnTi 制造。

（3）机床主轴　车床主轴一般用 45 钢或 40Cr 钢制造。

【考点分析】

1. 零件的失效形式及原因。
2. 材料选择的原则、方法和步骤。
3. 典型零件的选材及热处理分析。

【例1】零件的失效形式主要有_____、_____和_____三种。

【解题指导】此题属于记忆题，主要考查学生对零件失效形式的掌握情况。

【参考答案】断裂失效　过量变形　表面损伤

【例2】选择零件材料的基本原则是_____。

【解题指导】此题属于记忆题，主要考查学生对选材的基本原则是否掌握。

【参考答案】在保证满足材料使用性能的前提下，再考虑材料的工艺性能和材料的经济性。

【例3】汽车齿轮选用下列哪种材料_____。

A. 20CrMnTi　　　　B. 40Cr　　　　C. 45　　　　D. T12

【解题指导】此题属于记忆题，主要考查学生对汽车齿轮的选材是否掌握。

【参考答案】A

【习题练习】

一、填空题

1. 零件的失效是指零件不能保证_____或达不到_____。
2. 根据断裂的性质和原因，断裂可分为_____、_____、_____、_____等。
3. 表面损伤失效主要包括_____、_____和_____。
4. 机床变速箱齿轮一般都是用_____和_____。

二、选择题

1. 机械零件的主要失效形式是_____。
   A. 断裂失效　　B. 过量变形　　C. 表面损伤　　D. 冲击破坏
2. 零件失效与下列的_____因素有关。
   A. 方案设计　　　　　　　　B. 材料选择
   C. 加工工艺和安装使用　　　D. 都有关系
3. 选材的原则是_____。
   A. 首先满足使用性能　　　　B. 兼顾材料的工艺性能
   C. 充分考虑经济性　　　　　D. 都有关系
4. CA6140 车床主轴是用下列的_____材料制造的。
   A. 16Mn　　　　B. 40Cr　　　　C. W18Cr4V　　　　D. 3Cr13
5. 20CrMnTi 主要用于制造_____。
   A. 机床主轴　　B. 机床变速箱齿轮　　C. 汽车齿轮　　D. 汽车弹簧

第四单元

联 接

【知识构架】

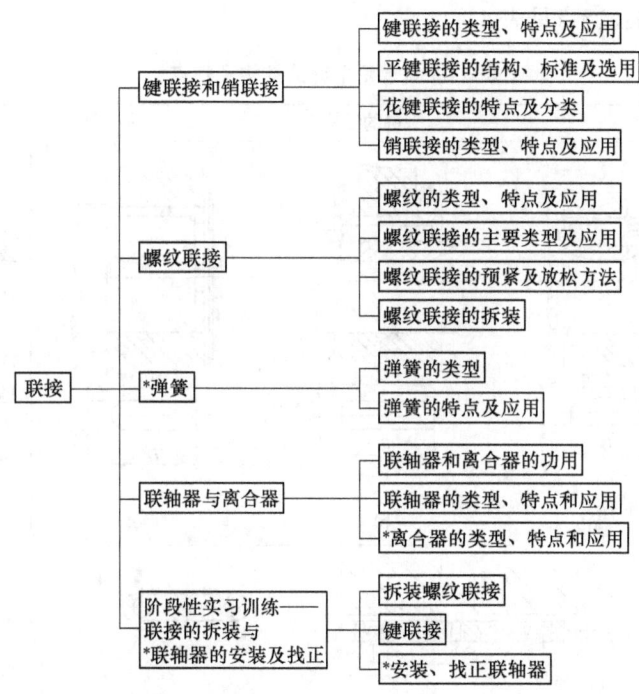

第一节 键联接和销联接

【学习目标】掌握键和销的类型及应用。

【学习内容】

许多机器是由各种零部件按一定方式联接而组成的。而轴与轴上传动零件的联接,主要是键联接和销联接。

联接分为动联接与静联接。动联接包括运动副联接和弹性联接;静联接包括键联接、销联接、焊接、铆接和胶接。

一、键联接的类型、特点及应用

1. 键联接的功用

键联接主要作用是轴和轴上零件间的周向固定并传递转矩;有时可作导向零件。

2. 键联接的类型

键是标准件，根据键在联接时的松紧状态不同，可分为松键联接和紧键联接两类。

常用的松键联接有平键、半圆键和花键联接。松键联接是以键的两侧面为工作面，故键宽与键槽需紧密配合，而键的顶面与轴上零件之间有一定的间隙。紧键可分为楔键联接和切向键联接。

3. 键联接的特点

键联接主要特点是结构简单，工作可靠，拆装方便，应用广泛。

二、平键联接的结构、标准及选用

1. 平键联接的结构

常用平键的结构及特点见表 4-1。

表 4-1 常用平键的结构及特点

平键的类型	平键的结构	平键的特点
普通平键（根据端部结构分为 A、B、C 型）	a) $l=L-b$ b) $l=L$ c) $l=L-0.5b$	适用于高精度、高速或变载、冲击的场合，应用最广。A 型固定良好，但轴的应力集中较大；B 型轴的应力集中较小；C 型用于轴端，对中性良好，拆装方便
导向平键	A 型 B 型	对中性好，轴上零件可沿轴向移动，但移动量不大
滑键		键固定在轮毂上，并与之一起在键槽中滑动，移动量较大

2. 平键联接的标准

(1) 标记　普通平键的标记采用国标号　键 b（键宽）$\times h$（键高）$\times L$（键长）形式。

1) 圆头普通平键：GB/T 1096　键 A　$b \times h \times L$（A 可省略）。

2) 平头普通平键：GB/T 1096　键 B　$b \times h \times L$。

3) 单圆头普通平键：GB/T 1096　键 C　$b \times h \times L$。

*普通平键的键宽（b）和键高（h）由轴径决定，可查阅国家有关标准。

(2) 普通平键、导向键和键槽的截面尺寸　普通平键、导向键及其键槽的截面尺寸见表 4-2（摘自 GB/T 1095—2003、GB/T 1096—2003、GB/T 1097—2003）。

表 4-2　普通平键、导向键及其键槽的截面尺寸　　　　　　　　（单位：mm）

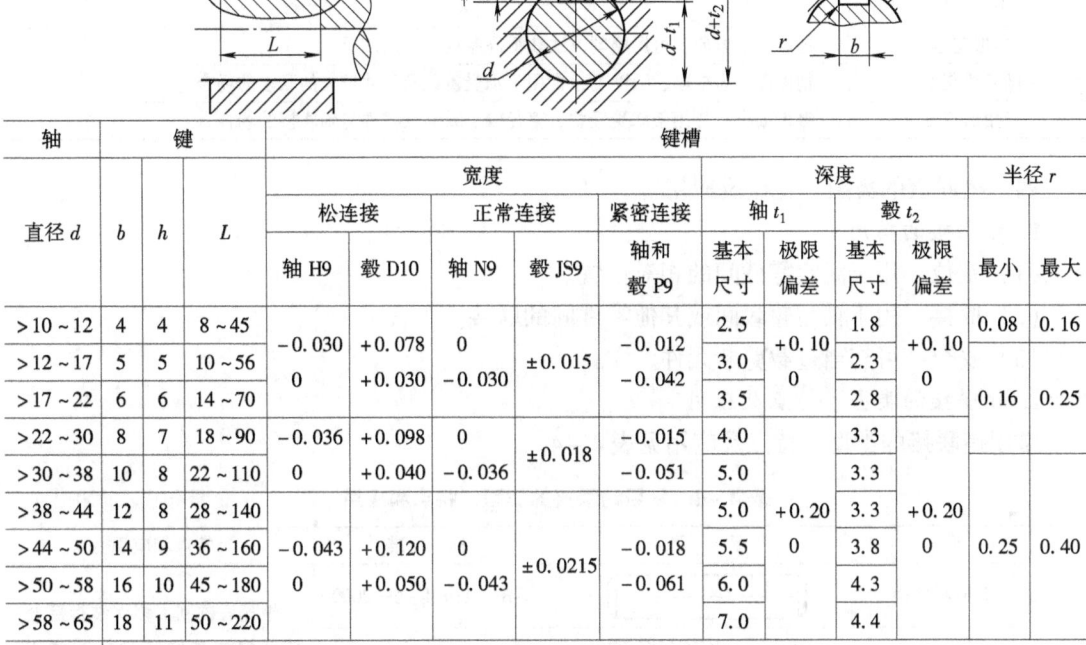

轴	键			键槽								
				宽度			深度				半径 r	
				松连接		正常连接		紧密连接	轴 t_1		毂 t_2			
直径 d	b	h	L	轴 H9	毂 D10	轴 N9	毂 JS9	轴和毂 P9	基本尺寸	极限偏差	基本尺寸	极限偏差	最小	最大
>10~12	4	4	8~45	-0.030 0	+0.078 +0.030	0 -0.030	±0.015	-0.012 -0.042	2.5	+0.10 0	1.8	+0.10 0	0.08	0.16
>12~17	5	5	10~56						3.0		2.3			
>17~22	6	6	14~70						3.5		2.8		0.16	0.25
>22~30	8	7	18~90	-0.036 0	+0.098 +0.040	0 -0.036	±0.018	-0.015 -0.051	4.0		3.3			
>30~38	10	8	22~110						5.0		3.3			
>38~44	12	8	28~140						5.0	+0.20 0	3.3	+0.20 0		
>44~50	14	9	36~160	-0.043 0	+0.120 +0.050	0 -0.043	±0.0215	-0.018 -0.061	5.5		3.8		0.25	0.40
>50~58	16	10	45~180						6.0		4.3			
>58~65	18	11	50~220						7.0		4.4			
L 系列	16, 18, 20, 22, 25, 28, 32, 36, 40, 45, 50, 56, 63, 70, 80, 90, 100, 110, 125, …													

注：松连接用于载荷不大的场合；紧密连接用于载荷较大、有冲击和双向转矩的场合

*3. 平键联接的选用

选用一般步骤如下。

1) 根据键联接的工作要求和使用特点，先确定键联接的类型。
2) 再由轴径（基本直径 d），查表 4-2 确定截面尺寸 $b×h$。
3) 由轮毂长度 L_1 选择键长 L，使 L 略短于 L_1 (5~10mm)，而且 L 符合标准长度系列。

例：如图 4-1 所示，减速器输出轴与齿轮的平键联接。已知条件轴径 $d=60$ mm，轮毂长度 $L=120$ mm，试选用平键。

解：先由图示结构及特点选用 A 型普通平键；再由轴径查表得 $b×h$ 为 18mm×11mm；由轮毂长度选取键长小于 120 mm，且略短于 5~10mm，查表 L 选 110 mm。

因此选用的平键为：GB/T 1096　键 18×11×110。

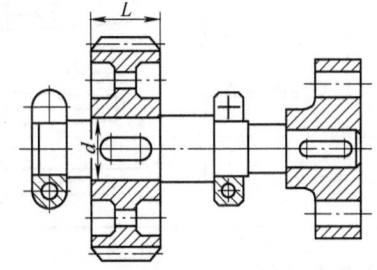

图 4-1　减速器输出轴与齿轮的平键联接

三、花键联接的特点及分类

1. 花键联接的组成及特点

1) 花键联接是由带键齿的花键轴和带键齿的轮毂组成。

2) 特点：靠键齿侧面传递较大转矩，且对中性和导向性都较好，但加工复杂，成本高，常用于较大载荷、定心精度高、轮毂经常作轴向滑移的场合。

2. 花键联接的分类及应用

花键联接的分类及应用见表4-3。

表4-3 花键联接的分类及应用

类 型	应 用
矩形花键	键齿加工方便，可用磨削方法获得高精度，应用广泛
渐开线花键	精度高、齿根厚、强度高，常用于承受重载及尺寸较大的联接的场合
三角形花键	键齿细小，常用于承受轻载、直径较小或薄壁零件与轴联接的场合

四、销联接的类型、特点及应用

1. 销联接的功用

(1) 定位 用于固定零件间的相对位置。

(2) 联接 用于轴与轮毂间或其他零件间的联接。

(3) 安全 可充当过载剪断元件。

2. 销联接的类型、特点及应用

常用销联接的类型、特点及应用见表4-4。

表4-4 常用销联接的类型、特点和应用

类 型		图 形	标 准	特点和应用
圆柱销	普通圆柱销		GB/T 119.1~2—2000	销孔需铰制，多次装拆后会降低定位精度和联接的紧固性；只能传递不大的载荷，内螺纹圆柱销多用于盲孔，弹性圆柱销用于冲击、振动的场合
	内螺纹圆柱销		GB/T 120.1~2—2000	
	弹性圆柱销		GB/T 879.1~5—2000	
圆锥销	普通圆锥销		GB/T 117—2000	便于安装，定位精度比圆柱销高，在联接件受横向力时能自锁；销孔需铰制，螺纹供拆卸用
	内螺纹圆锥销		GB/T 118—2000	
	螺尾圆锥销		GB/T 881—2000	
开口销			GB/T 91—2000	拆卸方便，用于锁定其他紧固件

【考点分析】

1. 键联接的类型、特点及应用。
2. 平键联接的结构、标准及普通平键的选用。
3. 花键联接的特点及分类。

4. 销联接的类型、特点及应用。

【例1】 以下是键联接的主要功用的是_____。
A. 能固定轴和轴上零件　　　　　　B. 支承回转零件
C. 可充当过载剪断元件　　　　　　D. 能联接并分离两轴

【解题指导】 了解键联接的主要作用。

【参考答案】 A

【例2】 我国常用的花键是渐开线花键,因其精度较高。　　　　（　　）

【解题指导】 考查花键的类型。渐开线花键的精度虽然高,但其成本也高,所以最常用的是矩形花键。

【参考答案】 ×

【例3】 平头普通平键的尺寸 $b \times h \times L = 20\text{mm} \times 12\text{mm} \times 63\text{mm}$,标记为_____。

【解题指导】 掌握普通平键的标记方法。

【参考答案】 GB/T 1096 键 B 20×63。

【习题练习】

一、填空题

1. 在机械设备中,键主要用于_____的联接。
2. 平键的宽与高主要根据_____来选定。
3. GB/T 1096 键 C 16×100 中,"键 C"表示_____,"16"表示_____。
4. 圆头平键 $b \times h \times L = 20 \times 12 \times 56$ 的标记为_____。
5. 键联接按装配时的松紧程度可分为_____联接和_____联接。
6. 销联接的主要作用是_____、_____和_____。

二、选择题

1. 轴径较小,要求具有定位作用且传递较小转矩,可应用的联接方式是_____。
   A. 楔键联接　　　B. 平键联接　　　C. 圆销联接　　　D. 花键联接
2. 可承受不大的单方向的轴向力,上、下两面是工作面的联接是_____。
   A. 楔键联接　　　B. 平键联接　　　C. 切向键联接　　D. 松键联接
3. 下列属于紧键联接的是_____。
   A. 楔键　　　　　B. 普通平键　　　C. 导向平键　　　D. 半圆键
4. 平键标记：GB/T1096 键 B20×80, 20×80 表示_____。
   A. 键宽×轴径　　B. 键宽×键高　　C. 键宽×键长　　D. 键高×键长
5. 普通平键有圆头（A型）、平头（B）型和单圆头（C型）三种型式,当轴的强度足够,键槽位于轴的中间部位时,应选择_____为宜。
   A. A型　　　　　B. B型　　　　　C. C型　　　　　D. B型或C型
6. 半圆键联接的主要优点是_____。
   A. 对轴的削弱不大　　　　　　　　B. 键槽应力集中小
   C. 能传递较大转矩　　　　　　　　D. 适用于锥形轴头与轮毂的联接
7. 如图 4-2 所示为通过普通平键将齿轮与轴联接的结构,图 b 比图 a 合理,其理由是_____。

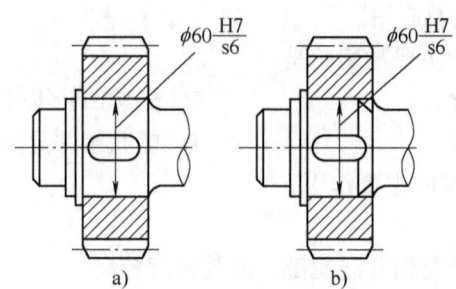

图 4-2 普通平键将齿轮与轴联接的结构图

A. 齿轮安装方便　　　　　　　　　　B. 键槽加工方便
C. 键承载能力大　　　　　　　　　　D. 便于齿轮在轴上固定

三、判断题

1. 切向键对轴的削弱较严重，且对中性不好。（　）
2. 半圆键联接的工艺性好，装配方便，适用于重型联接场合。（　）
3. 平键联接属于松键联接，采用基孔制。（　）
4. 花键联接由于键槽较浅，故对轴的削弱较小。（　）
5. 楔键的工作面是两侧面。（　）
6. 平键联接的结构简单、装拆方便、对中性好，但不能承受轴向力。（　）

四、综合题

1. 自行车中轴为什么选用销联接，而不用键联接？
2. 写出 A 型平键 $b \times h \times L = 20\text{mm} \times 12\text{mm} \times 56\text{mm}$ 和 B 型平键 $b \times h \times L = 16\text{mm} \times 10\text{mm} \times 50\text{mm}$ 的标记。
3. 试述键联接的功用和种类。
4. 平键的尺寸是根据什么选定的？

第二节　螺纹联接

【学习目标】了解螺纹的类型、特点及应用；掌握螺纹联接的常见类型、应用及防松方法；了解螺纹联接的拆装要领。

【学习内容】
螺纹联接是一种利用螺纹零件构成的可拆联接，它广泛应用于紧固件的联接。

一、螺纹的类型、特点及应用

1. 螺纹的类型

1) 按加工表面分为外螺纹和内螺纹。
2) 按螺纹旋向分为左旋螺纹和右旋螺纹。
3) 按螺旋线的数目分为单线螺纹和多线螺纹。
4) 按螺纹的牙型截面形状分为普通螺纹（等边三角形）、管螺纹（等腰三角形）、矩形螺纹、梯形螺纹（Tr）和锯齿形螺纹（B）。

5）按用途分为连接螺纹和传动螺纹。

2. 普通螺纹的主要参数

包括有大径（公称直径）、小径、中径、螺距、导程、螺纹升角和牙型角。

*除矩形螺纹外，其他均标准化；管螺纹用寸制，其余用米制。

3. 常用螺纹的特点及应用

常用螺纹的特点及应用见表4-5。

表4-5 常用螺纹的特点及应用

按牙型分类	特点及应用
普通螺纹	粗牙螺纹常用于联接；细牙螺纹自锁性好，用于受冲击、振动、变载荷的联接
管螺纹	55°非密封管螺纹不具有密封性，用于水、油、气的管路及电器管路系统的联接；55°密封管螺纹有密封性，用于管子、管接头、阀门与高温、高压与润滑系统中的联接
矩形螺纹	传动效率高、牙根强度弱，传动精度较低，用于传力或传导螺旋
梯形螺纹	传动效率较低、加工工艺性好，强度高，对中性好；用于传力或螺旋传动，如机床丝杠
锯齿形螺纹	工作面牙侧角3°，非工作面牙侧角30°，传动效率高、强度高；用于单向受力的传动机构，如轧钢机、机床架修理台

二、螺纹联接的主要类型及应用

1. 螺纹联接的特点

结构简单，联接可靠，装拆方便，应用广泛。

2. 螺纹联接的类型及应用

常用的螺纹联接件有螺栓、双头螺柱、螺钉、紧定螺钉，其特点和应用见表4-6。

表4-6 螺纹联接的类型及应用

类型	螺栓联接	双头螺柱联接	螺钉联接	紧定螺钉联接
结构	受拉螺栓　　受剪螺栓			
特点应用	螺栓穿过被联接件的通孔，与螺母组合使用，结构简单、拆装方便，适于被联接件厚度不大且能从两面进行装配的场合	将螺纹较短一端旋入被联接件之一的螺纹孔中，在不拆情况下，适用于被联接件之一较厚且不宜制作通孔，及经常拆卸的场合	穿过较薄被联接件的通孔，直接旋入较厚件，不需螺母，结构紧凑，适于被联接件之一较厚，受力不大，且不经常装拆场合	旋入被联接件的螺纹孔中，用螺钉尾部顶入另一被联接件的凹坑中，可传递不大的力或转矩

三、螺纹联接的预紧及放松方法

1. 螺纹联接的预紧

（1）松联接和紧联接 大多数螺纹联接件在装配时需要拧紧（紧联接），也有少数不需要（松联接）。

(2) 螺纹联接预紧的目的　增强联接的刚性，提高紧密性和防松能力，确保联接安全。

2. 螺纹联接的防松

(1) 背景　在静载荷和常温工作条件下，螺纹联接能自锁，不会自行脱落；但在冲击、振动、变载和温差变化大的工作环境下，螺纹联接就有可能自松而影响工作，甚至发生事故。

(2) 螺纹联接的常用防松方法　包括摩擦力和机械防松等，详见表4-7。

表4-7　螺纹联接常用的防松方法

分类	名称	结构图	说明
摩擦力防松	弹簧垫圈防松	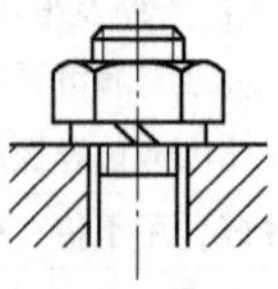	在垫圈压平后产生的弹力使螺纹间保持压紧力和摩擦力；结构简单、工作可靠、放松方便，应用较广
	对顶螺母防松	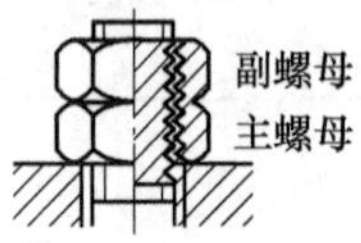	利用主、副螺母的对顶作用使螺栓始终受到附加的拉力和附加的摩擦力；结构简单，用于低速重载场合，应用不如弹簧垫圈普遍
机械防松	槽形螺母和开口销防松	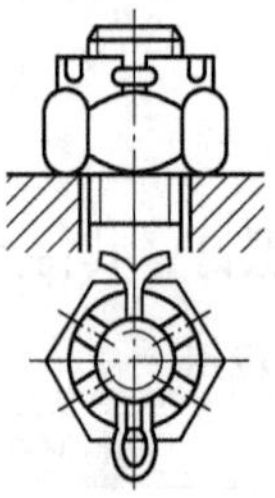	将槽形螺母拧紧后，用开口销穿过螺栓尾部小孔和螺母的槽，也可用普通螺母拧紧后进行配钻销孔；安全可靠，应用较广
	止动垫圈防松	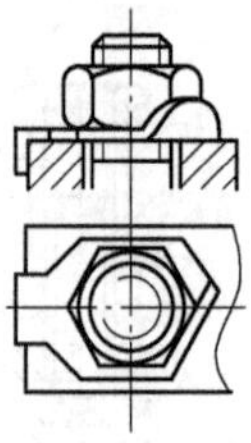	将螺母拧紧后，止动垫圈一侧被折转，垫圈另一侧折于固定处，则可固定螺母与被联接件的相对位置，用于高温部位任意连接的防松
	圆螺母和止动垫圈防松	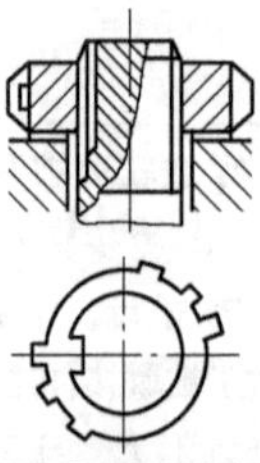	将垫圈内翅插入键槽内，而外翅翻入圆螺母的沟槽中，使螺母和螺杆没有相对运动。常用于滚动轴承的固定
	串金属丝防松	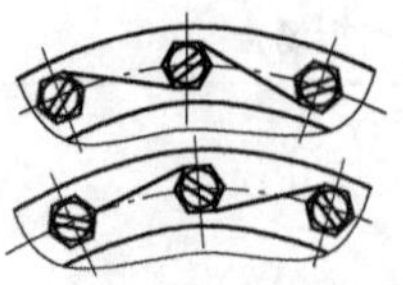	螺钉紧固后，在螺钉头部小孔中串入铁丝，但应注意串孔方向为旋紧方向；简单安全，常用于无螺母的螺钉联接

(续)

分类	名称	结构图	说明
其他方法防松	冲点防松		在螺纹旋入后，用冲头在旋合处或端面冲点，将螺纹破坏
	粘结法防松		用粘合剂涂于螺纹旋合表面，拧紧螺母后粘合剂能自行固化，防松效果良好

四、螺纹联接的拆装

1. 拆卸

根据螺纹联接件的扳手空间，正确选用旋具，并按顺序拆卸。

2. 安装

选用合适的旋具（螺钉旋具或扳手），控制力矩，按顺序装配。

（1）双头螺柱装配　由于双头螺柱没有头部，无法将旋入端紧固，常采用螺母对顶或螺钉与双头螺柱对顶的方法来装配。

（2）螺母与螺纹装配　螺母或螺钉与零件贴合的表面应当经过加工，否则容易使联接松动或螺钉被弯曲。装配过程中必须保证装配工具和零件有活动余地。

☆详见阶段性实习训练中联接的拆装的螺纹联接部分。

【考点分析】

1. 螺纹的各种分类，按牙型分类的各种螺纹的特点及应用。
2. 螺纹联接的常见类型及应用。
3. 螺纹联接的预紧，螺纹联接的常用防松方法及拆装要领。

【例1】　螺纹联接的基本类型有_____、_____、_____、_____。

【解题指导】　属于记忆题，主要考查学生对螺纹联接的基本类型是否熟悉。

【参考答案】　螺栓联接　双头螺柱联接　螺钉联接　紧定螺钉联接

【例2】　下列螺纹联接防松方法中，属于增大摩擦力防松的是_____。

A. 弹簧垫圈　　　　　　　　　　B. 圆螺母和止动垫圈

C. 止动垫片　　　　　　　　　　D. 串金属丝

【解题指导】　属于理解应用题，主要考查学生对螺纹联接防松措施的分类是否熟悉。

【参考答案】　A

【例3】　矩形螺纹是用于单向受力的传力螺纹。　　　　　　　　　　（　）

【解题指导】　了解螺纹的特点，锯齿形螺纹才是用于单向受力的传力螺纹。

【参考答案】　×

【习题练习】

一、填空题

1. 按螺纹的牙型截面形状分螺纹的类型：有_____、_____、_____和锯齿形螺纹。

2. 普通螺纹的公称直径为_____，而管螺纹的公称直径为_____。

3. 普通螺纹的牙型角为_____，管螺纹的牙型角为_____。
4. 螺纹按用途可分为_____和_____两大类。
5. 双螺母对顶防松属于_____防松。

二、选择题

1. 如图 4-3 所示中的三种螺纹联接，依次为_____。

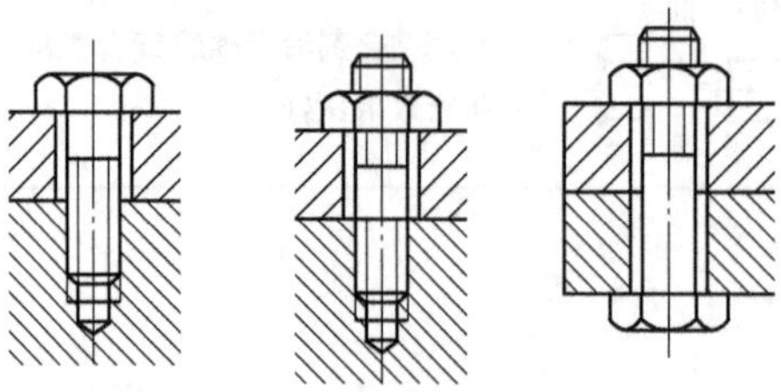

图 4-3 螺纹联接

    A. 螺栓联接、螺柱联接、螺钉联接　　B. 螺钉联接、螺柱联接、螺栓联接
    C. 螺钉联接、螺栓联接、螺柱联接　　D. 螺柱联接、螺钉联接、螺栓联接

2. 用于薄壁零件的紧密联接，应采用_____。
    A. 梯形螺纹　　B. 锯齿形螺纹　　C. 普通细牙螺纹　　D. 普通粗牙螺纹

3. 机械上采用的螺纹中，自锁性能最好的是_____。
    A. 锯齿形螺纹　　B. 梯形螺纹　　C. 普通细牙螺纹　　D. 矩形螺纹

4. 主要用于被联接件不太厚，便于穿孔，且需经常拆卸场合的螺纹联接类型是_____。
    A. 螺钉联接　　B. 螺栓联接　　C. 双头螺柱联接　　D. 紧定螺钉联接

5. 广泛应用于一般联接的防松装置是_____。
    A. 弹簧垫圈　　　　　　　　　　B. 止动垫圈
    C. 槽形螺母和开口销　　　　　　D. 以上均不是

6. 梯形螺纹的工作面牙侧角 β = _____。
    A. 90°　　B. 3°　　C. 30°　　D. 15°

三、判断题

1. 相互配合的内外螺纹其旋向相反。（　　）
2. 管螺纹的公称直径是螺纹大径的基本尺寸。（　　）
3. 机床上的丝杠、台虎钳及螺旋千斤顶等的螺纹都是普通螺纹。（　　）
4. 粗牙普通螺纹自锁性能好，但易滑牙，常用于薄壁零件或受动载荷的联接，还可用于微调机构的调整。（　　）
5. 螺纹就是在圆柱或圆锥表面上，沿着螺旋线所形成的具有相同剖面的连续凸起形状。（　　）

四、综合题

1. 螺纹联接为什么要预紧？
2. 双头螺柱装配的特点及常用方法是什么？
3. 螺纹联接的基本类型有哪四种？当被联接件之一较厚，不宜制作通孔，且不需经常装拆时，应选用哪一种联接？

第三节 *弹簧

【学习目标】了解弹簧的类型、特点及应用。
【学习内容】
弹簧是最常见的弹性零件,它一般是在变化的载荷条件下工作。

一、弹簧的类型

1. 弹性联接

依靠弹性零件,实现被联接件在有限相对运动时仍保持固定联接的动联接。

2. 弹簧的基本类型

弹簧的基本类型见表 4-8。

表 4-8 弹簧的基本类型

分类	拉伸	压缩		扭转	弯曲
螺旋形	圆柱螺旋拉伸弹簧 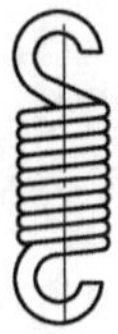	圆柱螺旋压缩弹簧 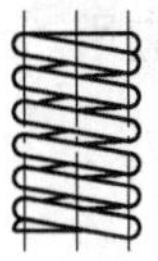	圆锥螺旋压缩弹簧 	圆柱螺旋扭转弹簧 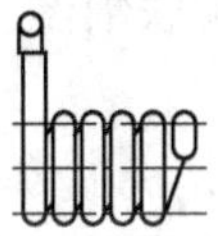	—
其他形	—	环形弹簧 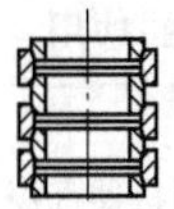	碟形弹簧 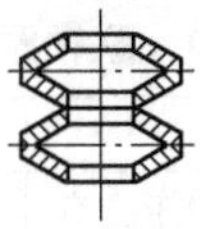	盘弹簧（平面涡卷盘簧） 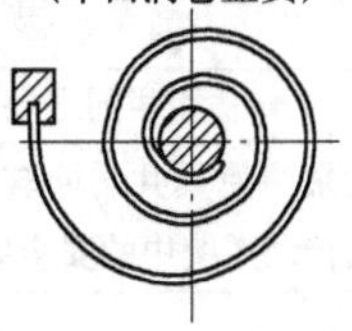	钢板弹簧 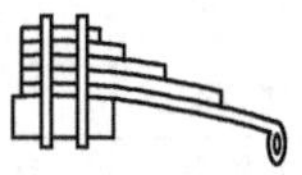

3. 弹簧的材料

弹簧的材料主要是热轧和冷拉弹簧钢。

二、弹簧的特点及应用

弹簧的特点及应用见表 4-9。

表 4-9 弹簧的特点及应用

弹簧的特点	应用
缓冲吸振:提高被联接件的工作平稳性	蛇形弹簧联轴器及许多车辆悬挂的弹簧
控制运动:能适应被联接件的工作位置变化	离心离合器和内燃机阀门上的弹簧
储能输能:提供被联接件运动所需要的动力	机械式钟表中的发条弹簧
测量载荷:检测被联接件所受外力大小	测力器和弹簧秤中的弹簧

【考点分析】

1. 弹簧的常见类型。

2. 弹性联接的特点及应用。

【例1】 螺纹联接的基本类型有 _____、_____、_____、_____。

【解题指导】 属于记忆题,主要考查学生对螺纹联接的基本类型是否熟悉。

【参考答案】 螺栓联接、双头螺柱联接、螺钉联接、紧定螺钉联接

【例2】 下列螺纹联接防松方法中,属于增大摩擦力防松的是 _____。

A. 弹簧垫圈
B. 圆螺母和止动垫圈
C. 止动垫片
D. 串金属丝

【解题指导】 属于理解应用题,主要考查学生对螺纹联接防松措施的分类是否熟悉。

【参考答案】 A

【例3】 矩形螺纹是用于单向受力的传力螺纹。　　　　　　　　　　　　　（　　）

【解题指导】 了解螺纹的特点,锯齿形螺纹才是用于单向受力的传力螺纹。

【参考答案】 ×

第四节　联轴器与离合器

【学习目标】 了解联轴器、离合器的作用、分类和应用。

【学习内容】

联轴器、离合器是机械传动中的常用部件。

一、联轴器和离合器的功用

联轴器和离合器的功用见表4-10。

表4-10　联轴器和离合器的功用

名称	功用相同之处	功用不同之处
联轴器	联接两轴,使其共同回转传递转矩,有时也作为传动系统中的安全装置	只能在两机器都停止转动后才将两轴接合或分离
离合器		工作中可以随时接合或分离两轴

二、联轴器的类型、特点和应用

联轴器可分成三大类:刚性联轴器、弹性联轴器和安全联轴器,它们的特点及应用见表4-11。

表4-11　联轴器的类型、特点和应用

联轴器分类			特点及应用
刚性	固定式	凸缘	构造简单,成本低,传递较大转矩;常用于对中精度高、载荷平稳的场合
		套筒	构造简单,径向尺寸小,拆装时一轴需轴向移动;常用于两轴直径小、同心度高、工作平稳的场合
	可移式	滑块	结构简单,质轻,惯性力小,有弹性;常用于传递不大转矩、转速较高、无急剧冲击且不需润滑的场合
		齿式	可重载,制造成本高;常用于高速重载、正反转变化多、启动频繁的场合
		万向	两轴相交可成一定角度(可偏35°~45°),变速传动会有不利的附加动载荷;常用于两轴有角度的场合,且成对使用

(续)

联轴器分类		特点及应用
弹性	弹性柱销	结构简单，有缓冲、吸振、补偿轴向偏移的功能；常用于高速且有振动的场合
	弹性套柱销	制造容易，拆装方便，成本低；常用于载荷平稳、正反转启动频繁、传递较小转矩的场合
	轮胎式	结构简单，能缓冲吸振；常用于起重机械中
安全（分为单剪和双剪）		结构简单，常用于偶然性过载机器

*三、离合器的类型、特点和应用

常用离合器有牙嵌离合器、摩擦离合器、超越离合器和安全离合器，其特点和应用见表4-12。

表4-12 离合器的类型、特点和应用

离合器分类			特点及应用
牙嵌			结构简单，无滑动，传递较大转矩，应用广泛
摩擦	圆盘	单片	结构简单，散热好，传递不大转矩，用于轻型机械
		多片	接合平稳（任意转速），冲击、振动小，传递功率大，可过载保护，应用广泛
	圆锥式		结构简单，传递较大转矩，尺寸大
超越（单向和双向）			尺寸小，可高速接合、分离且平稳，无噪声，用于一轴上有两种不同转速
安全			过载时自动脱开，保护重要零件，当载荷恢复正常时，自动接合再传递动力

【考点分析】
1. 联轴器、离合器的作用。
2. 联轴器的不同类型和应用特点。
3. 离合器的分类及应用特点。

【例1】常用的联轴器有_____、_____、安全联轴器。

【解题指导】了解联轴器的分类。

【参考答案】刚性联轴器 弹性联轴器

【例2】两轴相交呈30°角的传动，可用_____联轴器。

A. 刚性固定式　　　B. 万向　　　C. 弹性　　　D. 滑块

【解题指导】考查联轴器各种类型的特点。万向联轴器常用于两轴有角度的场合。

【参考答案】B

【例3】摩擦离合器在工作中能随时使两轴分离或结合。　　　　　　　（　　）

【解题指导】了解离合器的功用，工作中可以随时接合或分离两轴。注意与联轴器区别。

【参考答案】√

【习题练习】

一、填空题

1. 离合器用于联接两轴共同转动，在工作中可随时将两轴_____或_____。
2. 弹性联轴器常见的有_____、_____、_____。
3. 轮胎式联轴器，结构简单，能缓冲吸振。常用于_____机械中。

4. 汽车底盘传动轴应选用_____联轴器。
5. 摩擦式离合器常见的有_____和_____。

二、选择题

1. 如图 4-4 所示绘制的凸缘联轴器结构中，_____结构是正确的。

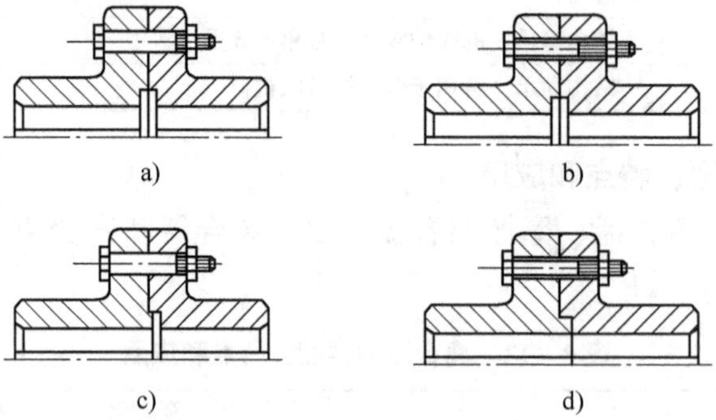

图 4-4　凸缘联轴器结构

  A. 图 a   B. 图 b   C. 图 c   D. 图 d

2. 牙嵌离合器在_____接合。

  A. 高速转动时 B. 停机或低速时 C. 中速转动时 D. 正反转工作时

3. 某金属切削机床中，两轴要求在任何转速下都可接合，并有过载保护，宜选用_____。

  A. 牙嵌离合器 B. 摩擦离合器 C. 超越离合器 D. 离心离合器

4. 在载荷平稳、转速稳定、两轴对中的情况下，宜采用_____。

  A. 凸缘联轴器 B. 滑块联轴器 C. 万向联轴器 D. 弹性柱销联轴器

5. 汽车发动机变速箱输出轴与汽车后轮轴间应选_____。

  A. 齿式滑块联轴器 B. 万向联轴器 C. 弹性柱销联轴器

6. 在载荷不平稳且具有较大的冲击和振动的场合下，一般宜采用_____。

  A. 弹性联轴器 B. 滑块联轴器 C. 万向联轴器 D. 齿式联轴器

7. 下列_____不是弹性套柱销联轴器的特点。

  A. 价格低廉   B. 结构简单、装拆方便
  C. 能吸收振动补偿两轴的综合偏移 D. 弹性套不易损坏，使用寿命长

三、判断题

1. 十字滑块联轴器中间圆盘两端面上的凸榫方向是相互平行的。（　　）
2. 牙嵌离合器的特点是：即使在运转中也可做到平稳无冲击、无噪声。（　　）
3. 万向联轴器允许被联接两轴间有较大的角偏移。（　　）
4. 因凸缘联轴器自身的同轴度高，所以对被联接两轴的对中性就要求不高。（　　）
5. 离合器都是使两轴既能联接又能分离的部件。（　　）

四、综合题

1. 联轴器和离合器在功用上有何区别和联系？
2. 试分析自行车的飞轮应用了哪种离合器的原理？
3. 牙嵌离合器、超越离合器各有什么使用特点？各适用于什么场合？

第五节 阶段性实习训练——联接的拆装与*联轴器的安装及找正

一、实践教学目的

1）熟悉常用装拆工具。
2）掌握拆装螺纹联接、键联接的方法。
3）*安装和找正联轴器。

二、实践用具

螺钉旋具（螺丝刀）、各种扳手、锤子、机油、冲子、铲子、尖嘴钳、锉刀和零件存放盘等。

三、实践教学方法

1. 学法

通过观察对螺纹联接、键联接的结构、类型、特点有所了解，并参与其安装和拆卸活动中，对提升该课程学习的兴趣。

2. 教法

通过模型或实物的动态展示，及螺纹联接、键联接安装、拆卸的演示，并作一定介绍和提问，供学生思考与学习。

四、实践教学内容

1. 拆装螺纹联接

（1）螺纹联接件的拆卸　选好工具，观察拆装螺纹联接件的扳手空间，正确选用扳手规格，按顺序拆卸，并将拆卸零件按顺序摆放在零件存放盘内，边拆卸边观察联接结构及螺纹防松的方法，做好记录。

（2）双头螺柱的装配方法　由于双头螺柱没有头部，无法将旋入端紧固，常采用螺母对顶或螺钉与双头螺柱对顶的方法来装配。

双螺母对顶法：先将两个螺母相互锁紧在双头螺柱上；再用扳手扳动上面的螺母，把双头螺柱拧入螺孔中紧固。

螺钉与双头螺柱对顶法：用螺钉阻止长螺母和双头螺柱间的相对运动；再扳动长螺母，双头螺柱即可拧入螺纹孔中；松螺母时，应先松螺钉。

装配注意点：

1）先将螺纹及螺纹孔的接触面清除干净，再用手轻拧螺母至螺纹终止处；
2）双头螺柱和螺纹孔的配合应有足够的坚固性，以确保装拆螺母时，双头螺柱不会松动；
3）双头螺柱的轴心线必须与被联接件的表面垂直。

（3）螺母与螺纹的装配方法

1）螺母或螺钉与零件贴合的表面应当经过加工，否则容易使联接松动或螺钉被弯曲。
2）螺母或螺钉和接触面间保持清洁，螺孔内的污物应清理干净。
3）装配时，必须对拧紧力矩加以控制。
4）装配过程中必须保证装配工具和零件有活动余地。

2. 拆装键联接

1）平键与月牙键的装配方法基本相似，装配时应保证键在键槽中平正，不能松旷。键的两侧有一定的过盈量，键的底面与轴上的键槽应接触良好，键的顶面与轴毂之间应留有间隙。若装配过紧，可稍加修整。若装配松旷，则必须重新配制新键，以免造成键的剪切损坏。

2）花键一般用于传递扭矩大，并且轮毂可以在轴上滑动的联接部位。装配前，必须清除花键上的飞边、锐边和污物，以防咬死和拉伤。装配时，严禁用锤子或铁器猛击，以防止轮毂倾斜或擦伤花键。装配后，必须进行检查，即用手摇动轴上的轮毂时，应感到没有明显的旷动。轴上的轮毂在其行程范围内应活动自由，不卡住也不旷动，不允许有局部的倾斜和卡死现象。

3）拆卸键联接时，应使用拉出器。如拉不动，可用锤子沿轴向敲击拉出器压板，以利于拉出，但决不可直接敲击键联接零件。在拆卸重量大的零件（如飞轮）时，应注意防止飞轮突然松脱而造成事故。拆卸键时，避免采取敲凿的办法冲击键，而应在键两侧垫上铜皮或铝皮，用台虎钳或钢丝钳把键夹出，以免损坏键和键槽。

3. *安装和找正联轴器

联轴器必须保持较高的同轴度，因此对装配和找正有严格的要求。

（1）安装联轴器（表4-13）

表4-13 联轴器的安装方法

安装法分类		具体安装
冷装法	直接装配法	对联轴器与轴有相应间隙的配合，可在清理干净配合面后，涂润滑油脂后就直接安装
	压入装配法	对过渡配合、过盈量不大的配合或特殊要求配合（例如保护已装配精密零部件），可用压入设备压入安装
	液压装配法	是比较理想的方法，但需对零部件提前进行相应的设计和制造才能使用。
热装法	压入装配	用压入设备压入安装，多用于轻、中型过盈配合，一般在制造厂使用
	低温冷装配	一般用液氮等作为冷源，使用一定的绝热容器，只能在有相应条件时采用
	热套装配	加热包容件，使其直径膨胀一个配合过盈值，然后装入被包容件，待冷却后，零部件便达到所需结合强度

（2）找正联轴器　联轴器找中心是转动设备检修工作的一项重要内容，若找正的方法不对或找正的结果不精确，会引起转动设备的振动值超标，严重威胁着转动设备的正常运行；尤其是高转速设备，对联轴器找正的数据要求极为严格。

轴的偏差有三种：第一种是径向偏差，即两轴平行但中心线不在同一条直线上，这时产生的偏差称为径向偏差；第二种是角向偏差，即两轴中心互成一个角度所产生的偏差；第三种是轴向偏差，即两轴往复微动所产生的偏差。

如热套联轴器两对轮偏移可用消除联轴器高差、消除联轴器张口的方法找正。水泵联轴器用调整电动机法找正，可在电动机的支脚下面加调整垫面的方法调节。

第五单元 机 构

【知识构架】

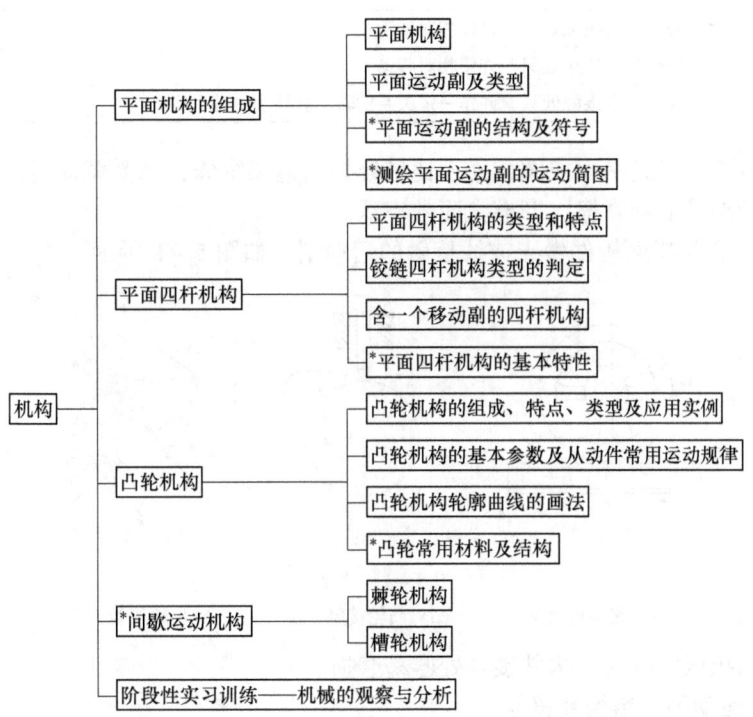

第一节 平面机构的组成

【学习目标】认识平面机构；掌握平面运动副及其分类。

【学习内容】

一、平面机构

1. 机构

机构由许多构件组成且之间具有确定的相对运动，组成要素有构件和运动副。

☆机器一般由机构组成；机构不能代替人的劳动做功或能量转换，主要用于传递或转变运动的形式。

2. 平面机构

组成机构的所有构件都在同一平面或相互平行的平面内运动称为平面机构。

二、平面运动副及类型

1. 平面运动副

使两构件直接接触而又能产生一定相对运动的连接,称为运动副。

2. 平面运动副的分类

根据运动副中两构件的接触形式不同,运动副可分为低副和高副。

(1) 低副　它是指两构件之间做面接触的运动副。

低副按两构件的相对运动情况,又可分为三种类型,见表 5-1。

表 5-1　低副的类型

类　型	特　点
转动副	两构件在接触处只允许作相对转动
移动副	两构件在接触处只允许作相对移动
螺旋副	两构件在接触处只允许作一定关系的转动和移动的符合运动

低副的接触面一般是平面或圆柱面,比较容易制造和维修,承受载荷时单位面积的压力比较小,但是低副是滑动摩擦,摩擦大而效率低。

(2) 高副　它是指两构件做点或线接触的运动副,如图 5-1 所示。

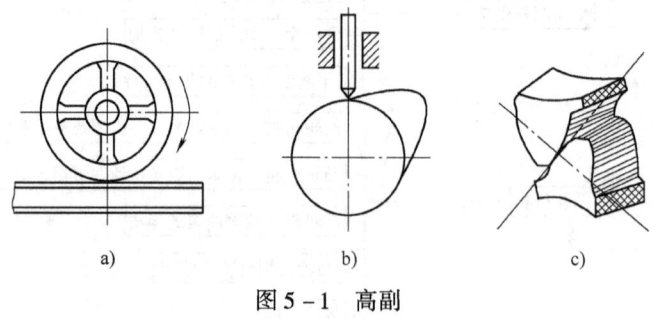

图 5-1　高副

a) 滚动轮接触　　b) 凸轮接触　　c) 齿轮接触

高副单位面积压力较大,构件接触处容易磨损。

*三、平面运动副的结构及符号

1. 平面运动副的结构

1) 构件:主要有原动件、从动件和机架三种。

2) 具有转动副的构件,如图 5-2 所示,杆状构件的受力状况和功能有所差别,故有不同的横截面。

3) 具有移动副和转动副的构件,如图 5-3 所示。这类构件多呈块状,故有叫滑块。

4) 具有两个移动副的构件,如滑块联轴器的中间滑块。

2. 平面运动副的运动简图

用简单符号表示平面运动副的类型,并按比例确定运动副的相对位置及与运动有关的尺寸,用这种简明表示各构件间运动关系的图形。常见运动副的表示符号见表 5-2。

*四、测绘平面运动副的运动简图

测绘平面运动副的运动简图的步骤如下。

1) 观察机构的运动情况,找出原动件、从动件和机架。

2) 由相连两构件之间的相对运动性质和接触情况,确定各个运动副的类型。

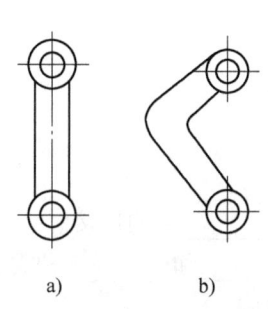

图 5-2 具有转动副的构件

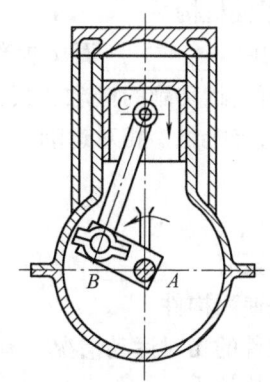

图 5-3 具有移动副和转动副的构件

表 5-2 常见运动副的表示符号

表示符号				
运动副类型	凸轮机构	定滑轮	齿轮齿条传动	带传动
表示符号				
运动副类型	曲柄滑块机构	直杆的支点	内齿轮传动	带传动
表示符号				
运动副类型	斜块机构	弯杆的支点	锥齿轮传动	螺旋传动

3) 由机构实际尺寸和图样大小确定合适的长度比例尺（实际长度/图示长度）。

4) 用线条将同一构件上的运动副连接起来，即完成机构运动简图。

【考点分析】

1. 平面机构的概念，平面运动副及其分类。
2. 平面运动副的结构及符号，测绘平面运动副的运动简图。

【例1】火车车轮在铁轨上滚动，属于_____。

A. 移动副　　　　B. 高副　　　　C. 转动副　　　　D. 低副

【解题指导】考查运动副的分类。

【参考答案】B

【例2】组成机构的所有构件都在同一平面或在相互平行的平面内运动，称为_____。

【解题指导】考查平面机构的概念。

【参考答案】平面机构

【例3】使两构件_____而又能产生一定_____的连接，称为运动副。

【解题指导】考查运动副的概念及其特性。

【参考答案】直接接触　相对运动

【习题练习】

一、填空题

1. 机构组成要素有_____和_____。
2. 运动副就是使两构件_____而又能产生_____的连接。
3. 低副按两构件的相对运动情况，有可分为_____、_____和_____三种类型。
4. 高副是指两构件作_____或_____接触的运动副。
5. 机构中的构件主要分成_____、_____和机架三种。

二、选择题

1. 机构运动简图与_____无关。

   A. 构建数目　　　　　　　　　　B. 运动副数目和类型

   C. 运动副以及构件的结构形状　　D. 运动副的相对位置

2. 图5-4中，_____的运动副A是高副。

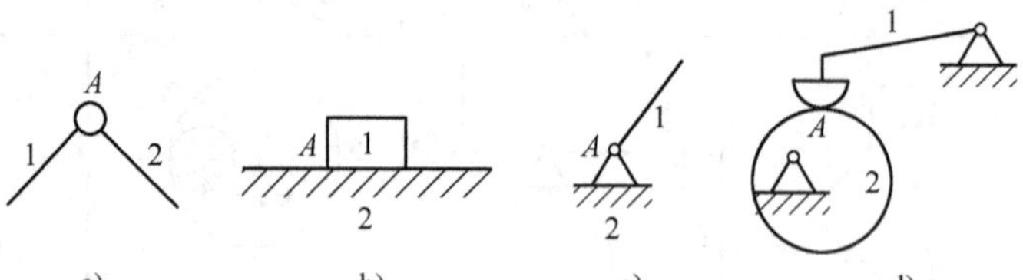

图5-4　运动副

   A. 图a　　　B. 图b　　　C. 图c　　　D. 图d

3. 图5-5中所示机构有_____低副。

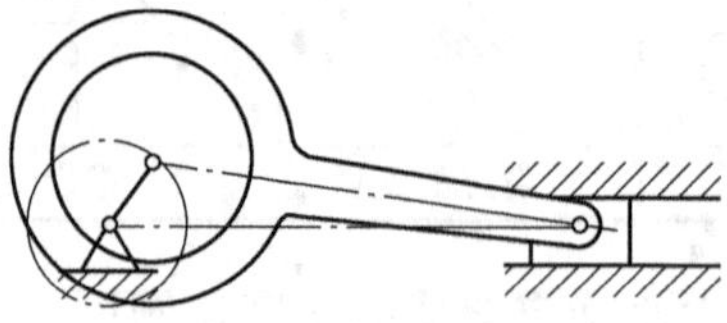

图5-5　机构

   A. 1个　　　B. 2个　　　C. 3个　　　D. 4个

4. 运动副的作用是_____两构件，使其有一定的相对运动。

   A. 固定　　　B. 连接　　　C. 分离

5. 下列_____不是平面机构的优点。

   A. 运动副是面接触，故压强低，便于润滑，磨损小

   B. 运动副制造方便，容易获得较高的制造精度

   C. 容易实现转动、移动的基本运动形式及其转换

   D. 容易实现复杂的运动规律

6. 下列不是高副的是_____。

A. 啮合的齿轮　　B. 凸轮与从动件　　C. 工作台与导轮　　D. 车轮与地面

三、判断题

1. 自行车的车轮与地面接触属于高副连接。（　　）
2. 铰链连接是转动副的一种具体方式。（　　）
3. 普通车床的丝杠与螺纹组成螺旋副。（　　）
4. 车床的床鞍与导轨组成转动副。（　　）
5. 点线接触的高副，由于接触面大，故承受的压强大。（　　）
6. 齿轮机构的啮合表面是高副接触。（　　）

四、综合题

1. 什么是机构？它和机器有什么关系？
2. 什么是平面运动副？根据运动副中两构件的接触形式分为哪两类？
3. 什么是低副？它的特点及分类是什么？
4. 测绘平面运动副运动简图的一般步骤是什么？

第二节　平面四杆机构

【学习目标】　了解平面四杆机构的类型及特点；掌握铰链四杆机构类型的判定方法；了解含一个移动副的四杆机构的特点和应用。

【学习内容】

一、平面四杆机构的类型和特点

1. 定义

平面连杆机构是由一些刚性构件用转动副或移动副组成的平面机构。常用的平面连杆机构是平面四杆机构。

2. 类型及运动副特点

（1）所有都是转动副　如铰链四杆机构。
（2）含有一个移动副　如曲柄滑块机构、摇杆滑块机构、曲柄滑块机构和导杆机构。

二、铰链四杆机构类型的判定

1. 定义

平面连杆机构中的运动副都是转动副时，称为铰链四杆机构。

2. 组成

如图5-6所示，包括由固定不动的杆4，即机架；与机架相连的杆1和杆3，即连架杆；不与机架直接相连的杆2，即连杆。

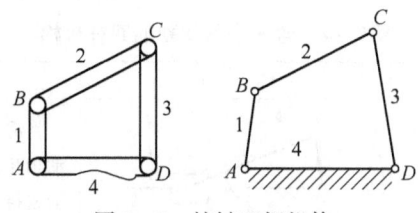

图5-6　铰链四杆机构

3. 类型

根据铰链四杆机构中两个连架杆的类型不同，可以分为三种基本形式：双曲柄机构、曲柄摇杆机构和双摇杆机构。

(1) ☆曲柄　连架杆相对于机架能作整周转动的杆称为曲柄。

(2) 摇杆　连架杆相对于机架不能作整周转动的杆称为摇杆。

4. 类型判定

铰链四杆机构中的连架杆是否存在曲柄，取决于各杆长度间的关系。若同时满足下列条件，则有曲柄。

1) 最长杆 + 最短杆 ≤ 其余两杆之和。

2) 连架杆和机架的三杆中必有一根是最短杆。

如图 5-7 所示，a 杆为最短杆，b 杆为最长杆，四杆长度分别为 l_a、l_b、l_c、l_d。

图 5-7　铰链四杆机构类型判定

机构中曲柄存在的情况及类型见表 5-3。

表 5-3　机构中曲柄存在的情况及类型

	机架	曲柄	摇杆	机构
$l_a + l_b \leq l_c + l_d$	最短杆 a	两连架杆 b 和 d	不存在	双曲柄机构
	最短杆相邻杆 b 或 d	最短杆 a	另一连架杆 d 或 b	曲柄摇杆机构
	最短杆相对杆 c	不存在	连架杆 b 和 d	双摇杆机构
$l_a + l_b > l_c + l_d$	无论哪个杆件	不存在	两连架杆	双摇杆机构

☆有实物或模型的也可通过实操作验定：连架杆相对于机架能否作整周转动。

三、含一个移动副的四杆机构

含一个移动副的四杆机构见表 5-4。

*四、平面四杆机构的基本特性

主要是曲柄摇杆机构的几个特性。

1. 急回特性和行程速比系数

(1) 极位夹角 θ　如图 5-8 所示，曲柄 AB 为主动件，它在回转一周的过程中，曲柄 AB 有两次与连杆共线，此时摇杆 CD 分别位于两极限位置 C_1D 和 C_2D，曲柄 AB 与连杆两次共线时点的夹角。

表 5-4　含一个移动副的四杆机构

机构名称	机构中演化的部件	图示	特点及应用
曲柄滑块机构	摇杆 3 改成滑块	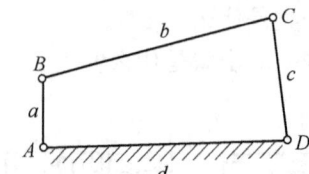	将滑块的往复直线运动与曲柄的连续转动相互转化；应用于内燃机、搓丝机、自动送料装置等

机构名称		机构中演化的部件	图示	特点及应用
导杆机构	曲柄转动导杆机构	构件1为机架 $l_1 \leq l_2$		BC 杆为曲柄，构件3沿导杆移动并作平面运动，例如插床中的转动导杆机构
	曲柄摆动导杆机构	$l_1 > l_2$		例如刨床中的摆动导杆机构
摇杆滑块机构		滑块为机架		BC 杆摆动，AC 杆往复移动，例如抽水机等
曲柄摇块机构		连杆 BC 为机架		滑块只能绕点摆动，应用于吊车等摆动缸式液动机构中

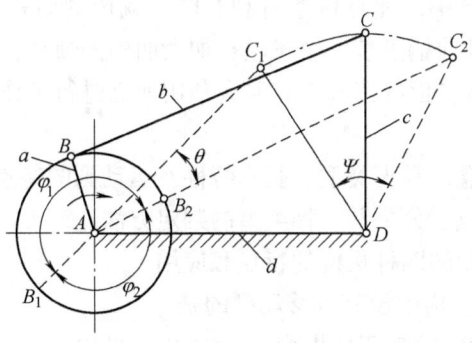

图 5-8 曲柄摇杆机构的极位夹角

（2）急回特性　曲柄做等速转动时，摇杆来回摆动的速度不同，其空回行程平均速度大于工作行程平均速度，这种性质称为机构的急回特性。

（3）行程速比系数 K　急回特性的程度可用来回摆动的速度比值来表达。

$$K = \frac{v_2}{v_1} = \frac{t_1}{t_2} = \frac{\phi_1}{\phi_2} = \frac{180° + \theta}{180° - \theta}$$

$$\theta = 180° \times \frac{K-1}{K+1}$$

1) 当 $\theta=0$ 时，$K=1$，机构无急回特性。
2) 当 $\theta>0$，$K>1$ 时，具有急回特性，且 θ 越大，K 值越大，急回特性越明显。

实际生产中，对做往复运动的机械，常利用机构的急回特性来缩短空回行程的时间，以提高工作效率。例如牛头刨床等。

2. 压力角

在曲柄摇杆机构中，主动件曲柄经过连杆传递到摇杆 C 点的力作用线，与运动速度 v 所夹的锐角，称为该位置的压力角 α，如图 5-9 所示。

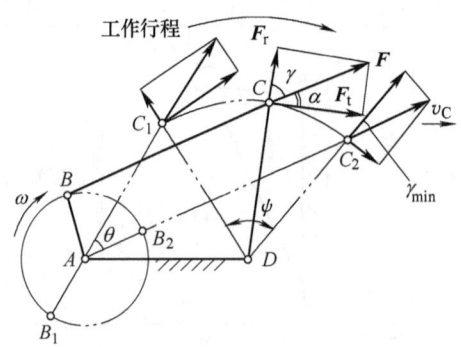

图 5-9　曲柄摇杆机构的压力角

☆压力角 α 越小，对机构的传动越有利；压力角 α 变化太大，将对转动副中的压力增大，磨损加剧，降低了机构的传动效率。因此规定行程中的最大压力角 $\alpha\leqslant 40°\sim 50°$。

3. 死点位置

（1）定义　在曲柄摇杆机构中，取摇杆作为主动件，当摇杆处于两极限位置时，连杆与曲柄共线，通过连杆施加于曲柄的力经过铰链的中心，故力对中心点的力矩为零，所以不能推动曲柄转动，从而使整个机构处于静止状态时所处的位置。

（2）应用　在实际生产中，死点位置有利有弊。就传动而言，它是一种缺陷。为了保证机构正常运转，可在从动曲柄上装一个飞轮，加大曲柄的惯性，从而使机构顺利通过死点位置。例如缝纫机踏板机构。但在工程上有时会利用死点进行工作，例如工件的夹紧机构。

【考点分析】
1. 平面四杆机构的概念、常见类型、基本特性及运动副的特点。
2. 铰链四杆机构的组成、分类及三种类型的判定方法。
3. 常见的含一个移动副的四杆机构的特点和应用。

【例1】下列平面四杆机构中没有含移动副的是_____。
A. 曲柄滑块机构　　B. 铰链四杆机构　　C. 导杆机构　　D. 曲柄滑块机构
【解题指导】考查平面四杆机构的类型及运动副的特点。
【参考答案】B

【例2】曲柄滑块机构若以曲柄为主动件，则可以将曲柄的_____转换为滑块的_____。
【解题指导】考查曲柄滑块机构的概念和运动特点。
【参考答案】旋转运动　往复直线运动

【例3】请解释急回特性的概念。

【解题指导】考查对急回特性的概念的掌握情况。

【参考答案】曲柄摇杆机构中，以曲柄为主动件，摇杆空回行程的平均速度大于工作行程的平均速度，这种性质称为急回特性。

【习题练习】

一、填空题

1. 在铰链四杆机构中相对静止的构件称为_____，能作整周旋转运动的构件称为_____，不与机架相连的构件称为_____。
2. 描述急回特性运动快慢的参数为_____，其表达式为_____。
3. 当曲柄摇杆机构的_____为主动件，_____为从动件，并且连杆与曲柄_____时，机构将处于"死点"位置。
4. 铰链四杆机构的三种基本形式：_____、_____和_____。
5. 家用缝纫机的踏板机构属于_____机构。
6. 在一些机械中，常利用机构的_____来缩短空回行程的时间，用于提高机械的工作效率。

二、选择题

1. 下列机构中，_____为曲柄滑块的应用实例。
   A. 手动抽水机　　B. 滚动送料机　　C. 自卸汽车卸料装置　　D. 以上均不是
2. 当急回运动行程速比系数_____时，曲柄摇杆机构才具有急回特性。
   A. $K=0$　　　　B. $K=1$　　　　C. $K>1$　　　　D. 以上均不是
3. 当铰链四杆机构出现"死点"位置时，可在从动曲柄上_____使其顺利通过"死点"位置。
   A. 加装飞轮　　B. 加大主动力　　C. 减少阻力　　D. 加快速度
4. 如图 5-10 所示为曲柄摇杆机构，在图示位置时，机构的压力角指_____。

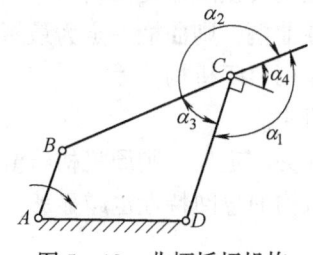

图 5-10　曲柄摇杆机构

   A. α_1　　　　B. α_2　　　　C. α_3　　　　D. α_4

5. 如图 5-11 所示机构的构件长度如下：$L_{BC}=50$mm，$L_{CD}=35$mm，$L_{AD}=40$mm，欲使该机构长度成为曲柄摇杆机构，构件 AB 的长度 L_{AB} 可取_____的尺寸范围。

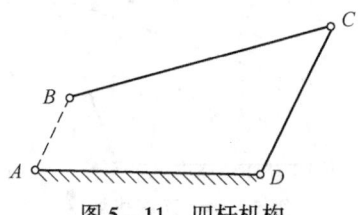

图 5-11　四杆机构

A. $0 < L_{AB} \leq 25\text{mm}$ B. $45 \leq L_{AB} \leq 50\text{mm}$
C. $50 \leq L_{AB} \leq 55\text{mm}$ D. $25 < L_{AB} < 45\text{mm}$

6. 如图 5-12 所示为自动卸货卡车，其货箱翻斗机构 ABCD 属于_____。

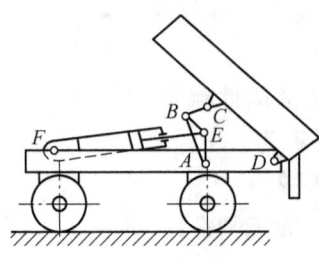

图 5-12 自动卸货卡车

A. 曲柄摇杆机构　B. 双摇杆机构　　C. 双曲柄机构　　D. 转动导杆机构

7. 如图 5-13 所示汽车前窗刮水器是_____。

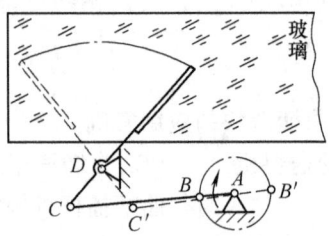

图 5-13 汽车前窗刮水器

A. 曲柄摇杆机构　B. 双摇杆机构　　C. 双曲柄机构　　D. 摆动导杆机构

三、判断题

1. 铰链四杆机构是平面低副组成的四杆机构。　　　　　　　　　　　　(　　)
2. 曲柄摇杆机构只能将回转运动转换成往复摆动。　　　　　　　　　　(　　)
3. 在铰链四杆机构中，如存在曲柄，则曲柄一定为最短杆。　　　　　　(　　)
4. 反向双曲柄机构可应用于车门启闭机构。　　　　　　　　　　　　　(　　)
5. 曲柄滑块机构常用于内燃机中。　　　　　　　　　　　　　　　　　(　　)
6. 将曲柄滑块机构中的滑块改为固定件，则原机构将演化为摆动导杆机构。(　　)
7. 曲柄的极位夹角 θ 越大，机构的急回特性也越显著。　　　　　　　　(　　)

四、综合题

1. 何谓机构的急回特性？机构有无特性取决于什么？

2. 如图 5-14 所示机构的构件长度如下：$L_{BC} = 50\text{mm}$，$L_{CD} = 35\text{mm}$，$L_{AD} = 40\text{mm}$，欲使该机构成为曲柄摇杆机构，那么曲柄 AB 的长度 L_{AB} 可取什么尺寸范围？

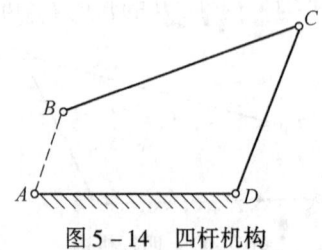

图 5-14 四杆机构

3. 铰链四杆机构中是否存在曲柄？有什么条件？
4. 试说明含有一个移动副的四杆机构的类型及特点。

第三节 凸轮机构

【学习目标】 了解凸轮机构的组成、特点、类型和应用；掌握从动件常见的运动规律；了解凸轮机构轮廓曲线的画法。

【学习内容】

一、凸轮机构的组成、特点、类型及应用实例

1. 凸轮机构的组成

凸轮机构由凸轮、从动件和机架组成。凸轮为主动件，凸轮轮廓决定从动件的运动规律。

☆凸轮机构是一种高副机构。

2. 凸轮机构的特点

1) 便于准确地实现给定的运动规律。
2) 机构简单紧凑，便于设计。
3) 凸轮机构可以高速启动，动作准确可靠。
4) 由于凸轮机构是高副接触，又不易于润滑，容易磨损，故传递动力不易过大。
5) 凸轮轮廓曲线不易于加工。

3. 凸轮机构的类型及其应用

按凸轮形状和从动件形式可分为不同的类型。

（1）按凸轮的形状分类 按凸轮的形状分为平面凸轮和空间凸轮。平面凸轮为盘形凸轮和移动（板状）凸轮，空间凸轮为圆柱凸轮和圆锥凸轮，各自的特点和应用见表5-5。

表5-5 凸轮机构的类型、特点和应用

类型	平面凸轮		空间凸轮	
	盘形凸轮	移动（板状）凸轮	圆柱凸轮	圆锥凸轮
特点	应用广，从动件运动行程小	相对于机架做直线往复运动	在圆柱面上开槽，或在圆柱端面上制出轮廓曲线，可获得较大行程	在圆锥面上制成合乎要求的封闭曲线
图示			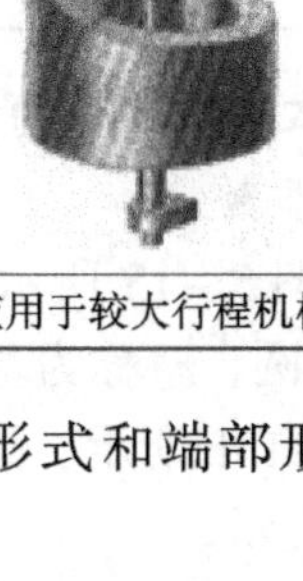	
应用	用于行程能够较短的场合	靠模仿形机械中应用较广	应用于较大行程机械	

（2）按从动件的形状分类 根据从动件的运动形式和端部形状区分，基本类型见表5-6。

表 5-6　凸轮机构从动件的基本类型

接触形式	运动形式		主要特点
	移动	摆动	
尖顶	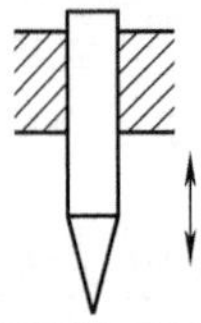	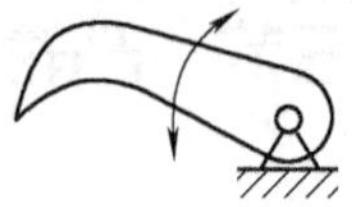	结构简单、紧凑，可准确地实现任意运动规律；但易磨损，适用于低速、传力小和动作灵敏的场合，如仪表机构中
滚子	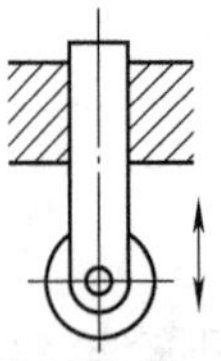	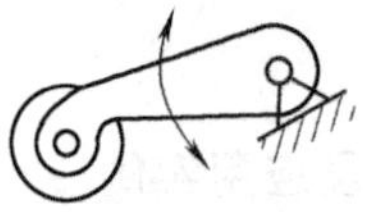	滚子接触摩擦阻力小，不易磨损，承载能力较大，但运动规律有局限性，不适于高速，故可用于传递较大的动力
平底	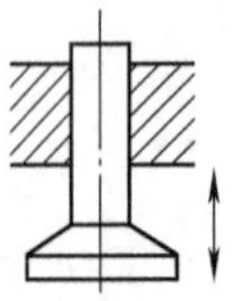	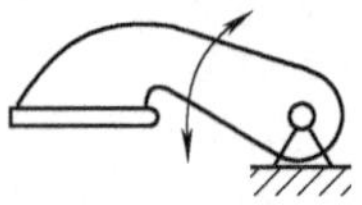	结构紧凑，润滑性能好，摩擦阻力小，适用于高速；但不能与内凹的轮廓接触，因此运动规律受到一定限制
曲面	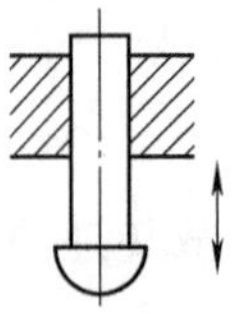	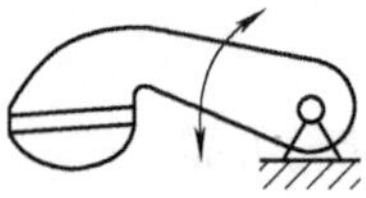	介于滚子和平底之间

(3) 凸轮机构的应用实例　凸轮机构应用实例见表 5-7。

表 5-7　凸轮机构的应用实例

应用实例	内燃机配气机构	自动车床进给机构	靠模车削机构
凸轮机构的类型	盘形、平底、直动凸轮机构	圆柱、曲面、摆动凸轮机构	移动、滚子、直动凸轮机构
实例	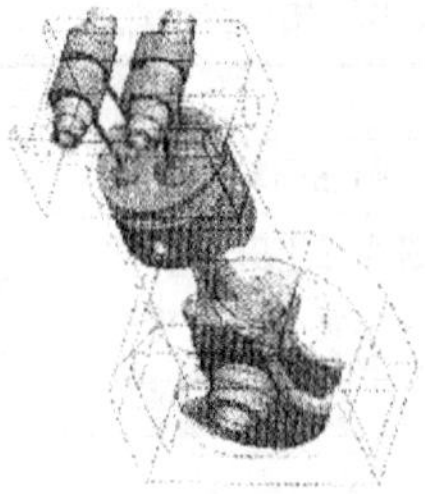 内燃机	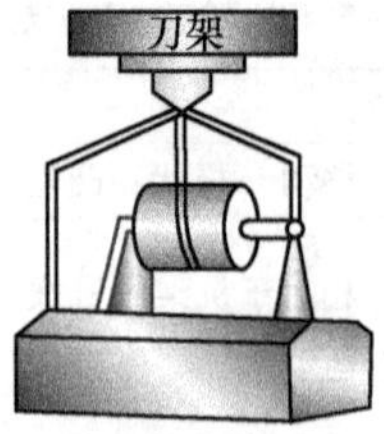 刀架	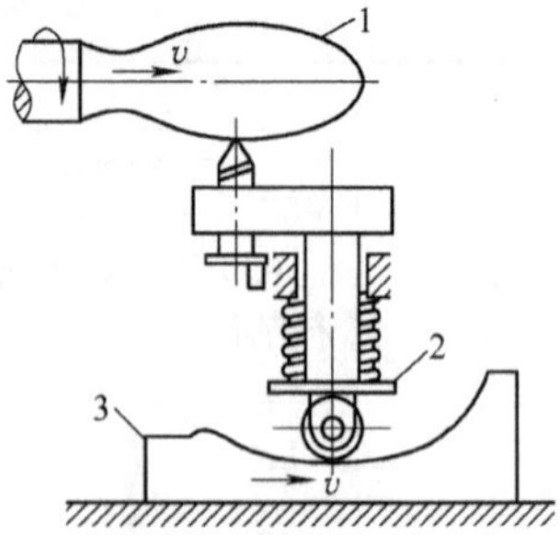 靠模车削机构

二、凸轮机构的基本参数及从动件常用运动规律

1. 凸轮机构的基本参数

(1) 基圆半径　如图 5-15 所示，从动件在最低位置时，尖顶在 a 点，以凸轮的最小半径 O_a 所作的圆称为基圆，r_b 称为基圆半径。

(2) 行程　如图 5-15b 所示，当凸轮转过 δ_0 时，从动件到达最高点，此时从动件的最大升距称为行程，用 h 表示。

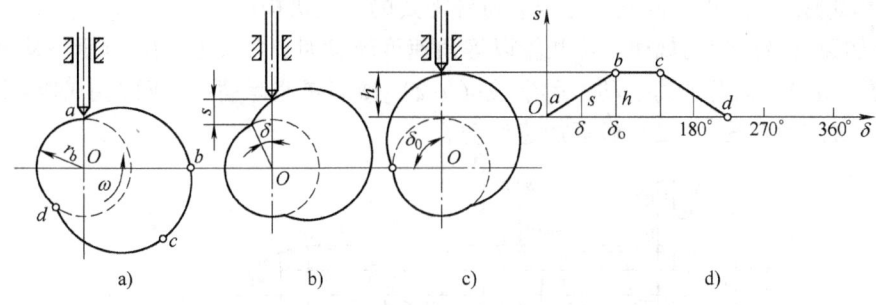

图 5-15 凸轮机构运动规律

（3）转角 凸轮转动的角度 δ 称为转角。

（4）压力角 如图 5-16 所示，从动件在凸轮轮廓 A 点接触，凸轮给从动件一作用力 F，其方向为沿接触点的法线方向，我们把这个力的作用线与从动件运动方向之间的夹角，称为凸轮机构在该点的压力角 α。

☆为了保证从动件顺利地运行，根据经验一般规定压力角的最大值必须在下列范围：

1）对于移动从动件：在推程时 $\alpha \leq 30°$。

2）对于摆动从动件：在推程时 $\alpha \leq 45°$。

3）回程时 $\alpha \leq 80°$。

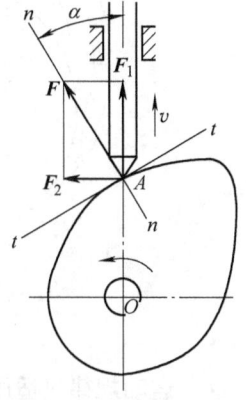

图 5-16 凸轮机构压力角

2. 从动件常用运动规律

（1）从动件位移曲线 $s-\delta$ 曲线 将从动件的位移 s 和凸轮转角 δ 的关系用曲线表示。

（2）从动件常用运动规律 从动件的运动规律是指其位移 s、速度 v 和加速度 a 随时间变化的规律。从动件的运动规律由凸轮轮廓曲线决定。常用的运动规律有以下两种。

1）等速运动规律：当凸轮以等角速度转动时，从动杆在推程和回程中的速度为常数，这种运动规律称为等速运动规律，如图 5-17 所示。

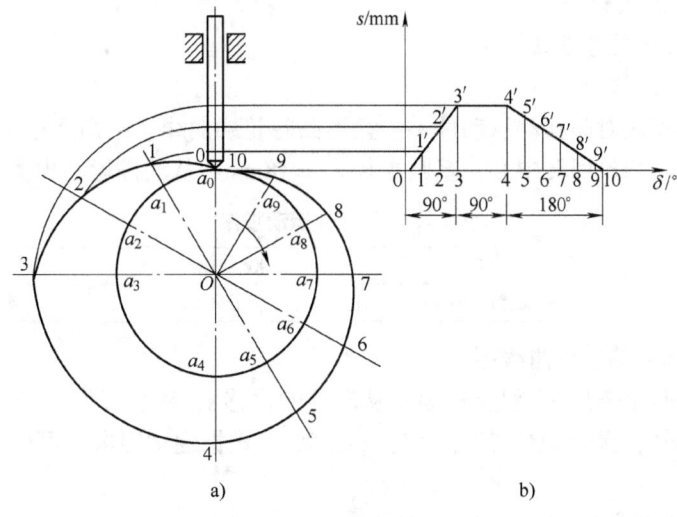

图 5-17 凸轮等速运动规律

a）凸轮轮廓曲线 b）从动件位移曲线

等速运动规律只适用于低速、轻载或特殊需要的凸轮机构中。

2）等加速等减速运动规律：当凸轮以等角速度转动时，如图5-18所示，从动杆在推程中前半段（h/2）做等加速运动，后半段（h/2）做等减速运动；在回程中前半段（h/2）做等减速运动，后半段（h/2）做等加速运动。

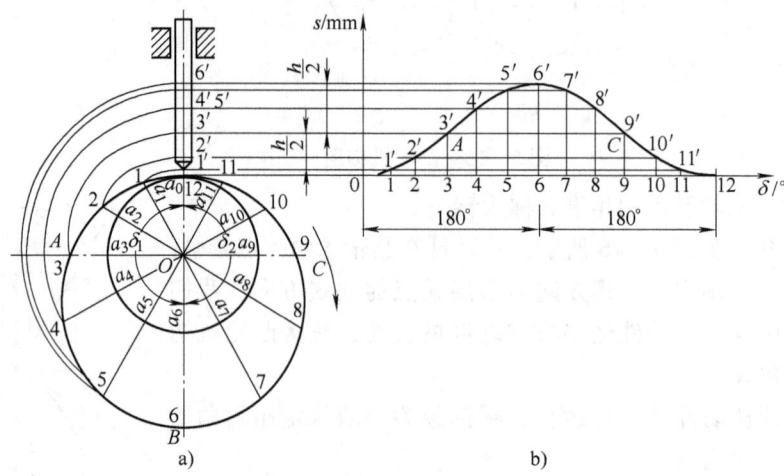

图5-18 凸轮等加速等减速运动规律
a）凸轮轮廓曲线 b）从动件位移曲线

这种运动规律只适用中低速场合及从动件质量小的场合。

三、凸轮机构轮廓曲线的画法

从动件的运动规律由凸轮轮廓曲线决定。当已知凸轮的转角和从动件的位移时，即可作出凸轮轮廓曲线，并用反转法画出凸轮轮廓曲线。

1. "反转法"作图

实际中，凸轮旋转，从动件上下移动，为方便画图，看成凸轮在图样上不转动，而将从动件的位置看成是相反于凸轮的旋转方向转动，以此作图，这就是"反转法"。

2. 轮廓曲线画法步骤

1）先画从动件的位移曲线图。

2）画凸轮轮廓曲线。

例：试画出尖顶式对心移动从动件——盘形凸轮轮廓曲线。已知凸轮顺时针转动，尖顶从动件的中心线通过凸轮回转中心，基圆半径 $r_b = 18\text{mm}$，从动件运动规律见表5-8。

表5-8 从动件运动规律

凸轮转角	0~90°	90°~180°	180°~360°
从动件运动规律	等速上升13mm	停止不动	等速下降至原位

解：1）画从动件的位移曲线图。

取横坐标表示凸轮转角 δ，纵坐标表示从动件的位移 s，横坐标取12等分（每等分代表30°），然后进行编号，得到11′，22′，33′，…，99′。根据题意要求，可以做出如图5-19b的图线。

2）再画凸轮轮廓曲线。

①做基圆和等分角线。用与位移曲线相同的比例，以 O 为圆心，以 $r_b = 18\text{mm}$ 为半径，

做凸轮基圆（图 5-19a）。沿与凸轮转动方向的相反方向，从 a_0 点开始，依照位移曲线上划分的角度，在基圆上做等分角线（即 0~90°为 3 等分，90°~180°不作等分，因为从动件无位移，180°~360°为 6 等分），画出相应的向径 Oa_0，Oa_1，…，Oa_9。

②延长各等分角线，分别截取位移 $a_1 1 = 11'$ 是，$a_2 2 = 22'$，…，$a_9 9 = 99'$。

③连接 0，1，2，…，9 等各点成一圆滑曲线，在从动件停止不动的部分，其凸轮轮廓曲线是以 O 为圆心的圆弧（图 5-19a），即为凸轮从 0~90°、90°~180°、180°~360°的轮廓曲线。

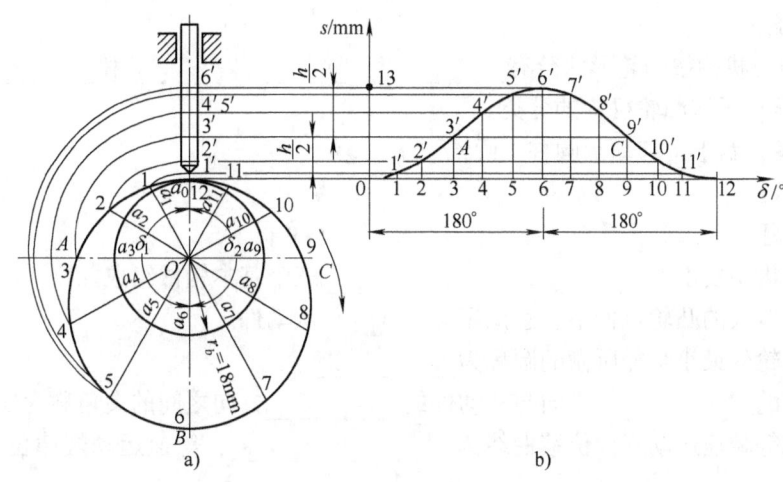

图 5-19　"反转法"作图
a）凸轮轮廓曲线　b）从动件位移曲线

*四、凸轮常用材料及结构

1. 凸轮和滚子的材料

凸轮和滚子的工作表面要求有足够的硬度、耐磨性、接触强度，有冲击的场合还需要轮芯有较好的韧性。

常用材料有 45、40Cr、20Cr 和 20CrMnTi，有些材料需做热处理。

2. 凸轮机构的结构

凸轮的轮廓与轴的直径尺寸相差不多时，可制成一体的凸轮轴；尺寸相差很多时，需分别制作，并用键、销等联接方式；滚子和从动件可用螺栓、销联接，也可用滚动轴承直接作为滚子。

☆1）凸轮机构主要用于转换运动形式，将凸轮的连续转动或移动转换为从动件的往复移动或摆动。

2）只要对凸轮的轮廓曲线进行适当设计，就能使从动件获得任意预定的运动规律。

【考点分析】
1. 凸轮机构的组成、特点、类型、应用和基本参数。
2. 从动件常用的运动规律，凸轮轮廓曲线的画法。
3. 凸轮常用的材料和结构。

【例 1】　凸轮压力角的大小与基圆半径的关系是＿＿＿＿＿。
A. 基圆半径越小，压力角越小　　　　　B. 基圆半径越大，压力角越小
C. 基圆半径大小变化，压力角不受影响

【解题指导】理解基圆半径对压力角的影响,即相同运动规律下,基圆半径越小,压力角越大。

【参考答案】B

【例2】凸轮机构有哪两种运动规律,分别适用于哪些场合?

【解题指导】综合考查对凸轮机构运动规律的了解。

【参考答案】凸轮机构有等速运动规律和等加速等减速运动规律两种;等速运动规律中适用于低速、轻载或特殊需要的凸轮机构中,等加速等减速运动规律适用中低速场合及从动件质量小的场合。

【例3】凸轮机构按凸轮形状分有_____、_____、_____和_____。

【解题指导】了解凸轮机构的分类。

【参考答案】盘形　移动　圆柱　圆锥

【习题练习】

一、填空题

1. 凸轮机构主要由_____、_____、_____三个基本构件组成。
2. 在传力较大的凸轮机构中,宜试用_____从动件。
3. 盘形凸轮的最小半径所做的圆称为_____。
4. 从动件的_____方向与从动件的_____方向之间的夹角称为压力角。
5. 等加速等减速运动规律位移曲线为_____,等速运动规律位移曲线为_____。
6. 从动件的位移 s 与凸轮转角 δ 的关系可用_____表示。

二、选择题

1. 与平面连杆机构相比较,凸轮机构突出的优点是_____。
   A. 不能实现给定的从动件运动规律　　B. 能实现间歇运动
   C. 能实现多运动形式的变换　　　　　D. 传力性能好
2. 图5-20为简易油泵,它是_____的实际应用。
   A. 曲杆滑块机构
   B. 偏心轮机构
   C. 滚子移动从动件盘形凸轮机构
   D. 平底从动件盘形凸轮机构

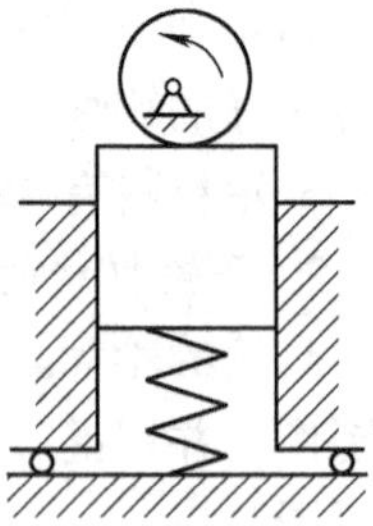

   图5-20 简易油泵

3. 凸轮与从动件接触处的运动副属于_____。
   A. 高副　　　B. 转动副　　　C. 移动副　　　D. 以上均不是
4. 与凸轮接触面较大,易于形成油膜,所以润滑较好,磨损较小的是_____。
   A. 尖顶式从动杆　B. 直动式从动杆　C. 平底式从动杆　D. 滚子式从动杆
5. 从动件作等速运动规律的凸轮机构,适用于_____条件下工作。
   A. 轻载低速　　B. 中载中速　　C. 轻载高速　　D. 重载低速
6. 凸轮机构的从动件与凸轮之间是滑动摩擦,且阻力大、磨损快,如图5-21所示中,只适用于传力不大的低速场合的是_____。
   A. 图a　　　B. 图b　　　C. 图c　　　D. 图d

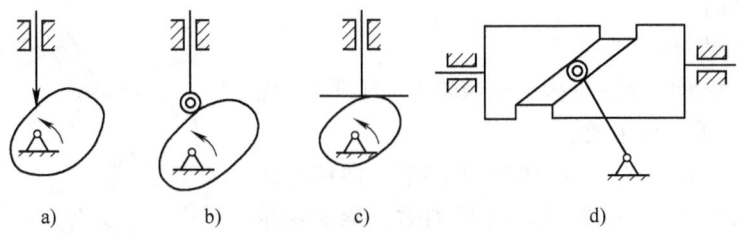

图 5-21 凸轮机构

7. 若要盘形凸轮机构的从动件在某一段时间内停止不动,对应的凸轮轮廓应是_____。
   A. 一段直线   B. 一段折线
   C. 一段抛物线   D. 一段以凸轮转动中心为圆心的圆弧

8. 如图 5-22 所示的凸轮机构中,凸轮轮廓由以 O 及 O_1 为圆心的圆弧 AB、CD 和直线 AC、BD 组成,该凸轮机构的从动杆运动属于_____类型。

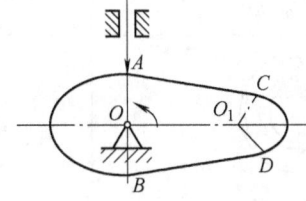

图 5-22 凸轮机构

   A. 升—停—降   B. 升—降—停   C. 升—停—降—停   D. 升—降—升

三、判断题
1. 移动凸轮可以相对机架作直线往复运动。   （ ）
2. 尖顶式从动杆与凸轮接触摩擦力较小,故可用来传递较大的动力。   （ ）
3. 由于盘形凸轮制造方便,所以最适用于较大行程的传动。   （ ）
4. 凸轮机构是低副机构。   （ ）
5. 平底移动从动件盘形凸轮机构的压力角恒等于一个常量。   （ ）
6. 因为从动件按等速运动规律运动,所以自始至终工作平稳不会产生刚性冲击。（ ）

四、综合题
1. 简述凸轮机构的特点。
2. 列举出你所见过的凸轮机构的应用场合,并说明它对应的类型(至少两例)。
3. 请回答盘形凸轮在实际应用中的特点。

第四节 *间歇运动机构

【学习目标】了解间歇运动机构常用的类型及其应用。

【学习内容】

将主动件的连续运动转换为从动件的周期性时动时停的机构,称为间歇运动机构。间歇运动机构有较多类型,本节只介绍棘轮机构和槽轮机构两种。

一、棘轮机构

1. 棘轮机构的组成

如图5-23所示的棘轮机构,由棘轮1、棘爪2、摇杆3、4和止回棘爪5等组成。

弹簧6使止回棘爪5始终与棘轮1接触。曲柄连续转动时,摇杆来回摆动,摇杆逆时针摆动时,推动棘爪2转过一定方向;当摇杆顺时针摆动时,棘爪2划过棘轮齿背,止回棘爪5顺时针转动,棘轮1静止不动。

2. 棘轮机构的类型及其应用

棘轮机构的类型很多,按工作原理可分为棘齿式和摩擦式,按结构分为外接式和内接式,见表5-9。

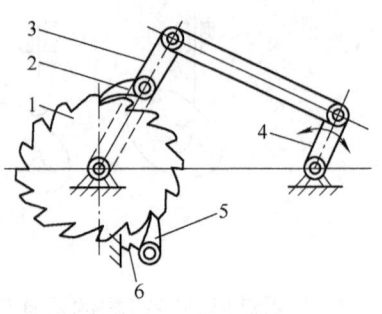

图5-23 棘轮机构
1—棘轮 2—棘爪 3、4—摇杆
5—止回棘爪 6—弹簧

表5-9 棘轮机构的类型及其应用

类 型		应用实例	应用特点
齿啮式	单动式	自行车飞轮	属于内啮合单动式
		手动扳手	属于外啮合单动式
		提升机的棘轮停止器	广泛用于卷扬机、提升机、运输机等设备中
	双动式	双动式棘轮	主动件摆动一次,两个棘爪先后推动棘轮,使棘轮转动两次。棘爪的形状可以是直的,也可以是带钩的
	可变向式	可变向式棘轮	方便地实现两个方向的间歇运动

类 型	应用实例	应用特点
摩擦式	![摩擦式棘轮] 摩擦式棘轮	无噪声,多用于轻载的间歇运动机构

棘轮转角的调节有两种方法:一是通过调节曲柄摇杆机构中曲柄的长度来改变摇杆的摆角,从而改变棘轮的转角;二是利用遮板调节棘轮的转角。

二、槽轮机构

1. 槽轮机构的组成

槽轮机构能把主动轴的等速连续运动转变为从动轴周期性的间歇运动,常用于转位或者分度机构。如图5-24所示的槽轮机构由带圆柱销2的拨盘1、具有径向槽的从动槽轮3和机架等组成。拨盘为主动件并以一定角速度连续回转,从动槽轮作时转时停的周期性间歇运动。

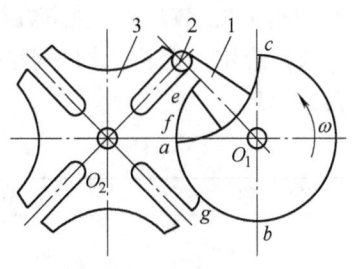

图 5-24 槽轮机构
1—拨盘 2—圆柱销 3—从动槽轮

当圆柱销2未进入槽轮的径向槽时,由于槽轮的内凹锁止弧被拨盘的外凸圆弧卡住,故槽轮静止不动。当圆柱销2开始进入进入槽轮的径向槽,锁止弧开始松开,槽轮受圆柱销的驱动沿反向转动。当圆柱销2开始脱出槽轮的径向槽时,槽轮的另一内凹锁止弧被拨盘的外凸圆弧卡住,槽轮又静止不动,直到当圆柱销2进入下一径向槽,才能重复上述运动。拨盘转过一周,槽轮转过两个角度。

2. 槽轮的类型

槽轮的类型见表5-10。

表5-10 槽轮的常用类型

类 型	结构简图	工作特点
单圆柱销外啮合		主动拨盘每回转一周,槽轮转过一个槽口,完成一次间歇运动,槽轮的转向与曲柄的转向相反
双圆柱销外啮合		主动拨盘每回转一周,双圆柱销即可使槽轮间歇地转动两次,槽轮的转向与曲柄的转向相反

类 型	结 构 简 图	工 作 特 点
内啮合	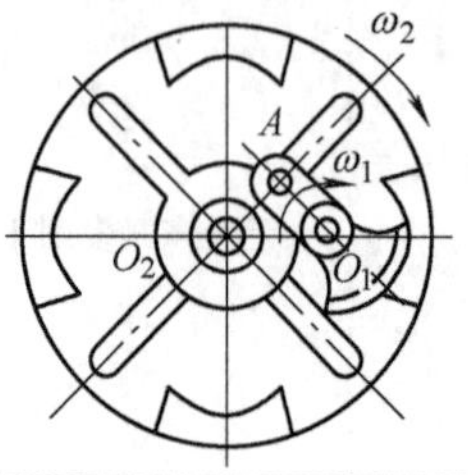	主动拨盘匀速转动一周,槽轮间歇地转过一个槽口,槽轮转向与拨盘转向相同。内啮合槽轮机构结构紧凑,传动平稳,槽轮停歇时间较短

3. 槽轮机构的特点和应用

(1) 特点 结构简单,外形尺寸小,工作可靠。但是槽轮的转角大小不能调节,圆柱销与槽轮间的冲击较严重,尤其在槽轮径向槽数目较少时甚是明显。故槽轮槽数一般取 4~8。

(2) 应用 槽轮机构一般应用在转速不高、要求断续地转过某一特定角度的装置中,见表 5-11。

表 5-11 槽轮机构的应用

名 称	结 构 简 图	使 用 特 点
刀架转位机构	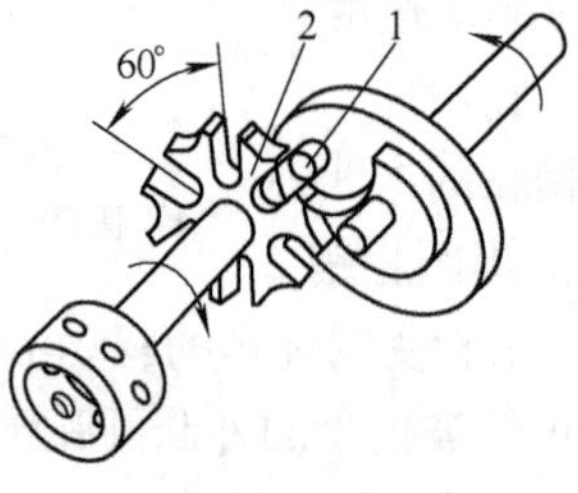 1—圆柱销 2—槽轮	六角自动车床的刀架转位机构,当圆柱销1进、出槽轮一次,可推动槽轮2转过60°,并使下一工序的刀具转到工位。为满足零件加工工艺要求自动变换所需刀具
放映机的卷片机构		为适应视觉暂留现象,要求影片作间歇运动,可采用四槽槽轮机构;每当传动轴带动圆柱销转过一周,槽轮随之转过90°,使影片画面作短暂的停留
冰激凌灌装机构		单圆柱销外啮合槽轮机构,分布了4个径向槽,当主动拨盘连续转动时,从动槽轮作时停时动的间歇运动。拨盘每转一圈,槽轮转过90°,完成一次罐装,从而完成冰激凌的灌装任务

【考点分析】

1. 间歇运动机构的概念。
2. 间歇运动机构常用的类型,及其工作原理、应用及特点。

【例1】 较常见的间歇机构有_____、_____、间歇齿轮机构等。

【解题指导】 了解常见间歇机构。

【参考答案】棘轮机构　槽轮机构

【例2】六角车床的刀架转位机构应用_____。

A. 棘轮机构　　　B. 槽轮机构　　　C. 齿轮机构　　　D. 间歇齿轮机构

【解题指导】考查对槽轮机构应用的掌握情况。

【参考答案】B

【例3】名词解释：间歇运动机构

【解题指导】考查对间歇运动机构概念的掌握情况。

【参考答案】将主动件的连续运动转换为从动件的周期性时动时停的机构，称为间歇运动机构。

第五节　阶段性实习训练——机械的观察与分析

一、实践教学目的

1) 了解"机械基础"课程所研究的各种常见机构的结构、类型、特点及应用实例。

2) 增强学生对机构与机器的感性认识。

二、实践用具

各种常见机构的模型。

三、实践教学方法

1. 学法

通过观察对常用机构的结构、类型、特点有所了解，对该课程学习有一定兴趣。

2. 教法

通过模型的动态展示，教师作一定介绍、提问，供学生思考与学习。

四、实践教学内容

1. 认识机器

通过模型的观察，学生可以认识到机器是由一个或几个机构按一定要求组合而成。因此能掌握各种机构的运动特性，再去研究机器就容易许多，并了解运动副分类及其特点。

2. 平面四杆机构

平面四杆机构是平面连杆机构中结构最简单、应用最广的机构，它分成三大类。

（1）铰链四杆机构　由两连架杆为曲柄或摇杆来确定，分为曲柄摇杆机构、双曲柄机构和双摇杆机构。

（2）单移动副机构　由一个移动副代替铰链四杆机构中一个转动副演化而来，分为曲柄滑块机构、曲柄摇块机构、转动导杆机构和摆动导杆机构。

（3）双移动副机构　有两个移动副的四杆机构，分为曲柄移动导杆机构、双滑块机构和双转块机构。

3. 凸轮机构

只要适当地设计凸轮轮廓曲线，就可使从动件获得任意的运动规律。它广泛应用于各种机械、仪器及操控装置中。

凸轮机构的组成包括凸轮、从动件和机架。

凸轮机构的类型较多，可通过让学生观察了解各种凸轮的特点和结构，找出其中的相同特点。

4. 其他常用机构

通过观察和模型动态演示，更直观认识棘轮机构、槽轮机构、不完全齿轮机构、凸轮式间歇运动机构、万向节及非圆齿轮机构等，并知道它们的运动特点及应用范围。

5. 机构的串联和并联

通过实际机器设备、仪器仪表的运动机构展示，发现机器都是由一个或几个机构按一定运动要求串联或并联组合而成。因此一定要掌握好各基本机构的运动特性，有助于研究任何机构的特性。

第六单元

机械传动

【知识构架】

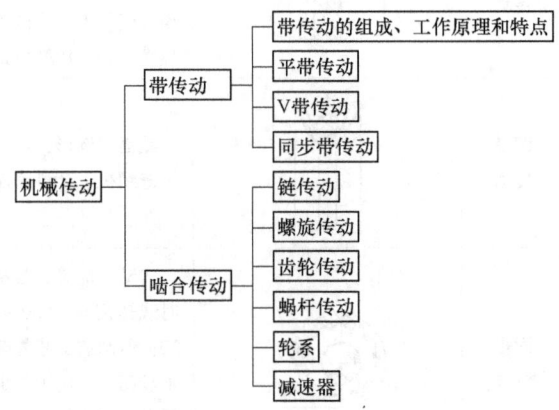

第一节 带传动

【学习目标】了解各种带传动;掌握V带传动。

【学习内容】

一、带传动的组成、工作原理和特点

1. 组成、工作原理

带传动由主动轮、从动轮和传动带组成,依靠带的两侧面与带轮轮槽侧面的摩擦力来传递运动和动力,是一种利用中间挠性件的摩擦传动。

2. 分类

根据传动带横截面形状的不同,带传动可分为平带传动、V带传动、圆带传动和同步带传动,其中同步带传动是靠带上的齿与带轮上的齿槽的啮合作用来传递运动和动力的。

带传动的类型、特点和应用见表6-1。

3. 特点

1)带传动柔和,能缓冲、吸振,传动平稳,无噪声。

2)过载时产生打滑,可防止零件损坏,起到安全保护作用,但不能保证恒定的传动比。

3)结构简单,制造容易,安装成本低,适用于两轴中心距较大的场合。

4)传动效率较低,带的寿命较短,外廓尺寸较大。

表 6-1　带传动的类型、特点和应用

类　型		截面形状	特点及应用
摩擦带传动	平带传动		截面为扁矩形，结构简单，易制造，成本低，且平带比较薄，挠曲性、柔性都较好，其传动形式有开口、交叉和半交叉传动，适用于高速平行轴的交叉传动和相错轴的半交叉传动
	V带传动		截面为等腰梯形，利用带和带轮梯形槽之间的摩擦来传递动力。传递能力在同等条件下，与平带相比，可增大三倍。结构紧凑、应用广泛，但效率低于平带，且价格较贵，寿命较短，多采用开口式
	圆带传动		截面呈圆形，仅适于载荷很小的传动，如用于缝纫机、牙科医疗器械等
啮合带传动	同步带传动		传动比准确，效率较高（可达98%），传动时线速度可达 50～80m/s，传动比可达 10～20；但制造工艺复杂，成本较高，安装精度要求较高。适用于中小功率、传动比要求精确的场合，如数控机床、录像机、放映机等精密机械

5）不适用于大功率的传动。

二、平带传动

平带适用于平行轴的交叉传动和相错轴的半交叉传动。其传动形式见表 6-2。

表 6-2　常用平带的传动形式和参数计算

	开口式	交叉式	半交叉式
传动简图			
小带轮包角	$\alpha \approx 180° - \dfrac{D_2 - D_1}{a} \times 57.3°$	$\alpha \approx 180° + \dfrac{D_2 + D_1}{a} \times 57.3°$	$\alpha \approx 180° + \dfrac{D_1}{a} \times 57.3°$
胶带几何长度	$L \approx 2a + \dfrac{\pi}{2}(D_1 + D_2) + \dfrac{(D_2 - D_1)^2}{4a}$	$L \approx 2a + \dfrac{\pi}{2}(D_1 + D_2) + \dfrac{(D_2 + D_1)^2}{4a}$	$L \approx 2a + \dfrac{\pi}{2}(D_1 + D_2) + \dfrac{D_2^2 + D_1^2}{2a}$

1. 传动比

$$i_{12} = n_1/n_2 = D_2/D_1$$

式中，n_1、n_2 分别为主、从动轮的转速，单位为 r/min；D_1、D_2 分别为主、从动轮的基准直径，单位为 mm。

平带传动的传动比为 $i \leqslant 5$。

2. 带轮的包角

它是指带与带轮接触面的弧长所对应的中心角。包角越小，摩擦力就越小，所以一般要求包角 $\alpha \geqslant 120°$，在验算中只要求验算小带轮的包角即可，因为大带轮的包角比小带轮的大。

3. 平带的几何长度

它是指根据公式计算出来的长度。

例：在开口式平带传动中，已知 $D_1 = 100\text{mm}$，$D_2 = 500\text{mm}$，$a = 1\,000\text{mm}$，试计算其传动比，验算包角并计算出平带的计算长度。

解：（1）传动比 $i = n_1/n_2 = D_2/D_1 = 500/100 = 5$（$i \leqslant 5$ 适用）

（2）验算包角 $\alpha \approx 180° - \dfrac{D_2 - D_1}{a} \times 57.3° = 180° - \dfrac{500 - 100}{1000} \times 57.3° = 157.1°$（$\alpha \geqslant 120°$ 适用）

（3）平带的计算长度 $L = 2a + \dfrac{\pi}{2}(D_1 + D_2) + \dfrac{(D_2 - D_1)^2}{4a} = \left[2 \times 1000 + \dfrac{3.14}{2} \times (500 + 100) + \dfrac{(500 - 100)^2}{4 \times 1000}\right]\text{mm} = 2982$

三、普通 V 带传动

1. 结构

由顶胶层、抗拉层、底胶层和包布层组成。其中顶胶层和底胶层均为橡胶，包布层由橡胶布组成，起耐磨和保护作用。抗拉体有帘布结构和绳芯结构之分。

2. 标准

普通 V 带型号按横截面尺寸由小到大分为 Y、Z、A、B、C、D、E 七种型号，其中 Y 型最小，E 型最大。在相同条件下，带的横截面尺寸越大，传递功率也越大。实际应用中 A、B、C、E 型应用最多。V 带是无接头的环形带，工作的两侧面夹角为 40°。

3. 标记

标记为"型号 + 基准长度 + 标准编号"。

例如：B2500/GB11544—1997 表示基准长度为 2 500mm 的 B 型 V 带。

4. 材料

当带轮圆周速度 $V \leqslant 30\text{m/s}$ 时，常用铸铁来制造，如 HT150 或 HT200。转速较高时，用铸钢或轻合金，以减轻重量。低速转动（$V < 15\text{m/s}$）和小功率传动时，常采用铸造铝合金或工程塑料。

5. 结构形式

V 带轮通常由轮槽、轮缘、轮辐和轮毂组成，如图 6-1 所示。结构形式根据带轮直径决定。一般小带轮，即 $D < 150\text{mm}$ 时制成实心式；中带轮 $D = 150 \sim 450\text{mm}$ 时制成腹板式或孔板式；大带轮，即 $D > 450\text{mm}$ 时可制成轮辐式结构。

6. 安装与维护

1）普通 V 带在轮槽中应有确定的相对位置，普通 V

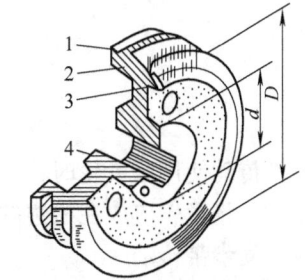

图 6-1 V 带带轮结构

1—轮槽 2—轮缘 3—轮辐 4—轮毂

带的外边缘应与带轮的轮缘取齐，如图 6-2 所示。

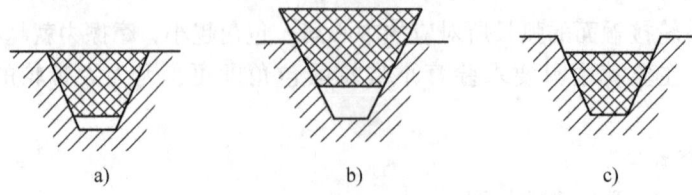

图 6-2 普通 V 带在轮槽中的位置
a) 正确　b) 错误　c) 错误

2) 带传动在安装时，必须使两带轮轴线平行，轮槽对正，如图 6-3 所示。

3) 带张紧程度以大拇指能按下 10~15mm 左右即为合适，如图 6-4 所示。

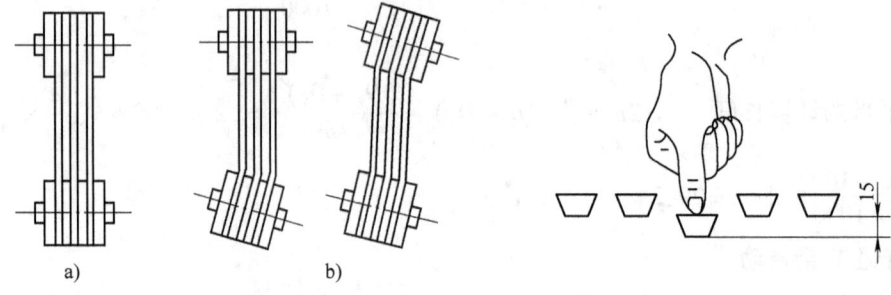

图 6-3 带轮位置
a) 两带轮位置正确　b) 两带轮位置不正确

图 6-4 普通 V 带张紧程度

4) 新旧不同的普通 V 带不能同组使用，要成组更换。

5) 为保证安全，带传动应加防护罩。

7. 带传动的张紧装置

带传动的张紧采用两种方法，即调整中心距（图 6-5）和使用张紧轮。

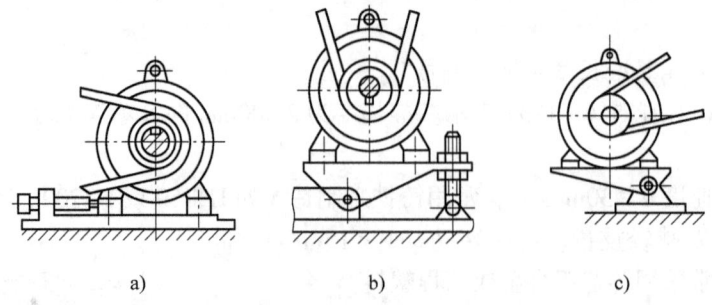

图 6-5 调整中心距装置
a) 水平传动　b) 垂直传动　c) 垂力自动张紧

平带传动使用张紧轮时，张紧轮应放在松边的外侧，靠近小带轮；普通 V 带传动使用张紧轮时，张紧轮应放在松边的内侧，靠近大带轮。

四、同步带传动

同步带由带齿、包布层、带背和承载绳组成。同步带轮由齿圈、轮毂和挡圈等部分组成。

同步带标记为"带轮齿数+带的型号+轮宽代号"。

同步带适合于中小功率和传动比要求精确的场合。

【考点分析】

1. 带传动的工作原理、特点、类型和应用。
2. 平带传动的形式及使用特点。
3. 普通 V 带的结构、型号、使用特点、选用及安装、张紧和维护。

【例1】带传动是由_____、_____和_____组成，靠带的_____与带轮轮槽侧面的摩擦力或带轮的啮合来_____。

【解题指导】此题属于记忆题，主要考查学生对带传动的组成、原理是否熟悉。

【参考答案】主动轮　从动轮　传动带　两侧面　传递运动和动力

【例2】成组使用的普通 V 带，一根坏了，应该换_____。

A. 一根　　　B. 两根　　　C. 全部　　　D. 不用

【解题指导】此题属于理解应用题，主要考查学生对普通 V 带使用与维护是否熟悉。

【参考答案】C

【例3】在普通 V 带传动中，张紧轮的放置位置是_____。

A. 松边内侧，靠近大带轮处　　　B. 松边外侧，靠近小带轮处

C. 紧边内侧，靠近大带轮处　　　D. 紧边外侧，靠近小带轮处

【解题指导】此题属于理解应用题，主要考查学生对带传动的张紧及张紧轮的安放是否熟悉。

【参考答案】A

【习题练习】

一、填空题

1. 根据传动方式的不同，带传动可分为_____和_____两大类。
2. 应用在机床传动装置中的带传动主要有_____和_____。
3. 同步带轮一般由_____、_____和_____等部分组成。
4. 标准普通 V 带有两种结构，即_____结构和_____结构。
5. 普通 V 带轮由_____、_____和_____三部分组成。

二、选择题

1. 普通 V 带传动采用张紧轮的目的是_____。

   A. 减轻带的弹性滑动　　　B. 提高带的寿命
   C. 改变带的运动方向　　　D. 调节带的初拉力

2. 绳芯结构的普通 V 带，其胶线绳在带的_____。

   A. 顶胶　　　B. 抗拉体　　　C. 底胶　　　D. 包布

3. 带轮与轴配合的部分称为_____。

   A. 轮缘　　　B. 轮辐　　　C. 轮毂　　　D. 以上均不是

三、判断题

1. 在机床上采用的工业用同步带一般以梯形齿同步带为主。（　　）
2. 同步带传动和普通 V 带传动都属于摩擦传动，不能保证精确的传动比。（　　）
3. 普通 V 带张紧程度以大拇指能按下 5~10mm 为宜。（　　）

4. 我国生产使用的普通 V 带有 Y、Z、A、B、C、D、E 七种型号,其中 Y 型的截面积最大。（   ）

5. 压印在普通 V 带表面的 B2240,2240 表示标准长度为 2240mm。（   ）

四、简答题

1. V 带轮有哪几种结构？
2. V 带轮常用哪些材料制成？

第二节　链传动

【学习目标】了解各种链传动,掌握传动链。

【学习内容】

一、组成

链传动由主动链轮、从动链轮和传动链组成。链传动依靠链条与链轮轮齿的啮合来传递平行轴间的运动和动力,是一个具有中间挠性件的啮合传动。

二、特点及应用

1. 链传动的特点

链传动的优点是平均传动比准确,工作可靠,效率高,能在恶劣环境下工作,但瞬时传动比不能保持恒定,且传动时有冲击和振动,传递功率大,过载能力强,所需张紧力小。其缺点是不宜在急速反向的传动中,只能用于两轴平行、距离较远、功率较大、平均传动比准确的场合,并且成本高,链条易磨损、伸长、

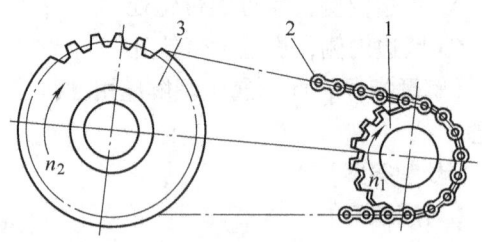

图 6-6　链传动
1—主动链轮　2—链条　3—从动链轮

平稳性差,运转时会产生附加动载荷、振动、冲击和噪声,其结构图如图 6-6 所示。

2. 链传动的应用

多数在不宜采用带传动和齿轮传动,而两轴平行,且距离较远、功率较大、平均传动比准确的场合适宜用链传动。

三、分类

链传动按用途的不同可分为传动链、起重链和牵引链。

1. 起重链

其主要用于各种起重机械中,如港口用的集装箱起重机械和叉车提升装置等。

2. 牵引链

其主要用于运输机械中的牵引输送带,如自动扶梯、矿山用的各种牵引输送机等。

3. 传动链

其应用最为广泛,主要用于在一般机械中传递运动和动力,也可用于输送等场合。

最常用的传动链是套筒滚子链和齿形链。

(1) 套筒滚子链　其由内链板、外链板、销轴、套筒和滚子组成,如图 6-7 所示。内链板与套筒、外链板与销轴之间采用过盈配合,套筒与销轴、套筒和滚子之间采用间隙配合。

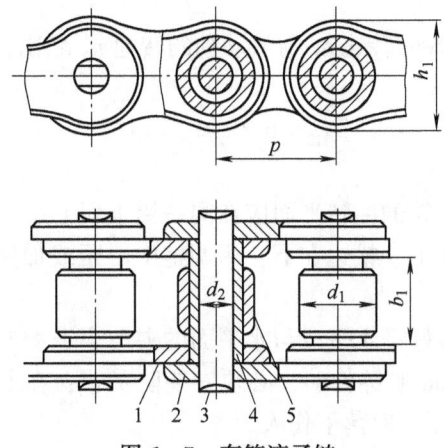

图 6-7 套筒滚子链

1—内链板　2—外链板　3—销轴　4—套筒　5—滚子

套筒滚子链的接头形式分为：当链节总数是偶数大节距时为开口销式；链节总数是小节距时为弹簧夹式；链节总数是奇数时为过渡链节式，如图 6-8 所示。

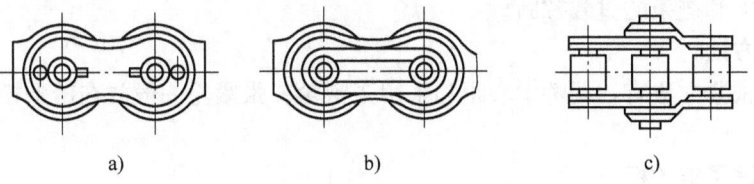

图 6-8 套筒滚子链的接头形式

a) 开口销　b) 弹簧夹　c) 过渡链节

当需要承受较大载荷、传递较大功率时，可使用多排链，但排数不宜过多，一般常用双排链和三排链，如图 6-9 所示。

(2) 齿形链　其由齿形链板、导板、套筒和销轴等组成，如图 6-10 所示。齿形链的特点是传动平稳，传动速度高，承受冲击的性能好，噪声小（又称无声链），但结构复杂，装拆较难，质量较大，易磨损且成本较高。

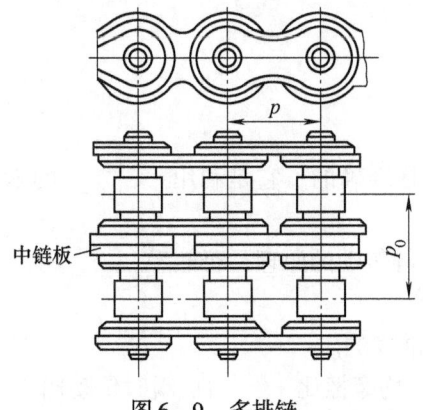

图 6-9 多排链

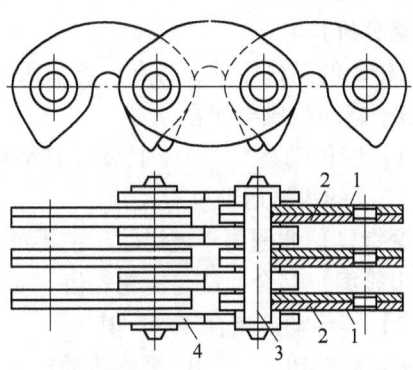

图 6-10 圆销铰链式齿形链

1—套筒　2—齿形链板　3—销轴　4—导板

四、链传动的传动比

链传动的传动比是主动轴的转速 n_1 与从动轴的转速 n_2 之比，也是主动链轮的齿数 z_1 与从动链轮的齿数 z_2 之比。

$$i_{12} = n_1/n_2 = z_2/z_1$$

五、链传动的合理布置

1）两轴线应平行，两链轮的回转平面应在同一铅垂面上。
2）链传动时应使紧边在上、松边在下，用调整中心距或加用张紧轮的方法来防止链条的垂度过大。
3）两链轮的轴心连线最好是水平或与水平面的夹角小于 45°。
4）凡离地面高度不足 2m 的链传动，必须安装防护罩；在通道上方时，链传动的下方必须有防护挡板，以防链条断裂时落下伤人。

六、套筒滚子链的润滑方式

套筒滚子链的润滑方式主要有：刷油润滑、喷油润滑、浸油润滑和油泵润滑。

七、失效形式

链传动常见的失效形式有：链板的疲劳断裂、滚子和套筒的疲劳点蚀、销轴与套筒的胶合、链条的脱落和链条的过载拉断。

八、张紧方法

链传动的张紧方法有：调整中心距和采用张紧轮，张紧轮一般放在链条松边的内侧并靠近小链轮。

九、套筒滚子链的标记

套筒滚子链是标准件，其标记为：链号－排数×链节数　国标代号
如：20A－2×80　GB/T1243－2006 就表示链号为 20A，查阅国家标准得链是节距为 31.75mm 的 A 系列、双排、80 节的滚子链。
链条上相邻销轴的轴间间距称为节距，节距越大，结构尺寸越大，承载能力也越强，但链传动的稳定性也随之变差。

十、链轮的结构形式

小直径的链轮采用整体式结构，中等直径的链轮采用孔板式结构，大直径的链轮采用组合式结构或焊接结构。

【考点分析】
1. 链传动的工作原理、特点、类型和应用。
2. 滚子链的组成与配合。

【例1】链传动是_____传动，其平均传动比是准确的。它是利用_____的啮合来传递_____的机械运动。

【解题指导】此题属于记忆题，主要考查学生对链传动的原理是否熟悉。

【参考答案】啮合　链与链轮轮齿　动力和运动

【例2】链传动是啮合传动，其_____是准确的。
A. 平均移动比　　B. 平均传动比　　C. 平均摩擦比　　D. 瞬时传动比

【解题指导】此题属于记忆题，主要考查学生对链传动的特点是否熟悉。

【参考答案】B

【例3】 下列_____项是链传动的优点？

A. 所需张紧力大，作用于轴上的压力小

B. 传递功率大，过载能力弱

C. 能在高温、潮湿、多尘、有污染等恶劣环境中工作

D. 能用在急速反向的工作场合

【解题指导】 此题属于记忆题，主要考查学生对链传动的的特点是否熟悉。

【参考答案】 C

【习题练习】

一、填空题

1. 链传动一般是由_____、_____和_____组成。
2. 根据链的用途不同，链可分为_____、_____和_____三种。
3. 传动链主要有_____和_____两种。
4. 链轮按照直径不同有_____、_____、_____和_____四种结构。
5. 当滚子链的链节数为奇数时，必须采用_____。

二、选择题

1. 用于两轴平行，且中心距较大、功率较大而又要求平均传动比准确的场合可选用_____。

   A. 普通V带传动　　B. 齿轮传动　　C. 链传动　　D. 蜗杆传动

2. 由带、链、齿轮传动组成的三级传动，放在高速级上的应是_____。

   A. 同步带传动　　B. 普通V带传动　　C. 链传动　　D. 齿轮传动

3. 链传动的两链轮旋转平面应在_____。

   A. 水平平面内　　B. 倾斜平面内　　C. 铅直平面内　　D. 任意位置上

4. 滚子链的链片一般制造成"8"字形，其目的是_____。

   A. 使链片美观

   B. 使链片各横截面抗拉强度相等、减轻链片质量

   C. 使链片转动灵活

   D. 使链片减少摩擦

5. 滚子链传动中，滚子的作用是_____。

   A. 缓和冲击　　　　　　　　　　B. 减少套筒与轮齿间的磨损

   C. 提高链条的强度　　　　　　　D. 保证链条与轮齿间的良好啮合

三、判断题

1. 链传动属于啮合传动，所以它的瞬时传动比是恒定的。（　　）
2. 滚子链的链节为偶数时，大链节可采用卡簧式。（　　）
3. 链传动能在高温、多尘、潮湿、有污染等恶劣环境中工作。（　　）
4. 滚子链中的滚子与套筒之间为间隙配合。（　　）
5. 滚子链标记 08A—1×88　GB/T 1243—1997 表示滚子链的排数为双排。（　　）

四、简答题

1. 链传动的特点有哪些？
2. 为了延长链传动的使用寿命，要进行润滑和维护，常用的润滑方式有哪几种？

3. 链传动的失效形式主要有哪几种？

第三节　螺旋传动

【学习目标】了解螺旋传动的形式、特点、分类和计算。
【学习内容】
一、组成
螺旋传动由螺杆、螺母和机架组成。
二、工作原理
螺旋传动利用螺杆和螺母的啮合来传递动力和运动。
三、用途
螺旋传动能使主动件的回转运动转换为从动件的直线运动。
四、分类
常用螺旋传动有普通螺旋传动、相对位移螺旋传动、差动位移螺旋传动和滚珠螺旋传动。

普通螺旋传动、相对位移螺旋传动、差动位移螺旋传动属滑动摩擦螺旋传动，摩擦阻力大，传动效率低，结构简单，加工方便，易于自锁，运转平稳；但低速时或微调时可能出现爬行，加剧磨损。

滚珠螺旋传动属于滚动摩擦螺旋传动，摩擦磨损小，传动效率高，不能自锁，运转平稳；但结构复杂，制造困难，抗冲击性能较差。

五、普通螺旋传动
由螺杆和螺母组成的简单螺旋副称为普通螺旋传动。

螺杆或螺母的移动方向可用左、右手螺旋法则来判定：左旋螺杆（或螺母）伸左手，右旋螺杆（或螺母）伸右手，并半握拳，四指顺着螺杆（或螺母）的旋转方向，大拇指的指向即为螺杆（或螺母）的移动方向。若螺杆原地转动，螺母移动时，与大拇指指向相反方向，即为螺母移动方向，如图6-11所示。

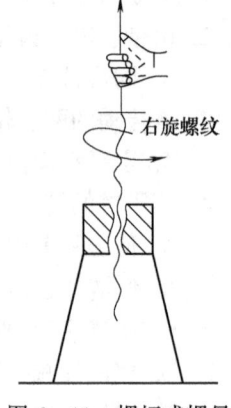

图6-11　螺杆或螺母移动方向判定

普通螺旋传动有四种应用形式。

（1）螺母不动，螺杆回转并作直线运动　如台式虎钳（图6-12）等。

（2）螺杆不动，螺母回转并作直线运动　如千斤顶等（图6-13）。

（3）螺杆原地回转，螺母作直线运动　多用于机床进给机构，如车床中溜板的横向进给（图6-14）。

（4）螺母原位回转，螺杆往复运动　如应力试验机上的观察镜螺旋调整装置（图6-15）。
在普通螺旋传动中，螺杆（或螺母）的移动距离，由导程决定。即
$$L = nS$$
式中，L 为移动距离，单位为 mm/min；n 为转速，单位为 r/min；S 为导程，单位为 mm。

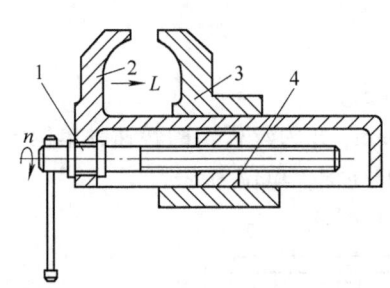
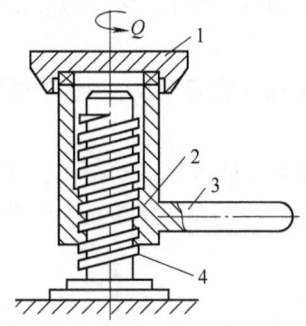

图6-12 螺杆回转并作直线运动
1—螺杆 2—活动钳口 3—固定钳口 4—螺母

图6-13 螺母回转并作直线运动
1—托盘 2—螺母 3—手柄 4—螺杆

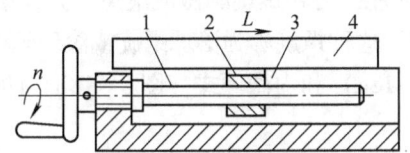
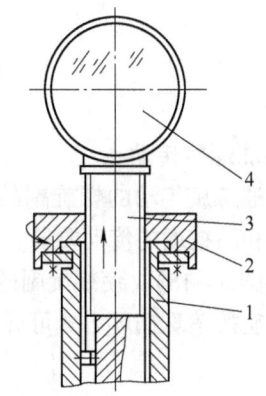

图6-14 螺杆原位回转、螺母作直线运动
1—螺杆 2—螺母 3—机架 4—溜板（工作台）

图6-15 螺母原位回转、螺杆作往复运动
1—机架 2—螺母 3—螺杆 4—观察镜

六、相对位移螺旋传动

图6-16为相对位移螺旋传动在自动定心夹具上的应用实例。

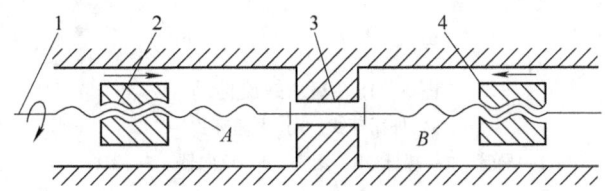

图6-16 相对位移螺旋机构
1—螺杆 2—滑动左螺母 3—支架 4—滑动右螺母

在螺杆1上，A段为左旋螺纹，B段为右旋螺纹，这两段螺纹的导程相等。当螺杆1在支架3的支承内转动时，两个滑动螺母2和4将产生较快的相对运动，以等速趋近或远离，达到使夹具自动定心的要求。

相对位移螺旋传动，常用于机械加工的自动定心装置和常用两脚划规中。

七、差动螺旋传动

微调装置如测微器、分度机构和机床刀具微调机构，常希望在主动件转动较大角度时，从动件只作微量位移，这时可采用差动位移螺旋传动。如图6-17所示，螺杆1分别与机架3及活动螺母2组成a和b两段螺旋副，a段为固定螺母，b段为活动螺母（它不能回转而

能沿机架导向槽内移动),两段螺纹旋向相同。当螺杆转动,螺母 2 的实际移动距离为

$$L = n(S_a - S_b)$$

如果两段螺纹旋向相反,则实际移动距离为

$$L = n(S_a + S_b)$$

式中,L 为活动螺母实际移动距离,单位为 mm/min;n 为丝杆 1 的转速,单位为 r/min;S_a 为固定螺母的导程,单位为 mm;S_b 为活动螺母的导程,单位为 mm。

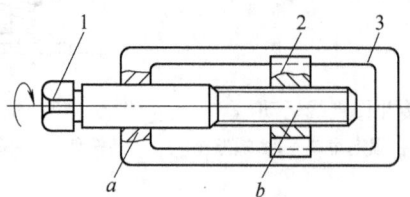

图 6-17 差动位移螺旋机构
1—螺杆 2—螺母 3—机架

八、滚珠螺旋传动

由于普通螺旋传动的螺旋副的摩擦是滑动摩擦,磨损严重,效率低,因此不能满足高速度、高效率和高精度的传动要求。为改善螺旋传动的功能,可将螺旋副做成滚道,并在滚道间充满滚珠(图 6-18),使螺旋副的摩擦成为滚动摩擦,这种螺旋称为滚珠螺旋或滚珠丝杠。

滚珠螺旋按滚珠循环方式可分为外循环式(图 6-18a)和内循环式(图 6-18b)两种。

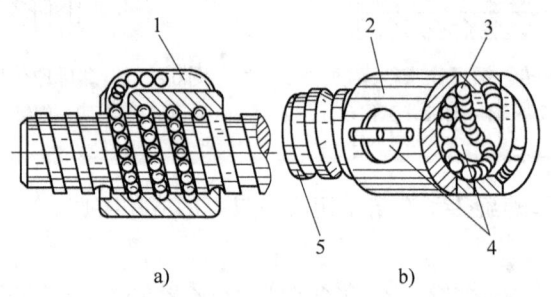

图 6-18 滚珠螺旋传动
a) 外循环式 b) 内循环式
1—导管 2—螺母 3—滚珠 4—反向器 5—螺杆

滚珠螺旋传动的特点如下。
1) 摩擦损失小,效率较高(90%以上),运转稳定。
2) 由于可用调整方法消除间隙并产生一定的预变形来增加刚度,因此其传动精度很高。
3) 不具有自锁性,可以变直线运动为旋转运动。

但滚珠螺旋传动的结构复杂,制造困难,成本高;有些机构中为防止逆转,还需另加自锁机构。

滚珠螺旋传动主要应用在汽车和拖拉机转向机构中,另外,还应用在精密传动的数控机床上,以及自动控制装置(如飞机的机翼和起落架的控制)和精密测量仪器中。

【考点分析】
1. 螺旋传动的工作原理、特点、类型。

2. 螺杆和螺母的移动距离的计算。

【例1】螺旋传动可以方便地把主动件的_____运动转变为从动件的_____运动。

【解题指导】此题属于记忆题，主要考查学生对螺旋传动的定义及应用场合是否熟悉。

【参考答案】回转　直线

【例2】在调节机构中，若采用双线螺纹，螺距为2mm，为使螺杆沿轴向移动20mm，则螺母应转_____转。

　　A. 10　　　　　　B. 5　　　　　　C. 4.5　　　　　　D. 4

【解题指导】此题属于计算应用题，主要考查学生对螺旋传动的螺杆移动距离的相关计算变量是否掌握。

【参考答案】B

【例3】普通螺旋传动中，从动件的直线运动方向与螺纹的回转方向有关，但与螺纹的旋向无关。　　　　　　　　　　　　　　　　　　　　　　　　　　　　　　　　　（　　）

【解题指导】此题属于理解应用题，主要考查学生对普通螺旋传动从动件的运动方向与哪几种方向有关是否熟悉。

【参考答案】错误，除了与螺纹的回转方向有关，也与螺纹的旋向有关。

【例4】如图6-19所示，车床螺杆是螺距为5mm的单线螺纹，当螺杆转速为200r/min时，车刀每分钟移动的距离为多少？

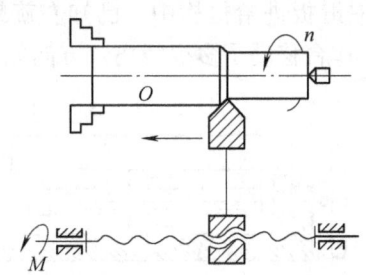

图6-19　机床刀架进给系统

【解题指导】此题属于计算应用题，主要考查学生对螺旋传动的螺杆移动距离的相关计算变量是否掌握。

【参考答案】$S = 1 \times 5 = 5$mm；$L = nS = (200 \times 5)$ mm/min $= 1\,000$mm/min

【习题练习】

一、填空题

1. 螺旋传动主要用于将主动件的_____运动转变为从动件的_____运动的场合。
2. 根据摩擦性质不同，螺旋传动可分为_____螺旋传动和_____螺旋传动。
3. 普通螺旋传动是一种_____螺旋传动，所采用的螺纹以_____螺纹为主。
4. 滚珠丝杠常用的循环方式有_____和_____两种。
5. 螺旋传动由_____、_____和_____组成。

二、选择题

1. 台虎钳属于_____。
　　A. 螺杆转动，螺母作直线移动　　　　B. 螺母转动，螺杆作直线移动
　　C. 螺杆转动并作直线运动　　　　　　D. 螺母转动并作直线运动

2. 普通螺旋传动机构_____。
   A. 结构复杂　　　B. 传动效率高　　　C. 承载能力强　　　D. 传动精度低
3. 滚珠螺旋传动_____。
   A. 结构简单，制造技术要求不高　　　B. 传动效率低
   C. 间隙大，传动不够平稳　　　　　　D. 目前主要用于精密传动的场合
4. _____可用作滚珠丝杠的材料。
   A. GCr15　　　B. HT150　　　C. T10A　　　D. 1Cr13
5. 下列不属于外循环方式的特点是_____。
   A. 制造工艺简单　B. 流畅性好　　　C. 易磨损　　　D. 噪声大

三、判断题

1. 螺旋传动属于摩擦传动。　　　　　　　　　　　　　　　　　　　(　　)
2. FF 型滚珠螺旋传动采用内循环方式。　　　　　　　　　　　　　(　　)
3. 普通螺旋传动采用的螺纹是普通螺纹。　　　　　　　　　　　　(　　)
4. 外循环式滚珠螺旋传动易磨损且噪声较大。　　　　　　　　　　(　　)
5. 齿差调隙式消除双螺母丝杠间隙，结构简单，调整方便。　　　　(　　)

四、计算题

1. 已知台虎钳螺杆导程为 5mm，螺杆转动两圈，活动钳口移动多少距离？
2. 如图 6-20 所示，车床中滑板进给机构中，已知左旋螺杆（单线）的螺距为 4mm，若螺杆按图示方向回转两圈，工作台移动了多少距离？方向如何？

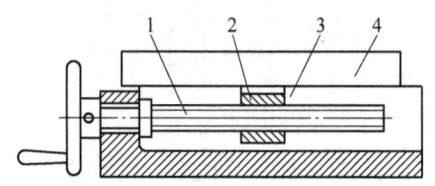

图 6-20　车床滑板进给系统
1—螺杆　2—螺母　3—机架　4—滑板

第四节　齿轮传动

【学习目标】掌握齿轮传动的分类、特点和应用；掌握圆柱齿轮的各部分尺寸计算方法。

【学习内容】

一、齿轮传动的类型和应用特点

1. 特点（图 6-21）
1）能保证瞬时传动比恒定，传递运动准确可靠。
2）可实现平行轴、任意角相交轴或交错轴之间的传动。
3）不适宜远距离两轴之间的传动。

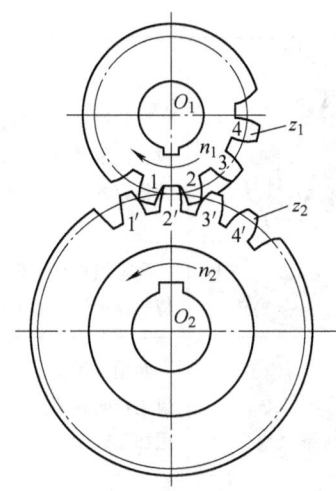

图 6-21 齿轮传动

2. 基本要求

齿轮传动的基本要求是传动要平稳，承载能力大。

3. 分类及特点应用（表 6-3）

根据齿轮传动的工作条件分可分为开式齿轮传动、闭式齿轮传动和半开式齿轮传动。

4. 材料

一般齿轮采用锻钢制造，当齿轮较大、结构复杂时采用铸钢，开式低速传动可采用灰铸

表 6-3 齿轮传动的类型、特点和应用

分类	名称	示图	特点和应用
平面齿轮传动（两轴平行）	外啮合直齿圆柱齿轮传动		两齿轮旋转方向相反，制造简单，工作时无轴向力。与条件相同的斜齿轮相比，传动平稳性较差，承载能力较低。多用于速度较低的传动，尤其适用于变速箱的换挡齿轮
	外啮合斜齿圆柱齿轮传动		两齿轮旋转方向相反，传动较平稳，承载能力较高。工作时有轴向力，常需采用向心推力轴承或推力轴承。适用于速度较高、载荷较大或要求结构较紧凑的场合
	外啮合人字齿圆柱齿轮传动		两齿轮旋转方向相反。人字齿轮可看做是一个由两个螺旋角方向相反的相同斜齿轮所组成的齿轮。承载能力高，轴向力能抵消，多用于重载传动，加工要求较高
	齿轮齿条传动		齿条传动相当于一个半径为无限大的齿轮，可以变旋转运动为直线运动或反之
	内啮合直齿圆柱齿轮传动		两齿轮旋转方向相同，结构紧凑，内齿轮制造较困难，多用于轮系

(续)

分类	名称	示图	特点和应用
空间齿轮传动（两轴不平行）	直齿锥齿轮传动		两轴线相交，制造和安装简便。不能磨齿，传动平稳性较差，承载能力较低。用于速度较低（<5m/s）、载荷小而稳定的传动
	斜齿锥齿轮传动		两轴线相交，只限于单件或小批量生产。一般只用于代替曲齿锥齿轮加工机床切削范围以外的曲齿锥齿轮传动
	曲齿锥齿轮传动		两轴线相交，工作平稳，承载能力高，轴向力较大且与齿轮转向有关。用于速度较高及载荷较大的传动，需要专用加工机床
	交错轴斜齿轮传动		两轴线交错，两齿轮点接触，沿齿向有相对滑动，效率较低。用于载荷较小、速度较低的传动
	双曲线锥齿轮传动		两轴线交错，用于汽车等要求降低重心的传动装置。沿齿向有相对滑动，需要专用加工机床

铁。一对相啮合的齿轮，由于在同时间内小齿轮转过的圈数比大齿轮多，所以小齿轮的材料应该比大齿轮好一些，硬度也较大齿轮高一些。

5. 结构

齿轮传动的结构主要有齿轮轴式、实体式结构、腹板式结构和轮辐式结构。

二、渐开线齿形

渐开线齿形具有以下性质。

1) 发生线在基圆上滚过的线段长等于基圆上被滚过的弧长。

2) 渐开线上任一点的法线必切于基圆，越接近基圆，曲率半径越小。

3) 渐开线的形状取决于基圆的大小，当基圆半径无穷大时，渐开线趋于一直线，基圆内无渐开线。

4) 渐开线上各点压力角不相等，越远离基圆，压力角越大，基圆上压力角为0°，国家标准规定齿轮分度圆上的压力角为20°。

三、标准直齿圆柱齿轮的主要参数和几何尺寸计算

1. 直齿圆柱齿轮各部分名称（图6-22）

(1) 分度圆 齿轮上作为齿轮尺寸基准的圆，其直径用d表示。对于标准齿轮，分度圆上的齿厚和槽宽相等。

(2) 齿顶圆 在圆柱齿轮上，其齿顶所在的圆，其直径用d_a表示。

(3) 齿根圆 在圆柱齿轮上，其齿槽底所在的圆，其直径用d_f表示。

(4) 齿宽 齿轮有齿部位沿分度圆柱面的直线方向量度的宽度，用b表示。

(5) 齿顶高　齿顶圆与分度圆之间的径向距离，用 h_a 表示。

(6) 齿根高　齿根圆与分度圆之间的径向距离，用 h_f 表示。

(7) 高　齿顶圆与齿根圆之间的径向距离，用 h 表示，$h = h_a + h_f$。

(8) 齿厚　在圆柱齿轮上，一个齿的两侧端面齿廓之间的分度圆弧长，用 s 表示。

(9) 槽宽　齿轮上两相邻轮齿之间的空间称作齿槽，一个齿槽的两侧齿廓之间的分度圆弧长称作槽宽，用 e 表示。

(10) 齿距　在齿轮上两个相邻而同侧的端面齿廓之间的分度圆弧长，用 p 表示。

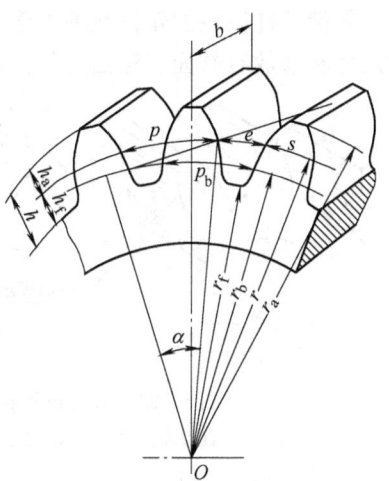

图 6-22　齿轮各部分名称和符号

2. 主要参数

(1) 模数 m　齿距 p 除以圆周率所得的商。

(2) 齿数 z　齿轮整个圆周上，均匀分布的轮齿总数。

(3) 压力角 α　在标准齿轮齿廓上，分度圆上的端面压力角。

3. 标准直齿圆柱齿轮的计算公式

标准直齿圆柱齿轮的计算公式见表 6-4。

表 6-4　外啮合标准直齿圆柱齿轮计算公式

名称	代号	计算公式	备注
齿距	p	$p = \pi m$	圆周方向 4 个参数
齿厚	s	$s = p/2 = \pi m/2$	
槽宽	e	$e = s = p/2 = \pi m/2$	
基圆齿距	p_b	$p_b = p\cos\alpha = \pi m\cos\alpha$	
齿顶高	h_a	$h_a = h_a^* m = m$	径向 4 个参数；h_a^* 为齿顶高系数；c^* 为顶隙系数；对于正常标准齿轮，$h_a^* = 1$，$c^* = 0.25$
齿根高	h_f	$h_f = (h_a^* + c^*) m = 1.25m$	
齿高	h	$h = h_a + h_f = 2.25m$	
顶隙	c	$c = c^* m = 0.25m$	
分度圆直径	d	$d = mz$	4 个直径
基圆直径	d_b	$d_b = d\cos\alpha = mz\cos\alpha$	
齿顶圆直径	d_a	$d_a = d + 2h_a = m(z+2)$	
齿根圆直径	d_f	$d_f = d - 2h_f = m(z-2.5)$	
齿宽	b	$b = (6 \sim 12) m$，通常取 $b = 10m$	
中心距	a	$a = d_1/2 + d_2/2 = m(z_1 + z_2)/2$	

四、渐开线齿轮的啮合特点

1) 保持恒定的瞬时传动比。

2) 传动的可分离性。

3) 正确啮合条件：两齿轮的模数必须相等；两齿轮分度圆上的压力角必须相等。

五、其他齿轮啮合条件

图 6-23 所示为直齿轮和斜齿轮啮合时的齿面接触线。下面介绍几种齿轮的啮合。

1. 斜齿圆柱齿轮传动

斜齿圆柱齿轮的轮齿在圆柱面上偏斜了一个角度，即螺旋角 β，如图 6-24 所示。其几何尺寸和参数有端面和法面之分，通常标准参数是取法面上的，尺寸计算时用端面参数。

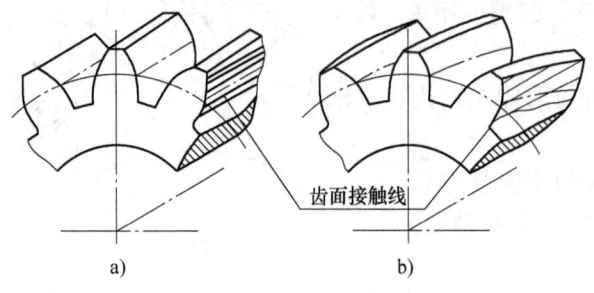

图 6-23 直齿轮和斜齿轮

a) 直齿圆柱齿轮 b) 斜齿圆柱齿轮

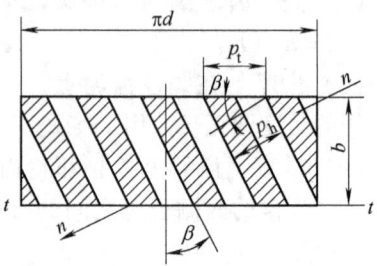

图 6-24 螺旋角

(1) 特点

1) 承载能力大，适用于大功率传动。
2) 传动平稳，冲击、噪声和振动小，适用于高速传动。
3) 使用寿命长。
4) 不能当做变速滑移齿轮使用。
5) 传动时产生轴向力。

(2) 正确啮合条件　两齿轮的法面模数相等，法向压力角相等，螺旋角大小相等，但螺旋方向相反。

即

$$\begin{cases} m_{n1} = m_{n2} = m_n \\ \alpha_{n1} = \alpha_{n2} = \alpha_n \\ \beta_1 = -\beta_2 \end{cases}$$

2. 直齿锥齿轮

锥齿轮常用于传递垂直相交轴之间的运动和动力，如图 6-25 所示。一般用于低速和轻载场合。锥齿轮轮齿有大端和小端之分，通常以大端几何尺寸为标准，以大端模数和大端压力角作为标准值。

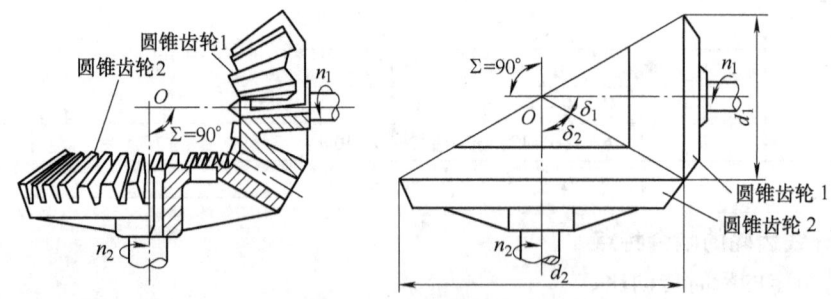

图 6-25 锥齿轮传动

直齿锥齿轮传动的正确啮合条件：两齿轮的大端模数和大端压力角分别相等。

即

$$\begin{cases} m_1 = m_2 = m \\ \alpha_1 = \alpha_2 = \alpha \end{cases}$$

3. 齿轮齿条传动

与齿轮传动相比有两个主要特点。

1）由于齿条的齿廓是直线,所以齿廓上各点的法线 N_1N_2 是平行的。在传动时齿条作直线运动,齿条上各点的速度的大小和方向都一致。齿廓上各点的压力角都相等,其大小等于齿廓的倾斜角,即压力角 $\alpha = 20°$。

2）由于齿条上各齿同侧的齿廓是平行的,所以无论在基准线（中线）和齿顶线上,还是在与基准线平行的其他直线上,齿距都相等,即 $p = \pi m$。

六、齿轮的加工方法、根切现象、最少齿数、精度和失效

1. 齿轮的加工方法和根切现象

齿轮的加工方法有仿形法加工和范成法加工两种。仿形法加工齿轮用的铣刀有盘状铣刀和指状铣刀,如图 6-26 所示。

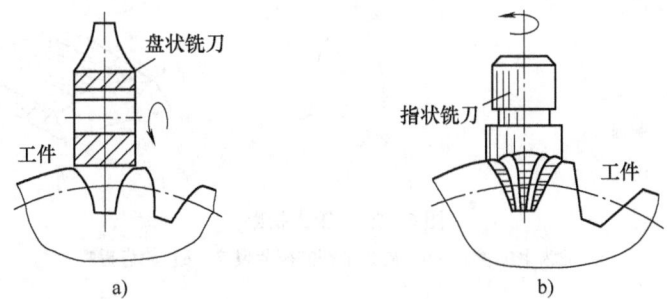

图 6-26 仿形法加工
a) 盘状铣刀加工方法　b) 指状铣刀加工方法

由于仿形法加工齿轮有很大的局限性,故应用不多,常采用范成法加工,如图 6-27 所示。当用范成法加工渐开线标准齿轮时,如果被加工齿轮的轮齿太少,会出现刀具的顶部切入到轮齿的根部,切去了轮齿根部的渐开线齿廓。这种现象称为切齿干涉,又称根切。

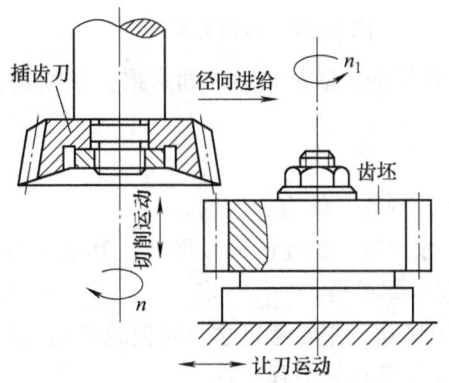

图 6-27 用插齿刀范成加工齿轮原理

2. 齿轮的最少齿数

为了避免发生根切现象,则被切齿轮的最少齿数应大于某值。对于标准直齿圆柱齿轮,$z_{min} = 17$。

3. 齿轮的精度

齿轮精度可以由4个方面组成,即运动精度、工作平稳性精度、接触精度和齿轮副侧隙。

4. 齿轮的失效形式

齿轮传动的失效,主要是轮齿的失效。在传动过程中,如果轮齿发生折断、齿面损坏等现象,则齿轮就失去了正常的工作能力,称为失效。

常见的轮齿失效形式有轮齿折断(图6-28)、齿面疲劳点蚀(图6-29)、齿面胶合、齿面磨损(图6-30)和塑性变形(图6-31)。

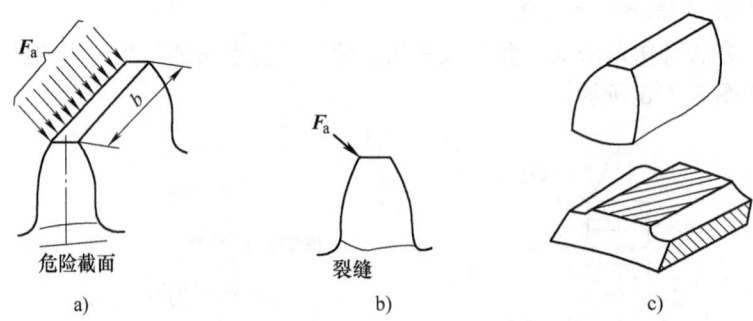

图6-28 轮齿折断
a)轮齿上的受力 b)轮齿根部的疲劳裂纹 c)轮齿折断

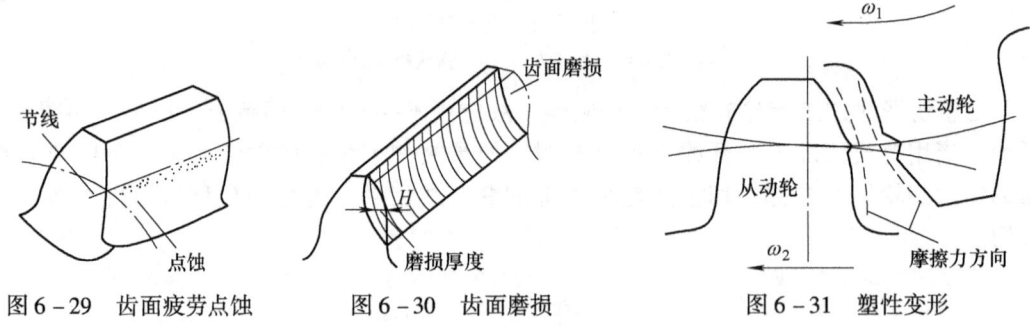

图6-29 齿面疲劳点蚀　　图6-30 齿面磨损　　图6-31 塑性变形

在开式齿轮传动中,最常见的失效形式是齿面磨损,在闭式齿轮传动中,最常见的失效形式是齿面点蚀。

【考点分析】

1. 齿轮传动的工作原理、特点、类型和应用。
2. 圆柱齿轮的各部分尺寸计算,齿轮的失效形式,其他种类的齿轮传动的特性。

【例1】 对齿轮传动的基本要求是_____和_____。

【解题指导】 此题属于记忆题,主要考查学生对齿轮传动的基本要求是否熟悉。

【参考答案】 传动要平稳　承载能力强

【例2】 直齿圆柱齿轮的正确啮合条件是:两齿轮的_____和_____都必须相等。

【解题指导】 此题属于记忆题,主要考查学生对直齿圆柱齿轮的正确啮合条件是否熟悉。

【参考答案】 模数　压力角

【例3】 已知一对标准直齿齿轮传动,其传动比 $i=4$,主动轮转速 $n_1=1600 \text{r/min}$,中心

距 $a = 120\text{mm}$，$m = 3\text{mm}$，试求从动轮转速 n_2；齿数 z_1 和 z_2；这对齿轮的主要尺寸：分度圆直径、齿顶圆直径、齿根圆直径、基圆直径、齿距、齿厚、槽宽、基圆齿距和齿高。

【解题指导】此题属于理解应用题，主要考查学生是否掌握标准直齿圆柱齿轮主要参数与几何尺寸的关系，是否能熟练地应用公式。

【参考答案】1) $i = \dfrac{n_1}{n_2} = 4$

$n_2 = \dfrac{n_1}{4} = \dfrac{1600}{4}\text{r/min} = 400\text{r/min}$

2) $i = \dfrac{z_2}{z_1} = 4$

$z_2 = 4z_1$

$a = \dfrac{m(z_1 + z_2)}{2} = 120$

$z_1 + z_2 = 80$

得：$z_1 = 16$，$z_2 = 64$

3) 分度圆直径　　$d_1 = mz_1 = 3 \times 16\text{mm} = 48\text{mm}$

$d_2 = mz_2 = 3 \times 64\text{mm} = 192\text{mm}$

齿顶圆直径　　$d_{a1} = m(z_1 + 2) = 3 \times (16 + 2)\text{mm} = 54\text{mm}$

$d_{a2} = m(z_2 + 2) = 3 \times (64 + 2)\text{mm} = 198\text{mm}$

齿根圆直径　　$d_{f1} = m(z_1 - 2.5) = 3 \times (16 - 2.5)\text{mm} = 40.5\text{mm}$

$d_{f2} = m(z_2 - 2.5) = 3 \times (64 - 2.5)\text{mm} = 184.5\text{mm}$

基圆直径　　$d_{b1} = d_1\cos\alpha = mz_1\cos\alpha = 3 \times 16 \times \cos20°\text{mm} = 45.12\text{mm}$

$d_{b2} = d_2\cos\alpha = mz_2\cos\alpha = 3 \times 64 \times \cos20°\text{mm} = 180.48\text{mm}$

齿距　　$p_1 = p_2 = \pi m = 3.14 \times 3\text{mm} = 9.42\text{mm}$

齿厚　　$s_1 = s_2 = \dfrac{\pi m}{2} = \dfrac{3.14 \times 3}{2}\text{mm} = 4.71\text{mm}$

槽宽　　$e_1 = e_2 = \dfrac{\pi m}{2} = \dfrac{3.14 \times 3}{2}\text{mm} = 4.71\text{mm}$

基圆齿距　　$p_{b1} = p_{b2} = \pi m\cos\alpha = 3.14 \times 3\cos20°\text{mm} = 8.85\text{mm}$

齿高　　$h_1 = h_2 = 2.25m = 2.25 \times 3\text{mm} = 6.75\text{mm}$

【例4】标准斜齿圆柱齿轮的正确啮合条件是：两齿轮的_____相等，_____相等，_____大小相等且_____相反。

【解题指导】此题属于记忆题，主要考查学生对标准斜齿圆柱齿轮传动的正确啮合条件是否熟悉。

【参考答案】法面模数　压力角　螺旋角　螺旋方向

【例5】标准直齿锥齿轮的几何参数标准值在齿轮的_____。

A. 小端　　　　B. 中间　　　　C. 大端　　　　D. 齿槽宽与齿厚相等处

【解题指导】此题属于记忆题，主要考查学生是否掌握标准直齿锥齿轮的几何参数值在哪一端。

【参考答案】C

【习题练习】

一、填空题

1. 按齿轮的齿廓曲线不同，齿轮可分为_____、_____和_____三种，现代的齿轮绝大多数都采用_____齿廓。
2. 直齿圆柱齿轮几何尺寸计算中的三个主要参数是_____、_____和_____。
3. 常用的齿轮加工方法有_____和_____两种。
4. 按照一对齿轮两轴线的相对位置，可分为_____齿轮传动和_____齿轮传动。
5. 直齿圆锥齿轮的正确啮合条件是：两齿轮的_____和_____分别相等。
6. 常见的轮齿失效形式有_____、_____、_____和_____。

二、选择题

1. 齿轮的齿距与π的比称为_____。
   A. 传动比   B. 重叠系数   C. 模数   D. 齿数
2. 斜齿轮传动不_____。
   A. 产生轴向力   B. 适宜于高速运动
   C. 适宜于大功率传动   D. 能当做变速滑移齿轮
3. 产生渐开线的圆称为_____。
   A. 分度圆   B. 齿根圆   C. 基圆   D. 齿顶圆
4. 我国标准规定，分度圆上的压力角为_____。
   A. 0°   B. 15°   C. 20°   D. 25°
5. 相邻两轮齿同侧齿廓在分度圆上的弧长称为_____。
   A. 齿距   B. 槽宽   C. 齿厚   D. 基节
6. 两轴平行，传动平稳，存在一定轴向力的传动是_____。
   A. 直齿圆柱齿轮传动   B. 齿轮齿条传动
   C. 锥齿轮传动   D. 斜齿轮传动

三、判断题

1. 当模数一定时，齿数越多，齿轮的几何尺寸越大，轮齿渐开线的曲率半径也越大，齿廓曲线趋于平直。（　　）
2. 斜齿圆柱齿轮传动和直齿圆柱齿轮传动一样，仅限于传递两平行轴之间的运动。（　　）
3. 模数和压力角相同但齿数不同的两个齿轮，可使用同一把齿轮刀具进行加工。（　　）
4. 模数是没有单位的，所以它不能反映齿轮齿形的大小。（　　）
5. 齿轮传动能保证瞬时传动比恒定不变。（　　）
6. 斜齿轮常用来变速的滑移齿轮。（　　）
7. 不论用何种方法加工标准齿轮，当齿数小于17齿时，将发生根切现象。（　　）

四、计算题

1. 现需修复一个标准直齿圆柱齿轮，已知齿数 $z=25$，测得齿根圆直径 $d_f=112.5\text{mm}$，试计算该齿轮齿顶圆、分度圆和齿距的几何尺寸。
2. 一对正常齿制标准直齿圆柱外啮合齿轮传动，小齿轮因遗失需配制。已测得大齿轮的齿顶圆直径 $d_{a2}=408\text{mm}$，齿数 $z_2=100$，压力角 $\alpha=20°$，两轴的中心距 $a=310\text{mm}$，试确定小齿轮的模数 m，齿数 z_1；齿根圆直径 d_{f1}；齿顶圆直径 d_{a1}。

3. 一对啮合的标准直齿圆柱齿轮传动,已知,主动轮转速 $n_1 = 840\text{r/min}$,从动轮转速 $n_2 = 280\text{r/min}$,中心距 $a = 270\text{mm}$,模数 $m = 5\text{mm}$,求:传动比 i_{12};齿数 z_1、z_2;小齿轮分度圆直径 d_1 和齿距 p。

第五节 蜗杆传动

【学习目标】了解蜗杆传动的种类、特点,熟练判断蜗杆传动的方向。

【学习内容】

一、蜗杆传动的组成

蜗杆传动由蜗杆、蜗轮和机架组成。蜗杆传动用于传递两交错成 90°的轴的回转运动。一般蜗杆为主动件,蜗轮为从动件。

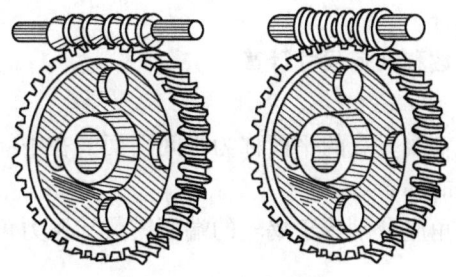

图 6-32 蜗杆传动

二、蜗杆传动的传动比和旋转方向

1. 传动比

$$i = n_1/n_2 = z_2/z_1$$

一般分度机构中,蜗杆头数 $z_1 = 1 \sim 4$,最多为 6。蜗轮齿数为 z_2。

2. 蜗杆传动旋转方向的判定

蜗杆、蜗轮的旋转方向按右手法则判定,如图 6-33 所示。

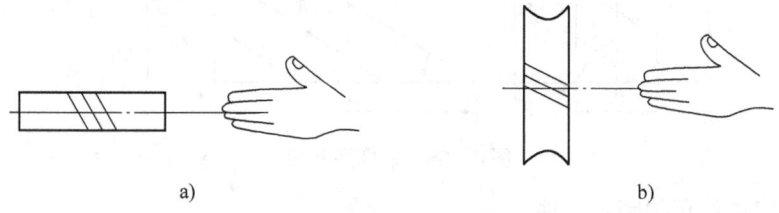

a)   b)

图 6-33 蜗杆蜗轮旋向判定

a) 右旋蜗杆　b) 右旋蜗轮

在蜗杆传动时,蜗轮的旋转方向用左、右手法则判定。当蜗杆右旋时用右手判定,左旋时用左手判定。半握拳,四指指向蜗杆旋转方向,蜗轮的回转方向即与大拇指的指向相反,如图 6-34 所示。

三、蜗杆传动的应用特点

1. 主要优点

传动平稳,噪声小,承载能力大,传动比大,具有自锁作用。

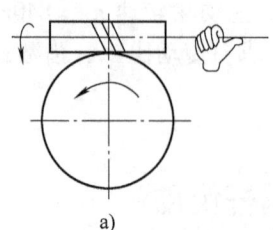 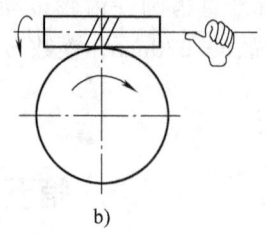

图 6-34 蜗轮旋转方向的判定
a) 右旋蜗杆传动　b) 左旋蜗杆传动

2. 主要缺点

摩擦发热大，效率较低，制造成本较高。

3. 应用

广泛应用在各类机床、矿山机械、起重运输机械的传动系统中，但效率低，故通常用于功率不大或不连续工作的场合。

四、蜗杆传动的基本参数和几何尺寸计算

1. 模数和压力角

通过蜗杆轴线并与蜗轮轴线垂直的平面称为中间平面。在中间平面内，蜗轮与蜗杆的啮合相当于渐开线齿轮与齿条的啮合。

蜗杆的轴面模数和压力角应分别等于蜗轮的端面模数和压力角，蜗杆的导程角应当等于蜗轮的螺旋角。

2. 蜗杆分度圆直径 d_1 和导程角 γ

导程角是指圆柱螺旋线的切线与端平面之间所夹的锐角。

如图 6-35 所示，导程角与导程的关系为

$$\tan\gamma = z_1 m/d_1$$

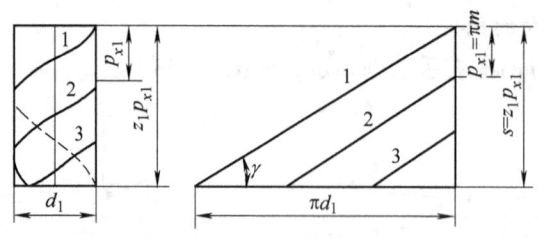

图 6-35 蜗杆展开图

五、蜗杆传动的正确啮合条件

因为中间平面为蜗杆的轴面和蜗轮的端面，所以蜗杆传动的正确啮合条件为：蜗杆的轴面模数和压力角应分别等于蜗轮的端面模数和压力角，蜗杆的导程角应等于蜗轮的螺旋角，且螺旋方向一致。

即
$$\begin{cases} m_{x1} = m_{t2} = m \\ \alpha_{x1} = \alpha_{t2} = \alpha \\ \gamma = \beta \end{cases}$$

式中　m_{x1}、α_{x1}——蜗杆的轴面模数和轴面压力角；

m_{t2}、α_{t2}——蜗轮的端面模数和端面压力角；

γ——蜗杆的导程角；

β——蜗轮的螺旋角。

六、蜗杆传动的失效形式

1. 蜗杆传动的失效形式

由于蜗轮材料的强度往往低于蜗杆材料的强度，所以失效大多发生在蜗轮轮齿上。蜗杆传动在工作时，齿面间相对滑动速度大，摩擦和发热严重，所以主要失效形式为齿面胶合、磨损和齿面点蚀。实践表明，在闭式传动中，蜗轮的失效形式主要是胶合与点蚀；在开式传动中，蜗轮的失效形式主要是磨损；当过载时，会发生轮齿折断现象。

2. 蜗杆和蜗轮的材料

根据蜗杆传动的失效形式可知，蜗杆蜗轮的材料除满足强度外，更应具备良好的减摩性和耐磨性。

蜗杆多采用调质钢、渗碳钢和表面淬火钢制造，如 45 钢、20Cr、42SiMn、40CrNi、18CrMnTi、15CrMn 等制造蜗杆。常经热处理提高齿面硬度，增加耐磨性。

蜗轮材料的选择要考虑齿面相对滑动速度。对于高速而重要的蜗杆传动，蜗轮常用铸锡青铜，如 ZCuSn10P1、ZCuSn6Zn6Pb3、ZCuSn5Pb5Zn5 等；当滑动速度较低时，可选用价格较低的铝青铜，如 ZCuAl10Fe3 等；低速和不重要的传动可采用铸铁材料，如 HT150、HT200 等。

【考点分析】

1. 蜗杆传动的工作原理、特点、类型和应用。
2. 蜗杆传动的基本参数和几何尺寸计算，判断蜗杆传动的方向。
3. 蜗杆传动的失效形式。

【例1】所谓蜗杆传动机构自锁，就是只能由_____带动_____，反之则无法传动。

【解题指导】此题属于记忆题，主要考查学生对蜗杆传动的自锁条件是否熟悉。

【参考答案】蜗杆　蜗轮

【例2】一蜗杆传动中，已知蜗杆头数 $z_1 = 2$，转速 $n_1 = 1450$ r/min，蜗轮齿数 $z_2 = 58$，则蜗轮转速 $n_2 = $ _____。

【解题指导】此题属于分析题，主要考查学生对蜗杆传动的传动比是否能熟练应用。

【参考答案】50 r/min

【例3】当传动的功率较大时，为提高效率，蜗杆头数可取_____。

A. $z_1 = 1$　　　　B. $z_1 = 2$　　　　C. $z_1 = 3$　　　　D. $z_1 = 4$

【解题指导】此题属于分析应用题，考查学生对蜗杆传动的效率与头数之间的关系是否熟悉。

【参考答案】D

【习题练习】

一、填空题

1. 根据加工方法的不同，蜗杆可分为_____蜗杆、_____蜗杆和_____蜗杆。
2. 常用的蜗轮的结构形式有_____、_____、_____和_____。
3. 蜗杆与蜗轮的轴线在空间_____，其中_____为主动件，_____为从动件。
4. 当蜗杆的头数为 2 时，蜗杆转动一周，蜗轮转过_____齿。

5. 手动葫芦起重装置是利用蜗杆传动_____的特性而制作的。

二、选择题

1. 设计蜗杆传动时，制造蜗轮通常选用的材料是_____。
   A. 钢　　　　　B. 青铜　　　　　C. 可锻铸铁　　　　D. 非金属材料
2. 下列传动中，传动比大而且准确的传动是_____。
   A. 齿轮传动　　B. V带传动　　　 C. 同步带传动　　　D. 蜗杆传动
3. 下列不属于蜗杆传动特点的是_____。
   A. 结构紧凑，传动比大　　　　　B. 传动平稳，无噪声
   C. 能自锁　　　　　　　　　　　D. 传动效率高
4. 设计蜗杆传动时，制造蜗杆通常选用的材料是_____。
   A. 钢　　　　　B. 青铜　　　　　C. 可锻铸铁　　　　D. 非金属材料

三、判断题

1. 蜗杆的头数越多，传动效率越低。　　　　　　　　　　　　　　　　（　　）
2. 模数和压力角相同的蜗杆和蜗轮是可以任意互换啮合的。　　　　　　（　　）
3. 蜗杆传动主要用于减速装置。　　　　　　　　　　　　　　　　　　（　　）
4. 蜗杆传动中，一般由蜗轮作为主动件带动蜗杆。　　　　　　　　　　（　　）
5. 蜗轮轮齿沿齿宽方向呈凹圆弧形以包围圆柱蜗杆，其目的是提高承载能力。（　　）

四、简答题

1. 蜗杆传动有哪些特点？
2. 试确定图6-36所示蜗杆传动中，蜗轮、蜗杆的旋转方向或螺旋方向？

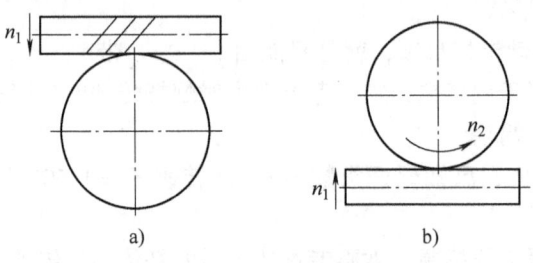

图6-36　判定蜗轮和蜗杆的旋向
a) 判定蜗轮 n_2 的方向　b) 判定蜗杆 n_1 的螺旋方向

第六节　轮系和减速器

【学习目标】掌握轮系的分类及其应用；会计算定轴轮系的传动比；了解减速器的类型、结构、标准和应用。

【学习内容】

一、轮系的分类和应用

1. 轮系

由一系列相互啮合的齿轮组成的传动系统称为轮系。

2. 分类

按转动轴是否固定，分为定轴轮系和周转轮系两大类。

3. 应用及其特点

1）可获得很大的传动比，尤其是周转轮系。

2）可作远距离传动。

3）可实现变速变向要求，如在机床、汽车等机械中实现变速变向的应用。

4）可实现合成或分解运动，如周转轮系中的差动轮系。

轮系的分类和应用见表6-5。

表6-5 轮系的分类和应用

类型	含义	示意图	备注
定轴轮系	所有齿轮在运转时的几何轴线位置相对于机架均固定的轮系	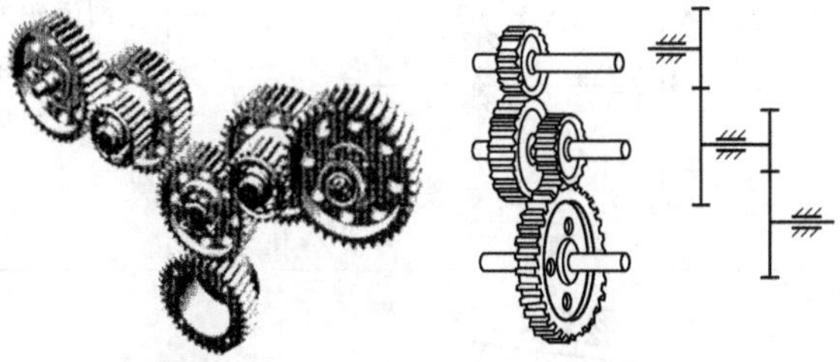	应用广泛，如车床主轴箱，可获得多种转速，并能换向
周转轮系	轮系在转动时至少有一个齿轮的几何轴线绕另一个齿轮的几何轴线转动	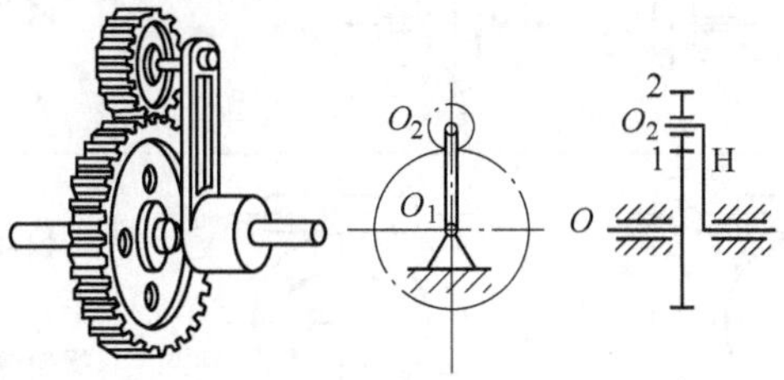	差动轮系可进行运动合成，广泛应用于机床、计算机构及补偿调整装置中

二、定轴轮系的传动比计算

1. 定轴轮系的传动比概念

轮系中首末两轮转速之比称为传动比。

$$I_{首末} = n_{首} / n_{末}$$

2. 定轴轮系各轮转向的判断

1）若轮系中各轮的轴线互相平行，则任意级从动轮的转向即可以用正负号确定，即若外啮合齿轮对数为偶数，则轮系首末轮转向相同，符号为"＋"；若为奇数，轮系首末轮转向相反，符号为"－"。

2）也可用在图上依次画箭头的方法来确定；若轮系中含有空间齿轮，如蜗轮蜗杆、锥齿轮、齿轮齿条等，则只能用箭头来表示轮系的转向。具体见表6-6。

3）定轴轮系传动比计算，见表6-7。

*三、行星轮系的传动比计算

1. 行星轮系含义

周转轮系中，若将中心轮固定，则整个轮系的自由度为1。这种自由度为1的周转轮系称为行星轮系。

*为了确定该轮系的运动，只需要给定轮系中一个构件以独立的运动规律即可。

表6-6 定轴轮系类型及各轮转向的判断

类型	运动结构简图	转向表述
圆柱齿轮传动	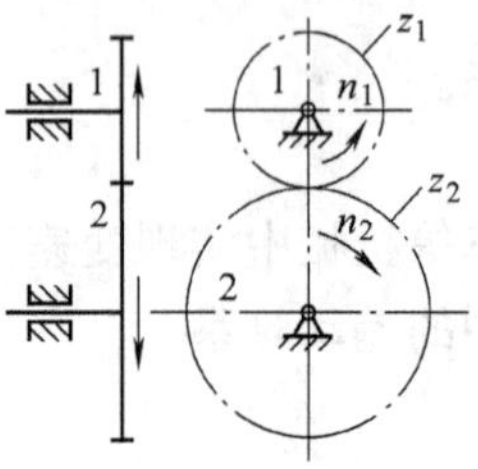 外啮合	当主动轮1逆时针转时,从动轮2就顺时针转,两轮的转向相反,两箭头指向相反。规定其传动比为负号
	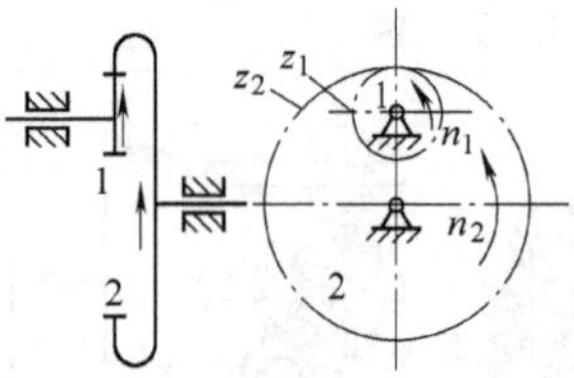 内啮合	两齿轮外啮合,当主动轮1逆时针转时,从动轮2也逆时针转,两轮转向相同,两箭头指向相同。规定其传动比为正号
锥齿轮传动	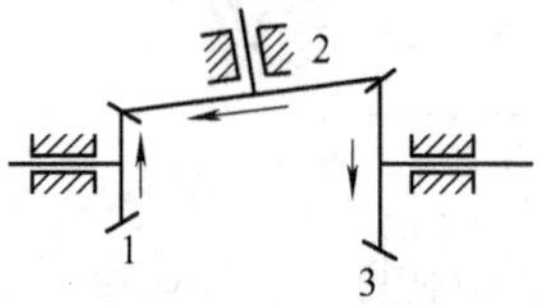	两箭头同时指向或同时相背啮合点
蜗杆传动	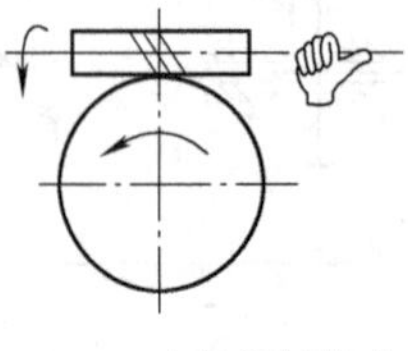 右旋蜗杆传动 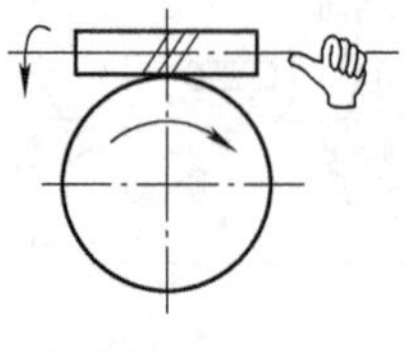　左旋蜗杆传动	蜗杆右旋(或左旋),伸出右手(或左手)半握拳,四指顺着蜗杆的旋转方向,蜗轮的旋转方向与大拇指指向相反,两箭头指向如左图

2. 行星轮系传动比计算

以单排2K-H型行星轮系(图6-37)为例,可列出转化轮系中任意两个齿轮的传动比。例如,1、3轮的传动比为

$$i_{13}^H = \frac{\omega_1^H}{\omega_3^H} = \frac{\omega_1 - \omega_H}{\omega_3 - \omega_H} = (-1)' \frac{z_3}{z_1}$$

表6-7 轮系传动比的计算

类型	图示	计算
两平行轴一对外啮合齿轮	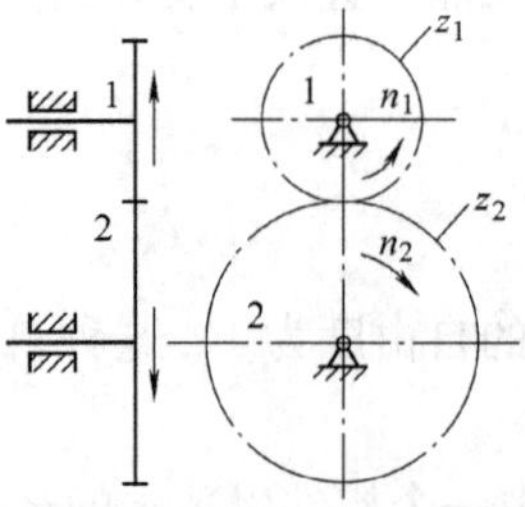	$i_{12} = -\dfrac{n_1}{n_2}$ 当主动轮1首末两轮转向相反:$i_{12} = -\dfrac{z_2}{z_1}$ 传动比也可表示为从动轮与主动轮齿数之比

（续）

类型	图示	计算
两平行轴一对内啮合齿轮	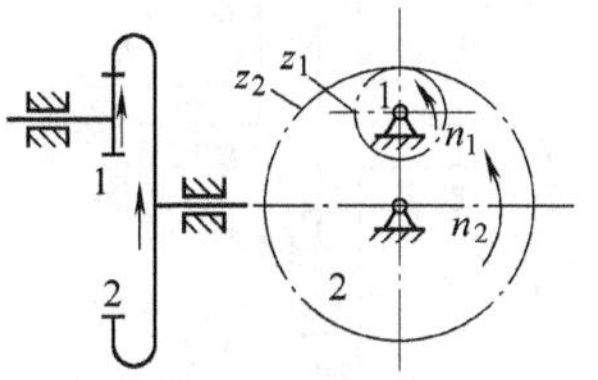	$i_{12} = +\dfrac{n_1}{n_2}$ 当主动轮1首末两轮转向相同：$i_{12} = +\dfrac{z_2}{z_1}$
含惰轮的轮系	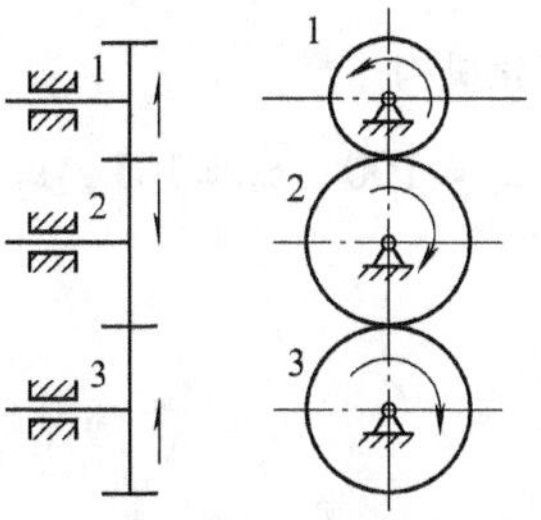	$i_{13} = -\dfrac{n_1}{n_2} \times (-)\dfrac{n_2}{n_3} = +\dfrac{n_1}{n_3}$ 齿轮2只改变从动轮3的传动方向，而不改变轮系传动比，这种齿轮称为惰轮： $i_{13} = -\dfrac{z_2}{z_1} \times (-)\dfrac{z_3}{z_2} = +\dfrac{z_3}{z_1}$
平行轴两对啮合齿轮轮系	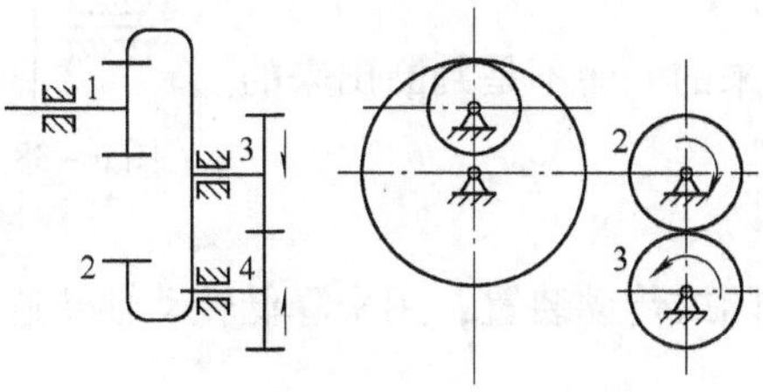	$i_{14} = +\dfrac{n_1}{n_2} \times (-)\dfrac{n_3}{n_4} = -\dfrac{n_1 n_3}{n_2 n_4}$ 齿轮1、2内啮合，转向相同，齿轮3、4外啮合，转向相反，首末轮转向相反： $i_{14} = +\dfrac{z_2}{z_1} \times (-)\dfrac{z_4}{z_3} = -\dfrac{z_2 z_4}{z_1 z_3}$
平行轴多对啮合齿轮轮系	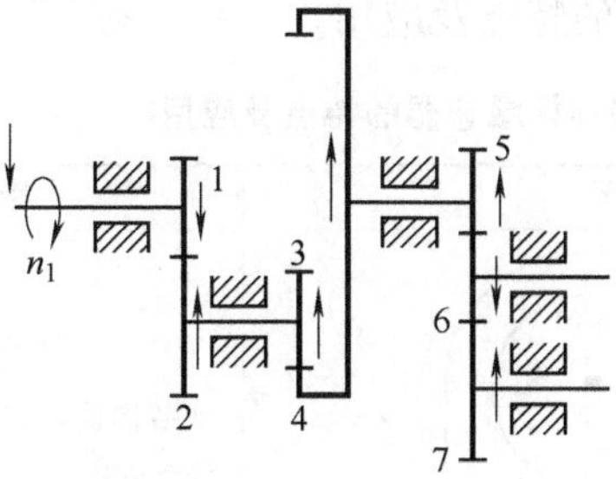	$i_{17} = -\dfrac{n_1}{n_2} \times (+)\dfrac{n_3}{n_4} \times (-)\dfrac{n_5}{n_6} \times (-)\dfrac{n_6}{n_7} =$ $-\dfrac{n_1 n_3 n_5}{n_2 n_4 n_7}$ $i_{17} = -\dfrac{z_2}{z_1} \times (+)\dfrac{z_4}{z_3} \times (-)\dfrac{z_6}{z_5} \times (-)\dfrac{z_7}{z_6} =$ $-\dfrac{z_2 z_4 z_7}{z_1 z_3 z_5}$ 首末轮转向相反，其中齿轮6为惰轮，得出通用式： $i_{1k} = (-1)^m \dfrac{n_1}{n_k}$ 即 $i_{1k} = (-1)^m \dfrac{\text{所有从动轮齿数连乘}}{\text{所有主动轮齿数连乘}}$
存在空间齿轮的定轴轮系	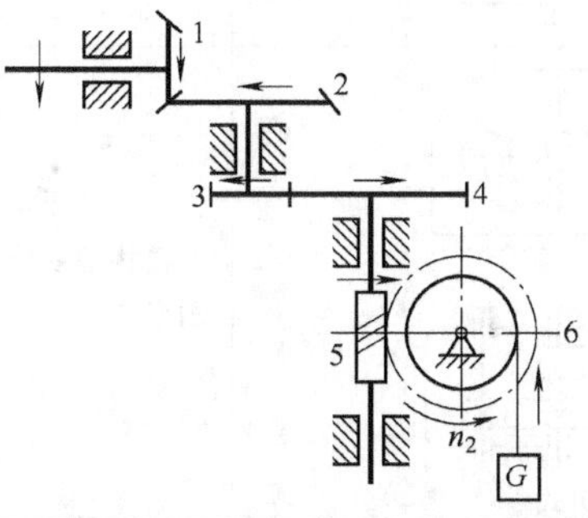	$i_{16} = \dfrac{n_1}{n_2} \times \dfrac{n_3}{n_4} \times \dfrac{n_5}{n_6} = \dfrac{n_1 n_3 n_5}{n_2 n_4 n_6} = \dfrac{z_2 z_4 z_6}{z_1 z_3 z_5}$ （各轮转向如左图箭头所示） 由于锥齿轮蜗杆蜗轮的传动轴空中交错，故不存在转向相同或相反的问题。此类定轴轮系的方向只能用箭头表示，而轮系传动比大小仍按公式计算

图 6-37 转化机构

例：图 6-38 所示为一大传动比的减速器，$z_1 = 100$，$z_2 = 101$，$z_2' = 100$，$z_3 = 99$，求：输入件 H 对输出件 1 的传动比 i_{H1}。

$$i_{H1} = \frac{1}{i_{1H}} = \frac{1}{1 - \frac{101 \times 99}{100 \times 100}} = 10\ 000$$

若 $z_1 = 99$，$i_{H1} = -100$

注意：周转轮系传动比正负是计算出来的，而不是判断出来的。

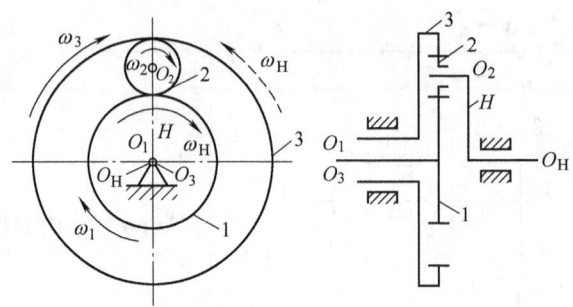

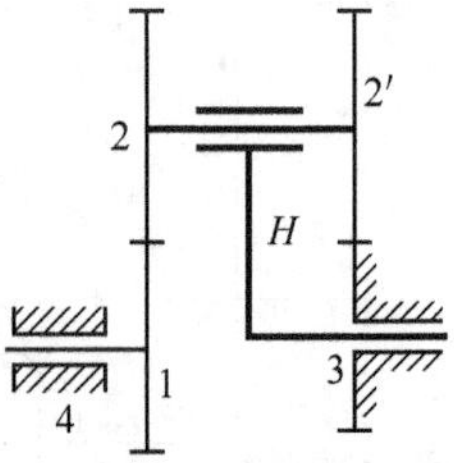

图 6-38 大传动比的减速器

四、减速器的分类和应用

1. 定义

减速器是原动机和工作机之间独立的闭式传动装置，用来降低转动轴转速。

2. 减速器的类型和应用

减速器的类型有很多，根据不同的方法可以把减速器分为不同的类型。按照传动和特点，可分为齿轮减速器、蜗杆减速器、行星齿轮减速器、摆线针轮减速器和谐波齿轮减速器五种。表 6-8 所示齿轮减速器和蜗杆减速器的特点及应用。

表 6-8 齿轮减速器和蜗杆减速器的特点及应用

类型	级数	简图	特点及应用
圆柱齿轮减速器	单级	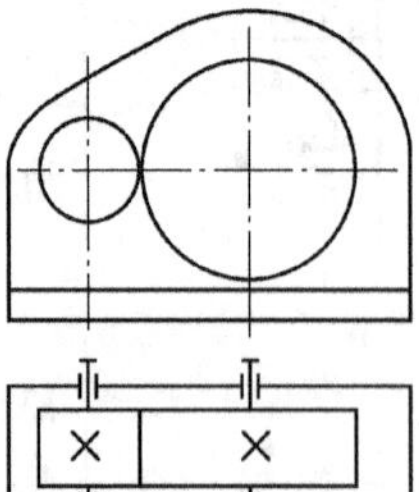	结构简单，传动比小（$i \leq 8$），传动效率高，功率较大，寿命长及维护方便
	两级	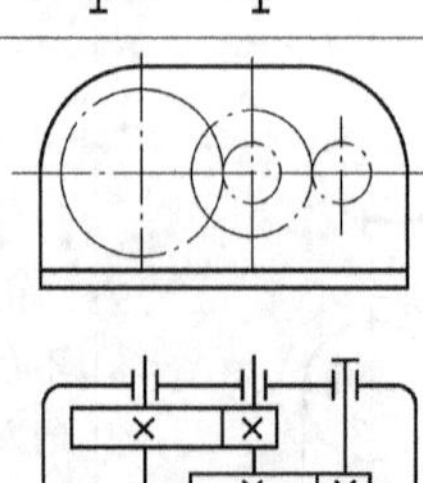 展开式	轮齿受力不均匀，轴需要较大刚度

（续）

类型	级数	简图	特点及应用
圆柱齿轮减速器	两级	分流式	轮齿受力均匀，高速级用斜齿轮能抵消轴向力
		同轴式	仅用于输入与输出轴在同轴线安装的场合
圆锥齿轮减速器	单级		用于输入与输出轴垂直相交的传动；当传动比不大（$i=1\sim 6$）时采用
	两级		当传动比较大时（$i=6\sim 35$）采用，齿轮本身制造及安装较困难，因此在必须需要时才用
蜗杆减速器	单级	上置式	较大传动比，平稳、噪声小、传递功率不大；蜗杆速度较大时，能减少油的搅动损失
		下置式	啮合处润滑和冷却较好，但蜗杆速度较大时，油的搅动损失就大
		侧置式	用于水平旋转机构的传动

3. 减速器的结构

减速器一般由箱体、轴承、轴、轴上零件和附件等组成，如图6-39所示。

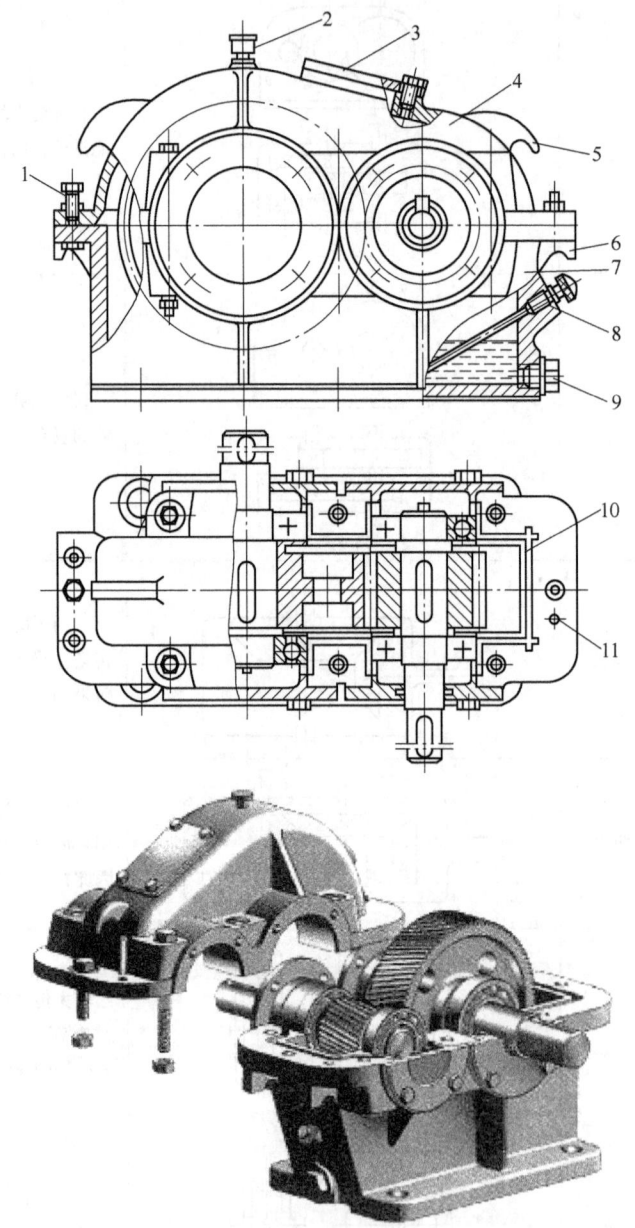

图6-39 单级圆柱齿轮减速器结构
1—起盖螺钉 2—通气器 3—视孔盖 4—箱盖 5—吊耳 6—吊钩 7—箱座
8—油标尺 9—油塞 10—集油沟 11—定位销

常见附件及主要作用见表6-9。

4. 减速器标准

目前我国已制定了50~60种齿轮及蜗杆减速器标准系列，并由专业工厂生产。如通用圆柱齿轮减速器标准JB/T 8853—2001、立式圆弧圆柱蜗杆减速器标准JB/T 7848—2010等。

表 6-9 减速器常见附件及主要作用

附件名称	主要作用	附件名称	主要作用
窥视孔	观察齿轮或蜗杆与蜗轮的啮合情况	油标尺	检查箱内油量
通气器	保证箱内外气压平衡	油塞	用于更换润滑油
轴承盖	调整轴承间隙	起盖螺钉	便于开启箱盖
定位销	保证箱体轴承孔的镗削精度和装配精度	起吊装置	用于箱体的拆卸和搬运

硬齿面减速器主要包括平行轴系列和垂直轴系列。平行轴减速器是按国家标准（JB/T 7006—2006）生产，它主要包括 ZDY（单级）、ZLY（两级）、ZSY（三级）和 ZFY（四级）四大系列；垂直轴减速器是按国家标准（JB/T 9002—1999）生产，用于输入轴与输出轴呈垂直方向布置的传动装置，它主要包括 DBY、DCY 和 DFY 三大系列。

减速器的代号包括减速器的型号、低速级中心距、公称传动比、装配形式和专业标准号。例如，代号 ZLY560-11.2-Ⅰ JB/T 8853—2001 的含义："ZLY"表示减速器型号为两级；"560"表示低速中心距为 560mm；"11.2"表示公称传动比为 11.2；"Ⅰ"代表第一种装配形式；"JB/T 8853—2001"表示专业标准号。

减速器高速轴转速不大于 1500r/min，减速器齿轮传动圆周速度不大于 20m/s；减速器工作环境温度为 -40 ~ 45℃，低于 0℃时，启动前润滑油应该预热。

*五、新型轮系的应用

1. 3K 型行星轮系

三个行星轮均匀布置的行星轮系，如图 6-40 所示。

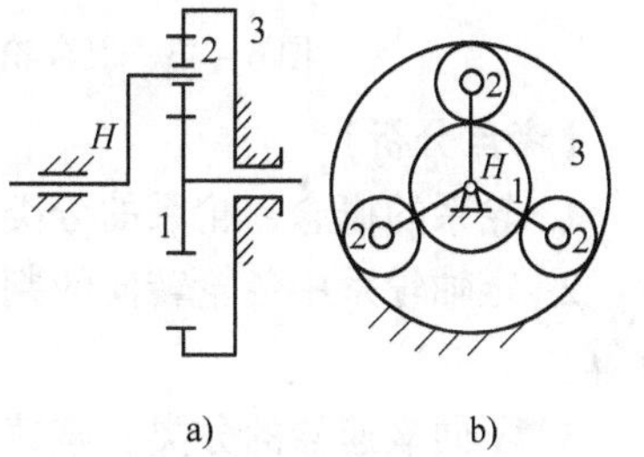

图 6-40 3K 型行星轮系

这样，载荷由多对齿轮承受，可大大提高承载能力；又因多个行星轮均匀分布，除改善受力状况外，采用内啮合又有效地利用了空间，加之其输入轴与输出轴共线，可减小径向尺寸。因此，可以在结构紧凑的条件下实现大功率传动。

2. 差动轮系

周转轮系中，若中心轮 1 和 3 均不固定，则整个轮系的自由度为 2。这种自由度为 2 的周转轮系称为差动轮系，如图 6-41 所示。

利用差动轮系的双自由度特点，可把两个运动合成为一个运动，而且还可将一个基本构件的主动转动，按所需比例分解成另两个基本构件的不同运动。如图 6-42 所示的汽车后桥的差速器就利用了差动轮系的这一特性。

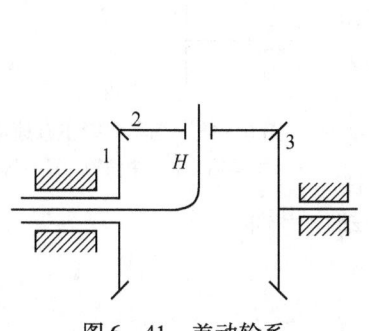

图 6-41 差动轮系

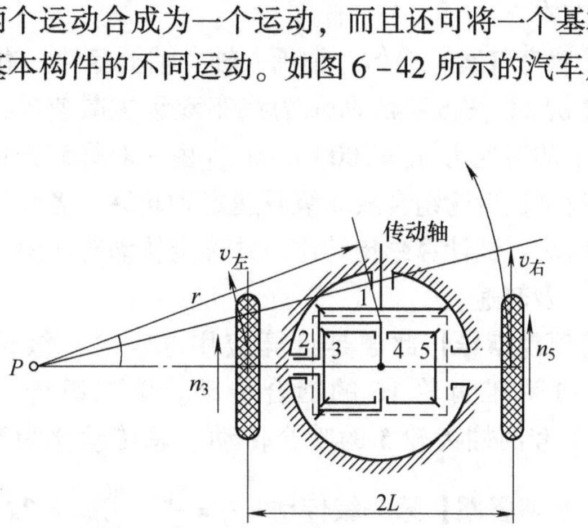

图 6-42 汽车后桥差速器简图

3. 混合轮系

该轮系既有周转轮系，又有定轴轮系，如图 6-43 所示。1、2、3、H 组成周转轮系；4、4′、5、1′、3′ 组成定轴轮系。

又如电动卷扬机减速器，如图 6-44 所示。1、2-2′、3、H 组成周转轮系；3′、4、5 组成定轴轮系。

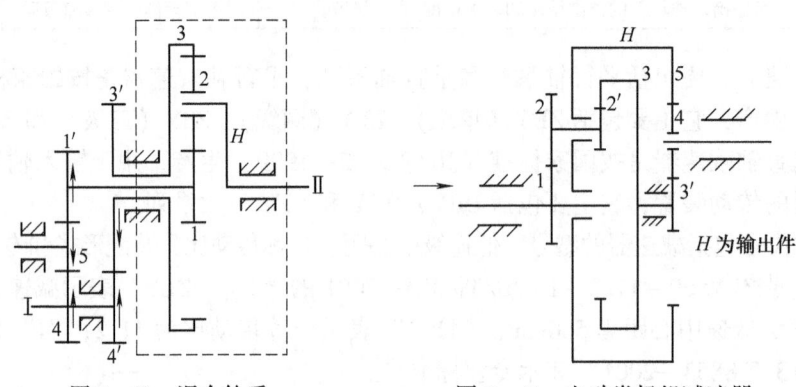

图 6-43　混合轮系　　　　图 6-44　电动卷扬机减速器

【考点分析】

1. 轮系的概念，轮系的分类，轮系各类型的特点及轮系的应用特点。
2. 定轴轮系中各轮转向的判断；惰轮的含义及其在轮系中的作用；定轴轮系传动比的计算。
3. 不同减速器的分类；减速器的标准和结构；减速器的应用。

【例1】由一系列相互啮合的齿轮组成的传动系统称为_____。按照轴线是否固定可分为_____和_____。

【解题指导】此题是记忆题，考查学生是否理解轮系的概念，熟悉轮系的分类。

【参考答案】轮系　定轴轮系　周转　轮系

【例2】减速器的结构一般有_____、_____、_____、_____和_____。

【解题指导】此题是记忆题，考查学生是否了解减速器的结构。

【参考答案】箱体　轴承　轴　轴上零件　附件

【例3】图 6-45 所示为汽车双级主减速器，已知主动轴 I 的转速为 $n_1 = 1000 \text{ r/min}$，由一对螺旋圆锥齿和一对斜齿圆柱齿轮组合成双级减速定轴轮系，各齿轮齿数如图中所示，试计算总传动比，并确定从动轮转向（用箭头标出）及转速。

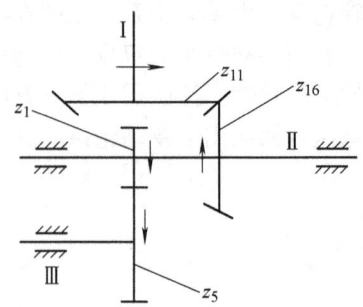

图 6-45　汽车双级主减速器
I—主动轴　II—中间轴　III—从动轴

【解题指导】此题是计算应用题，第一级传动为锥齿轮 11 和锥齿轮 16 的啮合传动。第二级传动为圆柱齿轮 1 和圆柱齿轮 5 的啮合传动。总传动比为两级传动比之和。

【参考答案】第一级传动　$i_1 = \dfrac{z_{16}}{z_{11}} = \dfrac{40}{18} = 2.22$

第二级传动　$i_2 = \dfrac{z_1}{z_5} = \dfrac{50}{20} = 2.5$

总传动比　$i_总 = i_1 i_2 = 2.22 \times 2.5 = 5.55$

从动轴转速　$n_3 = \dfrac{n_1}{i_总} = \left(\dfrac{1000}{5.55}\right) \text{r/min} = 180.18 \text{r/min}$

【习题练习】

一、填空题

1. 轮系运转时，其中一个或若干个齿轮的轴线绕另一个齿轮旋转，这样的轮系称为_____。
2. 惰轮在轮系中只能改变_____，不能改变_____。
3. 定轴轮系的传动比，等于组成该轮系的所有_____轮齿数的连乘积与所有_____轮齿数的连乘积之比。
4. 汽车前进倒退的实现是利用了_____。
5. 轴平行的定轴轮系中各轮的转向可用_____或_____方法来确定。
6. 减速器工作环境温度为_____，低于0℃时，启动前润滑油应_____。

二、选择题

1. 轮系_____。
   A. 不可获得很大的传动比　　　　B. 不可作远距离传动
   C. 可以实现变速变向要求　　　　D. 可合成但不可分解运动
2. 定轴轮系有下列情况：所有齿轮轴线平行；首末两轮轴线平行；首末两轮轴线不平行；所有齿轮轴线都不平行。其中_____情况的传动比冠以正负号。
   A. 1种　　　　B. 2种　　　　C. 3种　　　　D. 4种
3. 当两轴相距较远且要求传动比准确，应采用_____。
   A. 带传动　　　B. 链传动　　　C. 轮系传动　　　D. 蜗杆传动
4. 如图6-46所示的标准齿轮组成的轮系中，轮3为内齿轮，轮1转向如图中所示。已知z_1和z_3，问轮2齿数z_2和轮3转向的结果是_____。

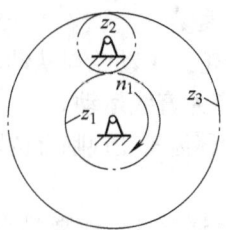

图6-46　标准齿轮组成的轮系

   A. $z_2 = z_3 - z_1$，轮3顺时针方向转动
   B. $z_2 = (z_3 - z_1)/2$，轮3逆时针方向转动
   C. $z_2 = z_3 - z_1/2$，轮3顺时针方向转动
   D. $z_2 = z_3 - z_1/2$，轮3逆时针方向转动
5. 减速器箱盖上的窥视孔，是为了_____。
   A. 观察齿轮或蜗轮的啮合情况　　　　B. 观察内部是否缺油

C. 便于开启箱盖　　　　　　　　D. 内外气压平衡

6. 定轴轮系传动比的大小与轮系中惰轮的齿数_____。

   A. 有关　　　B. 无关　　　C. 成正比　　　D. 成反比

7. 如图6-47所示的时钟系统，其模数 $m_b = m_c$，试问 z_b 和 z_c 各为_____。

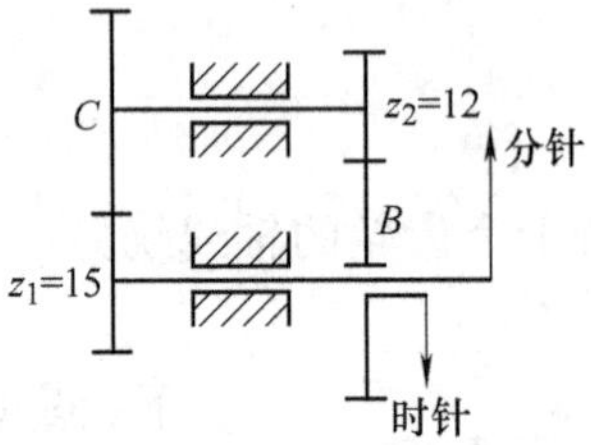

图6-47　时钟系统

   A. $z_b = 48$，$z_c = 45$　　B. $z_b = 45$，$z_c = 48$　　C. $z_b = 30$，$z_c = 27$　　D. $z_b = 27$，$z_c = 30$

8. 某人总结过桥轮（惰轮）在轮系中的作用如下：(1) 改变从动轮转向；(2) 改变从动轮转速；(3) 调节齿轮轴间距离；(4) 提高齿轮强度。其中_____是正确的。

   A. (1) 和 (2)　　　　　　　　B. (1) 和 (3)
   C. (1)、(3) 和 (4)　　　　　　D. (2)、(3) 和 (4)

三、判断题

1. 平行轴传动的定轴轮系传动比计算公式中，(-1) 的指数 m，表示轮系中相啮合的圆柱齿轮的对数。（　　）
2. 轮系中使用惰轮，既可变速，又可变向。（　　）
3. 轮系传动既可用于相距较远的两轴间传动，又可获很大传动比。（　　）
4. 减速器常用于原动机与工作机之间，作为减速的传动装置。（　　）
5. 周转轮系中所有齿轮的轴线位置均固定不变。（　　）
6. 一对齿轮的中心距稍有变化，其传动比不变，对传动没有影响。（　　）
7. 轮系中的某一个中间齿轮，既可以是前级齿轮副的从动轮，又可以是后一级齿轮副的主动轮。（　　）
8. 采用轮系传动可以实现无级变速。（　　）
9. 主动轮与从动轮间加奇数个惰轮，主动轮与从动轮的回转方向相同。（　　）
10. 定轮轴系不可以把旋转运动变为直线运动。（　　）
11. 当主动轴的转速不变，使用滑移齿轮变换啮合位置，可以使从动轴获得不同的转速。（　　）
12. 减速器箱盖的上窥视孔盖上有通气孔，主要是为了排气，预防箱内部气压过大。（　　）

四、综合题

1. 请简述轮系的传动特点。
2. 请举例说明定轴轮系和周转轮系在日常生活中的应用。
3. 如图6-48所示为定轴轮系，已知 $z_1 = 25$，$z_2 = 50$，$z_3 = 22$，$z_4 = 66$，$z_5 = 22$，$z_6 = 22$，$z_7 = 50$，求传动比 i_{17}。若 n_1 转向如图6-48所示，试求定轮7的转向。
4. 如图6-49所示轮系中，已知 $z_1 = 16$，$z_2 = 32$，$z_3 = 20$，$z_4 = 40$，$z_5 = 4$，$z_6 = 40$，若

$n_1 = 800 \text{r/min}$,求蜗轮转速 n_6 及鼓轮上重物的运动方向。

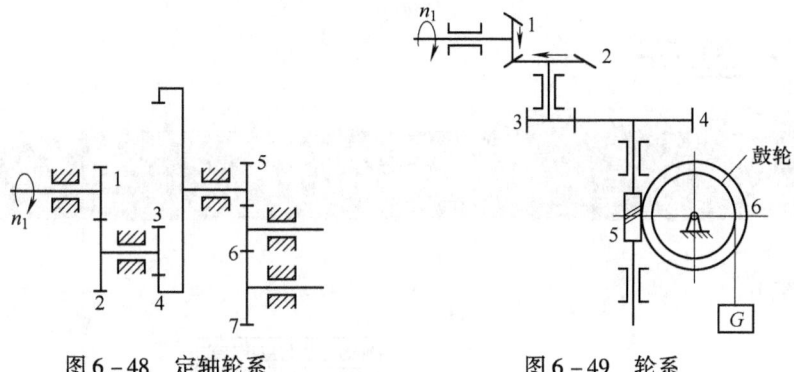

图 6-48　定轴轮系　　　　　图 6-49　轮系

5. 请简述减速器代号 ZLY560-11.2-I 的含义。

第七单元 支承零部件

【知识构架】

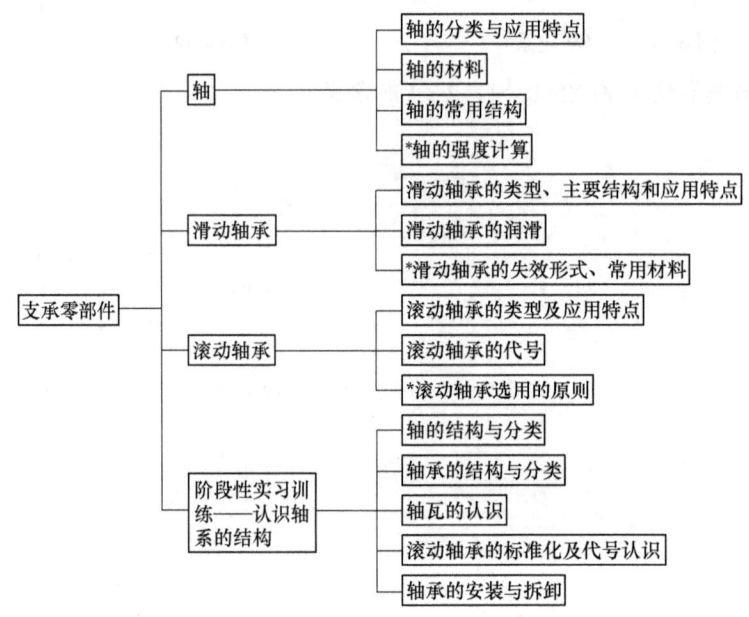

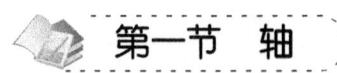

第一节 轴

【学习目标】 理解轴的分类和常用结构。

【学习内容】

传动零件需要被支承起来才能工作,而支承传动件的零件称为轴。轴的主要功用就是支承回转零件、传递运动和转矩。

一、轴的分类与应用特点

1)轴按所受载荷的不同可分为传动轴、心轴和转轴三类,见表7-1。

2)轴根据轴线形状的不同可分为直轴、曲轴和软轴三类,见表7-2。

二、轴的材料

1. 材料要求

由于轴在工作时承受的多为变应力,因此它的失效多为疲劳损坏,所以轴要具有以下特性。

1)足够的强度(主要是疲劳强度)。

表7-1 轴按所承受载荷性质分类

类型	传动轴	心轴	转轴
特点	主要承受转矩作用,如汽车转动轴	只受弯矩作用,如自行车前轮轴、铁路机车的轮轴及滑轮轴	既受弯矩作用,又受转矩作用,如卷扬机的齿轮转轴、自行车踏脚处中间轴
图例	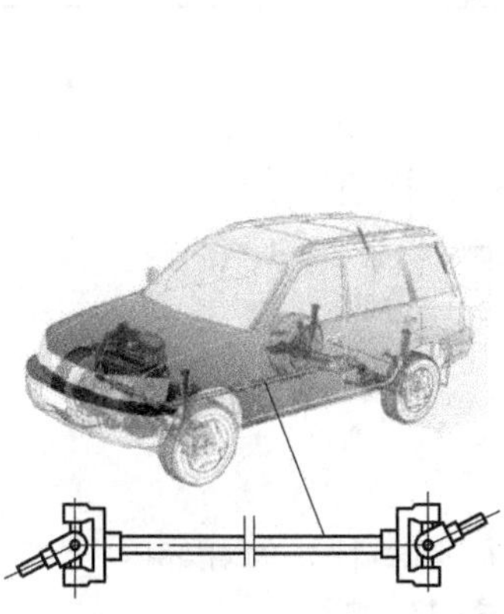 汽车转动轴	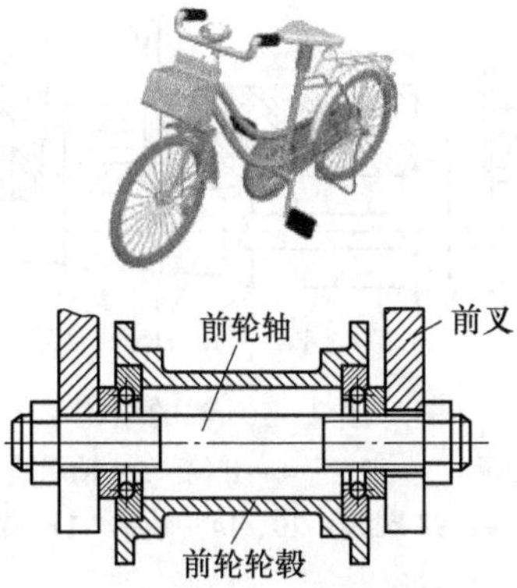 前轮轴、前叉、前轮轮毂、自行车前轮轴	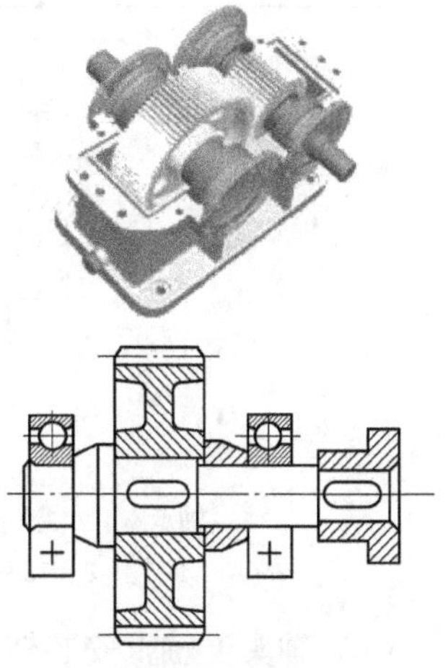 卷扬机的齿轮转轴

表7-2 轴按轴线形状不同分类

类型	直轴	曲轴	软轴（挠性轴）
特点	各旋转面具有同一旋转中心,在各种机械上广泛使用。按外形不同又分为光轴和阶梯轴	曲轴因外形弯曲而得名,是往复式机械中的专用零件,可将旋转运动转换为往复直线运动或作相反的运动转换	软轴有非常好的挠性,可以将回转运动和动力灵活地传送到任何空间位置,如牙科医生修牙用的磨削砂轮
图示	 光轴、阶梯轴 	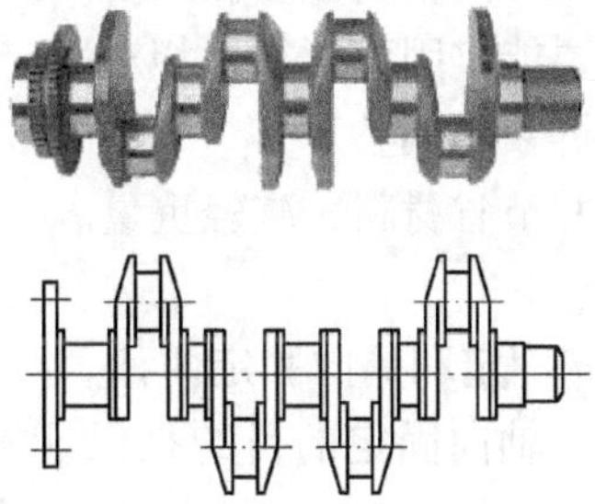 曲轴	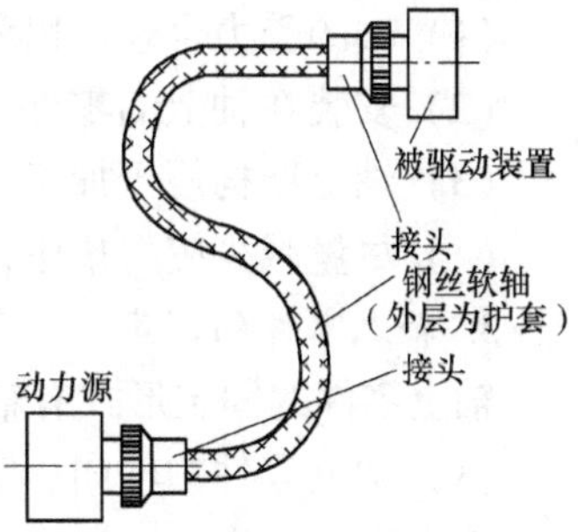 被驱动装置、接头、钢丝软轴（外层为护套）、动力源、接头、软轴

2) 较小的应力集中敏感性。
3) 良好的加工性能。

2. 常用材料

轴的材料见表7-3。

三、轴的常用结构

1. 轴的组成部分

图7-1为一齿轮减速器中的阶梯轴。通常轴由轴头、轴颈、轴身、轴肩、轴环及轴端组成。

表 7-3 轴的材料

材料	碳素钢	合金钢	球墨铸铁和高强度铸铁
特点及应用	价格低廉，应力集中敏感性较低，可用热处理提高其耐磨性和疲劳强度	价格较高，应力集中敏感性较高，用于强度高、尺寸小或特殊要求的轴	价格低廉，制造工艺性好，吸振性好，耐磨性好，用于曲轴、凸轮轴等

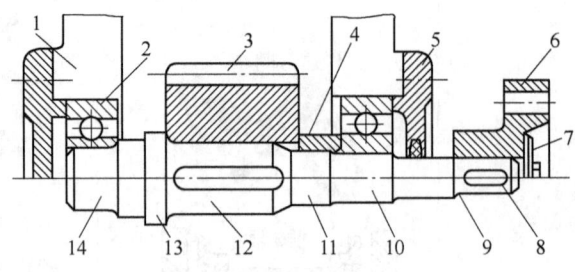

图 7-1 轴的结构

1—轴承座 2—滚动轴承 3—齿轮 4—套筒 5—轴承盖 6—联轴器 7—轴端挡圈
8、12—轴头 9—轴肩 10、14—轴颈 11—轴身 13—轴环

(1) 轴头　轴上安装转动零件的部位。

(2) 轴颈　安装轴承的部位。

(3) 轴肩　轴两段不同直径之间形成的台阶端面，用于确定轴承、齿轮等轴上零件的轴向位置。

(4) 轴身　联接轴头和轴颈部分的非配合轴段。

(5) 轴环　直径大于其左、右两侧直径的轴段，作用同轴肩。

2. 轴的结构要求

下面主要介绍直轴，其要求如下。

(1) 轴的受力合理，以利于提高轴的强度和刚度。

(2) 安装在轴上的零件，要能牢固而可靠地相对固定（轴向、周向固定）。

(3) 轴上结构便于加工、拆装和调整。

(4) 尽量减少应力集中，并节省材料、减轻重量。

3. 轴上零件的固定

轴上零件的固定形式有轴向固定和周向固定两种。

(1) 轴上零件的轴向固定　轴向固定的目的是保证零件在轴上有确定的相对位置，防止零件作轴向移动，并能承受轴向力。常用的轴向固定方法及应用见表 7-4。

(2) 轴上零件周向定位及其固定方法　零件在轴上作周向固定是为了传递转矩，防止零件与轴产生相对转动。常用的周向固定的方法有键联接、花键联接、过盈配合联接等，见表 7-5。

4. 轴的结构工艺性

(1) 加工工艺性　一般情况下，轴的长径比大于 4 时，为了便于加工，轴的两端应设中心孔；同一轴上圆角半径和倒角大小尽量一致，以减少加工刀具数目；轴的台阶尽量少，以减少工艺复杂性和成本；磨削或切制螺纹时，须有砂轮越程槽或退刀槽。

第七单元 支承零部件

表7-4 轴上零件的轴向固定方法及应用

定位、固定方法	简图	特点与应用
轴肩与轴环		结构简单、定位可靠，可承受较大轴向力。常用于齿轮、链轮、联轴器和轴承等定位。为保证零件紧靠定位面，应使 $r<c$，$r<R$，$a>c$，一般取定位高度 $a=(0.07\sim0.1)d$，轴环宽度 $b=1.4a$
套筒		结构简单、定位可靠，轴上不需要开槽、钻孔和切制螺纹，因而不影响轴的疲劳强度。一般用于零件间距较小的场合。轴的转速很高时不宜采用
圆锥面		能消除轴和轮毂间的径向间隙，装拆方便，能承受冲击载荷。多用于轴端零件的定位和固定，常与轴端压板或螺母联合使用，使零件获得双向轴向固定
圆螺母		固定可靠，装拆方便，能承受较大轴向力。由于在轴上切制螺纹，使轴的疲劳强度降低。结构尺寸见 GB/T 810—1988 和 GB/T 812—1988
弹性挡圈		结构简单、紧凑，只能承受较小的轴向力，可靠性差，常用于固定滚动轴承。结构尺寸见 GB/T 894.1—1986
轴端挡圈		适用于轴端零件的定位和固定，可承受剧烈的振动和冲击载荷。螺栓紧固轴端挡圈的结构尺寸见 GB/T 892—1986（单孔）及 JB/ZQ 4349—2006（双孔）
紧定螺钉		同时可起周向定位和固定作用，但轴向力和周向力均不能过大。适用于轴向力很小、转速很低或仅为防止偶然轴向滑移的场合
轴端挡板		适用于心轴的轴端定位和固定，只能承受小轴向力。结构尺寸见 JB/ZQ 4348—2006

表 7-5　轴上零件周向定位及其固定方法

固定方法	简图	特点与应用
键		平键应用最广，可用于较高精度、高转速及受冲击或变载荷作用的场合；加工容易，装拆方便，且轴向不能固定，不能承受轴向力
花键		接触面积大，承载能力强，对中性和导向性好，轴的强度削弱小，适用于载荷较大、定心要求高的连接。其加工工艺较复杂，需专用设备，成本高
销		结构简单，用于受力不大、同时需要周向定位和固定的场合。周向和轴向都可以固定，常用作安全装置，过载时可被剪断，防止损坏其他零件
紧定螺钉		同时可起周向定位和固定作用，但轴向力和周向力均不能过大。适用于轴向力很小、转速很低或仅为防止偶然轴向滑移的场合
过盈配合		结构简单，对中性好，承载能力强，可同时起轴向固定作用。常与平键联合使用，以承受大的交变、振动和冲击载荷

(2) 装配工艺性　轴的结构设计应满足轴上零件装拆方便的要求，一般两头细、中间粗；轴端制成倒角，便于装配；滚动轴承轴向固定的轴肩高度低于轴承内圈高度，便于轴承拆卸。

*四、了解轴的强度计算

1. 轴的强度计算目的

防止轴的断裂和塑性变形。

2. 轴的强度计算

(1) 心轴　只受弯矩，按弯曲强度计算。

(2) 传动轴　只受转矩，按扭转强度计算。

(3) 转轴　弯矩加转矩，按弯扭合成强度计算。

1) 按扭转强度条件初步估算轴的直径方法。

① 机器的运动简图确定后，各轴传递的 P 和 n 为已知，在轴的结构具体化之前，只能计算出轴所传递的转矩，而所受的弯矩是未知的。这时只能按转矩初步估算轴的直径，作为轴受转矩作用段最细处的直径 d_{min} 一般是轴端直径，单位为 mm。

② 根据扭转强度条件确定的最小直径为

$$d_{\min} = \sqrt[3]{\frac{9550000P}{0.2[\tau_T]n}} = A_0 \sqrt[3]{\frac{P}{n}}$$

式中　P——轴所传递的功率，单位为 kW。

　　　n——轴的转速，单位为 r/min。

　　　A_0——计算系数。

③ 若计算的轴段有键槽，则会削弱轴的强度，此时应将计算所得的直径适当增大，若有一个键槽，将 $d_{\min}$ 增大 5%，若同一剖面有两个键槽，则增大 10%。

2) 按弯扭合成强度计算轴的直径。

① 绘出轴的结构图、轴的空间受力图。

② 绘出轴的水平面的弯矩图、轴的垂直面的弯矩图。

③ 绘出轴的合成弯矩图、轴的转矩图、轴的计算弯矩图。

④ 按第三强度理论计算当量弯矩，校核危险断面的当量弯曲应力（计算应力），如计算应力超出许用值，应增大轴危险断面的直径，如计算应力比许用值小很多，一般不改变小轴的直径，因为轴的直径还受结构因素的影响。

⑤ 一般的转轴，强度计算到此为止。对于重要的转轴还应按疲劳强度进行精确校核。此外，对于瞬时过载很大或应力循环不对称性较为严重的轴，还应按峰尖载荷校核其静强度，以免产生过量的塑性变形。

⑥ 按当量弯矩计算轴的强度时没有考虑轴的应力集中、轴径尺寸和表面品质等因素对轴的疲劳强度的影响，因此，对于重要的轴，还需要进行轴危险截面处的疲劳安全系数的精确计算，评定轴的安全裕度，即建立轴在危险截面时的安全系数的校核条件。

⑦ 静强度校核的目的在于评定轴对塑性变形的抵抗能力。这对那些瞬时过载很大，或应力循环的不对称性较为严重的轴是很有必要的。轴的静强度是根据轴上作用的最大瞬时载荷来校核的。

3. 轴径的估算

轴的直径均要符合标准系列，见表 7-6。轴径的尺寸还需符合轴承内孔的直径标准。

轴径除按强度计算外，还可用经验公式来估算。如一般减速器的高速输入轴的轴径，可按其相连的电动机轴径来估算，经验公式 $d = (0.8 \sim 1.2) d_{电动机}$；各级低速轴的轴径可按同级齿轮的中心距 a 来估算，经验公式 $d = (0.3 \sim 0.4) a$。估算后轴径需要圆整至标准值。

表 7-6　标准直径　　　　　　　　　　　　　　（单位：mm）

10	10.5	11	11.5	12	13	14	15	16	17	18	19
20	21	22	24	25	26	28	30	32	34	35	38
40	42	45	48	50	52	55	58	60	65	70	75
80	85	90	95	100	105	110	115	120	130		

【考点分析】

1. 轴的分类和应用特点。

2. 轴的常用材料和结构。

3. 轴的强度计算。

【例1】 轴的功用是传递_____、支承_____。
【解题指导】 了解轴在机器中的作用或功能。
【参考答案】 运动和转矩　回转零件
【例2】 用于轴端零件定位和固定,可承受剧烈推动和冲击载荷的轴向固定形式是_____。
A. 轴肩　　　　B. 轴端挡圈　　　C. 弹性挡圈　　　D. 紧定螺钉
【解题指导】 考查轴向固定各种方法的特点。适用于轴端零件的定位和固定,可承受剧烈的振动和冲击载荷的是轴端挡圈。
【参考答案】 B
【例3】 制造工艺性好、吸振性好、耐磨性好,用于曲轴的材料选用_____好。
A. 中碳钢　　　B. 合金钢　　　　C. 铝合金　　　　D. 球墨铸铁
【解题指导】 熟悉轴的常用材料的选用。
【参考答案】 D

【习题练习】

一、填空题

1. 只承受弯矩作用的轴称为_____轴,主要承受转矩作用的轴称为_____轴。
2. 轴上零件的固定形式有两种,分别是_____固定和_____固定。
3. 轴的常用材料有:_____、_____、球墨铸铁和高强度铸铁。
4. 轴的组成部分包括轴头、轴颈、轴身、轴_____和轴_____。
5. 对于轴的结构中,尽量减少_____,并节省材料、减轻重量。

二、选择题

1. 只承受转矩(或弯矩很小)的轴称为_____。
　A. 传动轴　　　B. 转动心轴　　　C. 转轴　　　　D. 阶梯轴
2. 轴端的倒角是_____。
　A. 为了减少应力集中　　　　B. 为了装配方便
　C. 为了便于加工　　　　　　D. 为了轴上零件的定位
3. 自行车的中间轴是_____。
　A. 心轴　　　　B. 传动轴　　　C. 转轴　　　　D. 以上均不是
4. _____能实现轴上零件的周向固定,且加工容易,易拆装但不能承受轴向力。
　A. 键联接　　　B. 销联接　　　C. 紧固螺钉固定　　D. 紧固套固定
5. 增大阶梯轴圆角半径的主要目的是_____。
　A. 使零件的轴向定位可靠　　　　B. 使轴加工方便
　C. 降低应力集中,提高轴的疲劳强度　　D. 外形美观
6. 轴上零件的轴向定位方法有:(1)轴肩和轴环;(2)圆螺母;(3)套筒;(4)轴端挡圈等。其中_____方法是正确的。
　A. 1种　　　　B. 2种　　　　C. 3种　　　　D. 4种
7. 图7-2所示套装在轴上的各零件中,_____零件的左端是靠轴肩来实现轴向定位的。
　A. 齿轮　　　　B. 左轴承　　　C. 右轴承　　　D. 半联轴器

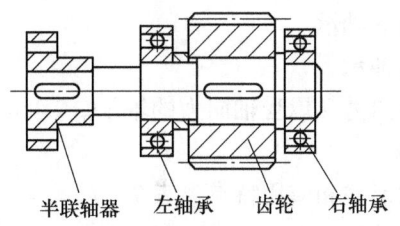

图 7-2 套装在轴上的各零件

三、判断题

1. 既承受弯矩又承受转矩作用的轴为传动轴。（　）
2. 常用的轴上零件周向固定方法有键、过盈配合等。（　）
3. 转轴在工作时是转动的，而传动轴是不转动的。（　）
4. 阶梯轴具有便于轴上零件安装和拆卸的优点。（　）
5. 阶梯轴上各截面变化都应当有越程槽。（　）
6. 台阶轴的直径一般是中间大、两端小。（　）

四、综合题

1. 在考虑轴的结构时，应满足哪几方面的要求？
2. 图 7-3 为一阶梯轴，请认真观察并回答问题。

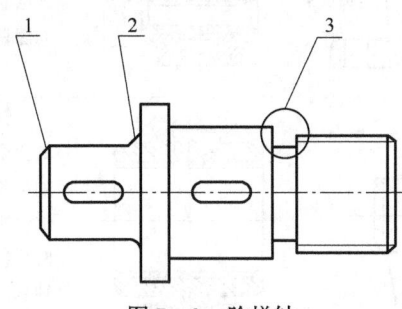

图 7-3　阶梯轴

（1）指出结构 1、2、3 的名称及作用。
（2）说明图中 2 处尺寸为何要小于齿轮轮毂上的配合尺寸及轴肩高度。
3. 试述轴上零件的固定形式有哪几种？各有哪些方法（各举 3 例）？

第二节　滑动轴承

【学习目标】掌握滑动轴承的类型及应用。

【学习内容】
轴承是支承轴的零件，根据摩擦性质分为滑动轴承和滚动轴承。

一、滑动轴承的类型、主要结构和应用特点

1. 滑动轴承的类型
（1）按所受载荷的方向分　向心轴承、推力轴承、向心推力轴承。
（2）按轴系和拆装需要分　整体式、剖分式、调心式。

☆向心轴承：承受径向力的轴承。

推力轴承：承受轴向力的轴承。

向心推力轴承：既承受径向力又承受轴向力的轴承。

2. 滑动轴承的结构及特点

常用向心滑动轴承的结构形式和应用特点见表7-7。

表7-7 常用向心滑动轴承结构形式和应用特点

类型	结构简图	应用特点
整体式	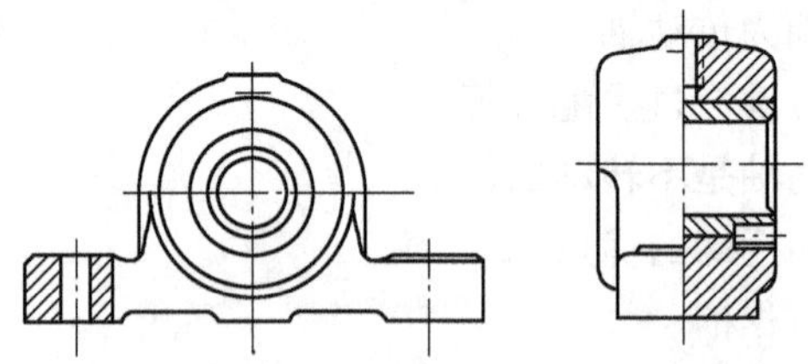	整体式滑动轴承结构简单，成本低廉，刚度大，但轴颈只能从端部装入，安装和检修不方便，且工作表面磨损后无法调整轴承与轴颈的间隙。通常只用于轻载、低速及间歇性工作的机器设备中，如绞车、手动起重机等
剖分式	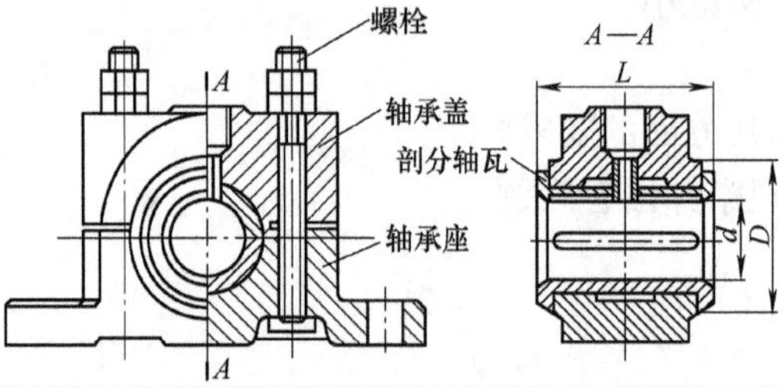	轴承座与轴承盖的剖分面做成阶梯形的配合止口，以便定位。可在剖分面间放置几片很薄的调整垫片，以便安装时或磨损后调整轴承的间隙。装拆方便，间隙调整容易，因此应用广泛
调心式	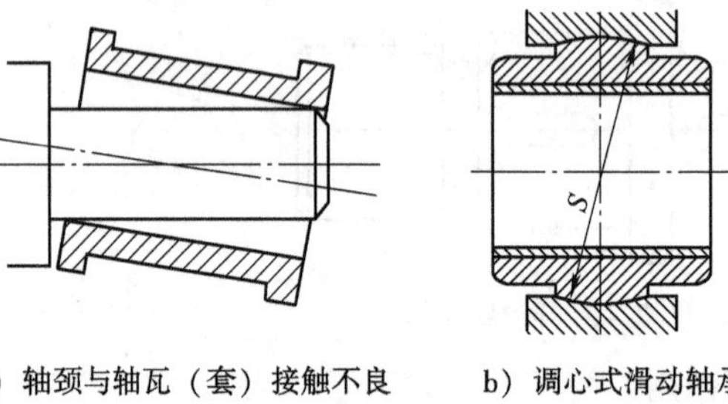 a) 轴颈与轴瓦（套）接触不良　b) 调心式滑动轴承	当轴承的宽度B较大时，受载后由于轴的变形、加工及装配的误差，引起轴颈或轴承孔的倾斜，使轴瓦两端与轴颈局部接触。如左图a所示为轴颈倾斜，致使轴瓦两端急剧磨损。可采用图b的调心式滑动轴承，利用球面支承自动调整轴瓦的位置，以适应轴的偏斜，应用于轴挠度较大或轴承孔轴线的同轴度较大的场合

3. 轴瓦

滑动轴承由轴承座和轴瓦两部分组成。轴瓦是滑动轴承中直接与轴颈接触的零件，是滑动轴承的重要零件。常用轴瓦的结构见表7-8。

表7-8 轴瓦的结构及应用特点

类型	结构简图	应用特点
整体式	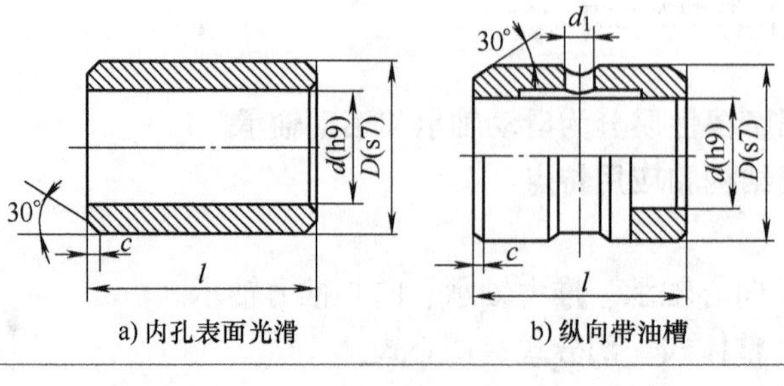 a) 内孔表面光滑　b) 纵向带油槽	整体式滑动轴承采用整体式轴瓦（又称轴套），可分为内孔表面光滑（图a）和纵向带油槽（图b）两种。轴瓦与轴承采用过盈配合压紧，以实现永久性或半永久性的装配

(续)

类型	结构简图	应用特点
剖分式	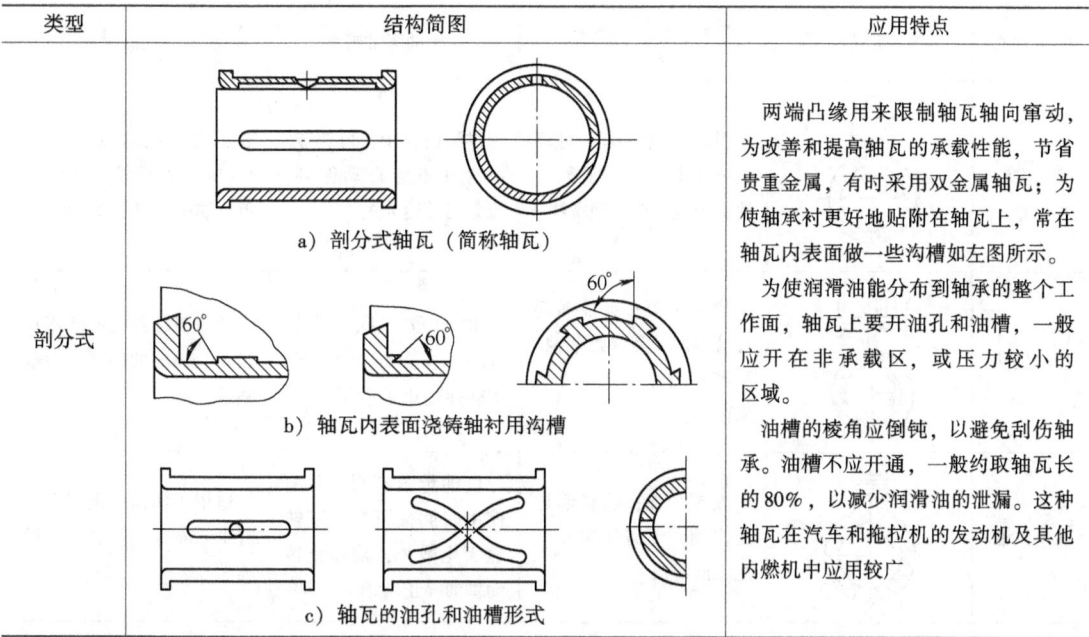 a) 剖分式轴瓦（简称轴瓦） b) 轴瓦内表面浇铸轴衬用沟槽 c) 轴瓦的油孔和油槽形式	两端凸缘用来限制轴瓦轴向窜动，为改善和提高轴瓦的承载性能，节省贵重金属，有时采用双金属轴瓦；为使轴承衬更好地贴附在轴瓦上，常在轴瓦内表面做一些沟槽如左图所示。为使润滑油能分布到轴承的整个工作面，轴瓦上要开油孔和油槽，一般应开在非承载区，或压力较小的区域。油槽的棱角应倒钝，以避免刮伤轴承。油槽不应开通，一般约取轴瓦长的 80%，以减少润滑油的泄漏。这种轴瓦在汽车和拖拉机的发动机及其他内燃机中应用较广

二、滑动轴承的润滑

1. 润滑目的

减少摩擦和磨损，降低功率消耗，冷却，防锈，吸振。

2. 润滑剂种类

（1）润滑油（液体） 性能优于润滑脂，多为矿物油，应用最为普遍。

（2）润滑脂（半固体） 不易流失、便于维护，但磨损较大，机械效率低，易变质，适用低速、重载及间歇工作场合。

（3）固体润滑剂 粉剂添加于润滑油脂中，应用于高温介质中或低速、重载场合。

3. 润滑方法和润滑装置

比较重要的轴承应采用连续供油，动压轴承常用的连续供油方式见表 7-9。

表 7-9 动压轴承常用的连续供油方式

供油方式	简图	成本、对环境要求及运转与维护	润滑油流动特性	用途
压力供油		供油设备较贵；需封闭系统，对环境无要求；不需要经常注意供油系统	流量充足，可在较大范围内调节。当用单独电动机驱动油泵时，可以单独启动和停止	用于高速、重载的轴承，速度可达 50m/s，载荷可达 40MPa，通常供油压力为 0.07~0.35MPa
油环供油		成本中等；封闭在壳体内，对环境无要求；需要油池。不需要经常注意油面高度	供油量与转速有关。轴开始转动，则开始供油，停止转动就停止供油，油可循环使用	适用于轴颈线速度在 1~7m/s 范围内的重载轴承

(续)

供油方式	简图	成本、对环境要求及运转与维护	润滑油流动特性	用途
滴油供油		供油装置便宜；对环境要求较高；需要贮油池并要定期补充润滑油	供油量较少，可调节。润滑油不能自动循环，流量与转速无关	适用于线速度不超过4~5m/s的轻载、中载轴承。油应从非承载区滴入
油绳供油		成本中等；吸油绳起过滤作用；需要贮油池，不需要经常补充注入润滑油	供油量有限，约为3cm³/min，可以控制，随转速变化微小	适用于轴颈线速度不超过4~5m/s的轻载、中载轴承
油垫供油		成本低廉；毡垫起过滤作用；无需经常补充注入润滑油	供油量很有限，并使用时间而下降，随转速变化微小，轴停止转动供油停止	适用于轴颈线速度不超过4~5m/s的轻载、中载轴承

*三、滑动轴承的失效形式、常用材料

1. 滑动轴承的失效形式（表7-10）

表7-10 滑动轴承的失效形式

失效形式	产生过程	失效形式	产生过程
磨粒磨损	硬质颗粒→磨料→研磨轴和轴承表面	疲劳剥落	载荷反复作用→疲劳裂纹→扩展→剥落
刮伤	轴表面硬轮廓峰顶刮削轴承	腐蚀	润滑剂氧化→酸性物质→腐蚀
咬粘（胶合）	温升+压力+油膜破裂→焊接		

其他失效形式有气蚀、流体侵蚀、电侵蚀、微动磨损等。

2. 滑动轴承的常用材料

(1) 轴承合金（巴氏合金、白合金） 由锡、铅、锑、铜等元素组合的合金。

(2) 铜合金 包括青铜和黄铜两类。

(3) 粉末冶金材料 由钢、铁、石墨等粉末压制、烧结而成的多孔隙轴瓦材料。

(4) 非金属材料 包括塑料、橡胶等。

【考点分析】

1. 滑动轴承的类型、主要结构和应用。
2. 滑动轴承的润滑。
3. 滑动轴承的失效形式及常用材料。

【例1】轴瓦是滑动轴承的重要组成部分。常见的轴瓦结构分为_____和_____。

【解题指导】熟悉轴瓦的结构。

【参考答案】整体式 剖分式

【例2】能承受径向载荷的滑动轴承是推力滑动轴承。 （　　）

【解题指导】考查向心推力的含义及滑动轴承的分类。
【参考答案】×
【例3】整体式滑动轴承的特点是_____。
　A. 应用广泛　　　B. 装拆方便　　　C. 价格低廉、结构简单　　　D. 间隙可调
【解题指导】熟悉整体式滑动轴承的特点。
【参考答案】C
【习题练习】
一、填空题
1. 按所受载荷的方向分为深沟球轴承、_____轴承和_____轴承。
2. 润滑剂中的_____适用于低速、重载及间歇工作场合。
3. 滑动轴承由_____和_____两部分组成。
4. 润滑目的是减少_____和_____，并降低功率消耗、冷却、防锈和吸振。
5. 油槽的棱角应_____，以免刮油。
6. 轴瓦上要开油孔和油槽，一般应开在_____，或压力较小的区域。

二、选择题
1. 轴承是用来支撑_____的。
　A. 轴头　　　B. 轴身　　　C. 轴颈　　　D. 以上均不是
2. 向心滑动轴承可以_____。
　A. 承受轴向载荷　　　　　　B. 承受径向载荷
　C. 同时承受径向载荷和轴向载荷　　D. 以上均不是
3. 剖分式滑动轴承的特点是_____。
　A. 通常用于低速、轻载及间隙工作场合　B. 装拆只能沿轴向移动轴和轴承
　C. 轴承磨损后可调整间隙　　D. 轴瓦为整体式
4. 滑动轴承的效率和使用寿命，主要取决于轴瓦及轴承衬材料的_____。
　A. 导热性和耐腐蚀性　　　B. 减摩性和耐磨性
　C. 加工性和跑合性　　　　D. 以上均不是
5. 不完全液体润滑滑动轴承的主要失效形式是_____。
　A. 疲劳点蚀　　B. 磨损和胶合　　C. 塑性变形　　D. 轴瓦产生裂纹
6. 图7-4所示的润滑油不是从轴中通道打入的，指出____轴瓦的结构是正确的。

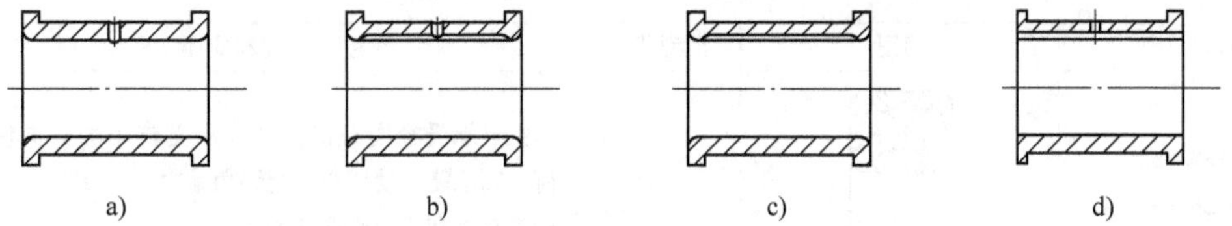

图7-4 轴瓦开油口

　A. 图a　　　B. 图b　　　C. 图c　　　D. 图d

三、判断题
1. 对粗重的轴或具有中间轴颈的轴，选择向心滑动轴承中的整体式滑动轴承。（　　）
2. 向心滑动轴承一般是不能承受轴向力的。（　　）

3. 整体式滑动轴承的轴套磨损后，轴颈与轴套之间的间隙可以调整。（　）
4. 轴瓦（轴套）是滑动轴承中直接与轴头相接触的重要部分。（　）
5. 轴瓦常用的材料是碳素钢和轴承钢。（　）
6. 对于轻载、高速的滑动轴承，宜用粘度高的润滑油润滑。（　）

四、综合题
1. 简述润滑的目的及润滑剂种类。
2. 简述向心滑动轴承的分类及在生产实践中的应用。
3. 液体动压轴承常用的供油方式有哪些？

第三节　滚动轴承

【学习目标】掌握滚动轴承的类型、应用及代号。

【学习内容】

滚动轴承已标准化，比滑动轴承应用更广。

一、滚动轴承的类型及应用特点

1. 滚动轴承的结构

滚动轴承一般由内圈、外圈、滚动体和保持架组成。

☆常见滚动体形状有球、圆柱滚子、圆锥滚子、滚针等。

2. 滚动轴承的应用特点

滚动轴承主要有摩擦阻力小、起动灵敏、效率高、润滑简便、装拆方便等优点，但也有抗冲击能力较差、高速有噪声、轴承径向尺寸大以及寿命比滑动轴承低等缺点。

3. 滚动轴承的分类

1）按滚动轴承所能承受载荷的方向分为向心轴承、推力轴承和向心推力轴承。

2）按滚动体形状分为球轴承和滚子轴承。

3）按轴承在工作中能否调心可分为非调心轴承和调心轴承（球面型）。

4）按一个轴承中滚动体的列数可分为单列、双列和多列轴承。

4. 滚动轴承的类型、主要特性和应用（见表7-11）

表7-11　常用滚动轴承的类型、特性和应用

轴承类型	简图	类型代号	特性和应用
调心球轴承 GB/T 281—1994		1型	主要承受径向载荷，也可承受较小的双向轴向载荷；轴承能自动调心，允许角偏差小于2°~3°；适用于多支点和弯曲刚度低的轴
调心滚子轴承 GB/T 288—1994		2型	径向承载能力大，也能承受少量双向轴向载荷，极限转速低，能自动调心，允许角偏差小于2°~2.5°；常用于其他种类轴承不能胜任的重载情况，如大功率减速器、吊车车轮、轧钢机等

(续)

轴承类型	简图	类型代号	特性和应用
圆锥滚子轴承 GB/T 297—1994		3型	能承受径向载荷为主的径向与轴向混合载荷，游隙可以调整，通常成对使用。承载能力大，允许角偏差2′；常用于斜齿轮轴、锥齿轮轴和蜗杆减速器轴，以及机床主轴的支承等
推力球轴承 GB/T 301—1995		5型	只能承受轴向载荷，51000型用于承受单向轴向载荷，载荷作用线必须与轴承轴线重合，不允许有角偏差；一般用38000型可承受双向轴向载荷
深沟球轴承 GB/T 276—1994		6型	主要承受径向载荷，也能承受一定的双向轴向载荷，极限转速高。高转速时可承受不大的轴向载荷，允许角偏差小于2′~10′；承受冲击能力差，不宜采用推力轴承时，可以代替推力轴承承受纯轴向载荷；适用于刚性较大的轴，常用于机床齿轮箱、小功率电动机等
角接触球轴承 GB/T 292—2007		7(AC、B)型	可承受较大的径向和单向轴向载荷，接触角越大，承受轴向载荷的能力也越大，通常成对使用。高速时可用它代替推力球轴承；允许角偏差小于2′~10′；适用于刚性较大、跨距较小的轴，如斜齿轮减速器和蜗杆减速器中轴的支承等
圆柱滚子轴承 （外圈无挡边） GB/T 283—2007		N型	内外圈可以分离，并允许有少量轴向移动，允许角偏差小于2′~4′；能承受较大的冲击载荷；承载能力比深沟球轴承大；适用于刚性较大、对中性良好的轴；常用于大功率电动机、人字齿轮减速器
滚针轴承 GB/T 5801—2006		NA	只能承受径向载荷，不能承受轴向载荷，不允许有轴线偏转角，极限转速低；适用于径向尺寸要求小的场合

二、滚动轴承的代号

1. 滚动轴承代号的构成（依次排列）

（1）前置代号　即指成套轴承分部件。

（2）基本代号　由类型代号、尺寸系列代号、内径代号依次排列组成。

1）类型代号，见表7-11。

2）尺寸系列代号，见表7-12。

表7-12　滚动轴承尺寸系列代号（摘自 GB/T 272—1993）

直径系列代号	向心轴承								推力轴承			
	宽度系列代号								高度系列代号			
	8	0	1	2	3	4	5	6	7	9	1	2
	尺寸系列代号											
7	—	—	17	—	37	—	—	—	—	—	—	—
8	—	08	18	28	38	48	58	68	—	—	—	—
9	—	09	19	29	39	49	59	69	—	—	—	—
0	—	00	10	20	30	40	50	60	70	90	10	—

(续)

直径系列代号	向心轴承									推力轴承		
	宽度系列代号									高度系列代号		
	8	0	1	2	3	4	5	6	7	9	1	2
	尺寸系列代号											
1	—	01	11	21	31	41	51	61	71	91	11	—
2	82	02	12	22	32	42	52	62	72	92	12	22
3	83	03	13	23	33	—	—	—	73	93	13	23
4	—	04	—	24	—	—	—	—	74	94	14	24
5	—	—	—	—	—	—	—	—	—	95	—	—

3) 内径代号,基本代号右起第一、二位表示轴承内径 d,见表 7-13。

表 7-13 内径代号

轴承标称内径 d/mm	内径代号	示例
0.6~10(非整数)	用内径毫米数直接表示,在其与尺寸系列间用"/"分开	深沟球轴承 618/0.8 $d=0.8$
1~9(整数)	用内径毫米数直接表示,对深沟球轴承 7、8、9 直径系列,内径与尺寸系列代号间用"/"分开	深沟球轴承 618/8 $d=8$
10~17	10 → 00 12 → 01 15 → 02 17 → 03	深沟球轴承 6203 $d=17$
20~480 (22,28,32 除外)	公称内径除以 5 的商数,商数为个位数时需在商数左边加"0",如"06"	调心滚子轴承 23206 $d=30$
≥500 以及 22,28,32	用内径毫米数直接表示,在其与尺寸系列代号之间用"/"分开	调心滚子轴承 230/450 $d=450$ 深沟球轴承 62/28 $d=28$

(3) 后置代号 后置代号是在内部结构、密封、公差等级等方面的补充,见表 7-14。公差等级代号、游隙代号和配置代号分别见表 7-15、表 7-16 和表 7-17。

表 7-14 后置代号排列

后置代号(组)							
1	2	3	4	5	6	7	8
内部结构	密封与防尘套圈变型	保持架及其材料	轴承材料	公差等级	游隙	配置	其他

表 7-15 公差等级代号及其含义

代号	含义	示例	代号	含义	示例
/P0	公差等级为标准中的 0 级(可省)	6203	/P5	公差等级为标准中的 5 级	6203/P5
/P6	公差等级为标准中的 6 级	6203/P6	/P4	公差等级为标准中的 4 级	6203/P4
/P6x	公差等级为标准中的 6x 级	6203/P6x	/P2	公差等级为标准中的 2 级	6203/P2

表 7-16 游隙代号及其含义

代号	含义	示例	代号	含义	示例
/C1	游隙符合标准规定的 1 组	6210/C1	/C3	游隙符合标准规定的 3 组	6210/C3
/C2	游隙符合标准规定的 2 组	6210/C2	/C4	游隙符合标准规定的 4 组	6210/C4
—	游隙符合标准规定的 0 组（可省）	6210	/C5	游隙符合标准规定的 5 组	6210/C5

表 7-17 配置代号及其含义

代号	含义	示例	代号	含义	示例
/DB	成对背对背安装	7210C/DB	/DT	成对串联安装	7210C/DT
/DF	成对面对面安装	32208/DF			

2. 滚动轴承代号的实例分析

例：试说明轴承代号 3315B 和 N2208/P63 的意义。

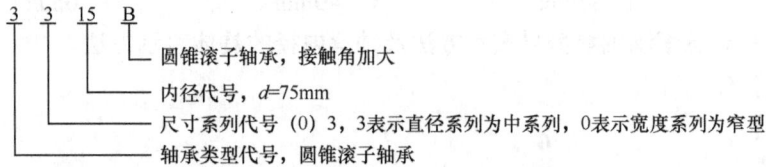

公差等级为 0 级，游隙为 0 组，在后置代号中可不标出。

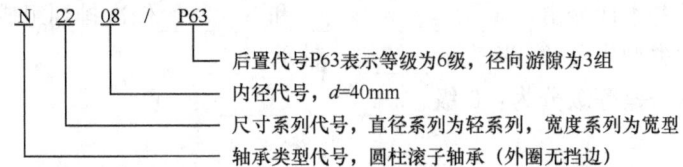

*三、掌握滚动轴承选用的原则

1. 考虑承载大小、方向和性质

1）载荷小而平稳时，可选球轴承；载荷大而有冲击时，选用滚子轴承。

2）仅受径向载荷时，可选径向接触轴承；仅受轴向载荷时，选用推力轴承。

3）同时受径向和轴向载荷时，由具体情况选用：以径向载荷为主的，选深沟球轴承、接触角不大的角接触球轴承、圆锥滚子轴承；轴向载荷稍大时，选接触角较大的角接触球轴承、圆锥滚子轴承；以轴向载荷为主的，选径向接触轴承和推力轴承的组合结构。

2. 考虑轴承转速

1）当其他条件不变时，转速高的轴上选用球轴承。

2）受轴向载荷较大的高速轴，最好选用角接触球轴承。

3. 考虑经济性

在满足工作要求的条件下尽量选用精度较低的轴承；球轴承比滚子轴承相对价格低，球面轴承最贵。

4. 考虑某些特殊要求

当跨距较大、轴的弯曲变形大或多支点轴时，可用能适应内、外圈轴线有较大相对偏斜的调心轴承。

【考点分析】

1. 滚动轴承的基本构造，滚动轴承的类型、主要特性及应用。
2. 滚动轴承的代号含义。
3. 滚动轴承的选用。

【例1】 能同时承受_____和_____载荷的滚动轴承，是向心推力轴承。

【解题指导】 熟悉向心推力轴承的概念及承载情况。

【参考答案】 径向　轴向

【例2】 滚动轴承是_____件，主要由_____、_____、滚动体和保持架四部分组成。

【解题指导】 考查滚动轴承的基本结构，并了解滚动轴承是标准件。

【参考答案】 标准　内圈　外圈

【例3】 轴承的基本代号为71108，其内径为_____。

A. 8mm　　　　B. 80mm　　　　C. 40mm　　　　D. 10mm

【解题指导】 熟悉滚动轴承型号表示方法及轴承内径的具体表示方法。

【参考答案】 C

【习题练习】

一、填空题

1. 滚动轴承的基本结构是由_____、_____、_____和保持架组成。
2. 滚动轴承的基本代号由_____、_____和_____依次排列组成。
3. 滚动轴承中类型代号"N"表示_____轴承。
4. 滚动轴承的公差等级分为：0级、_____、_____、_____、_____这样六级。
5. 滚动轴承23206是_____轴承，它的轴承内圈的内径是_____mm。

二、选择题

1. 某斜齿圆柱齿轮减速器，工作转速较高，载荷平稳，应选下列_____。
   A. 深沟球轴承　　B. 角接触球轴承　　C. 圆锥滚子轴承　　D. 调心球轴承
2. 深沟球轴承宽度系列为1、直径系列为2、内径为40mm，其代号是_____。
   A. 61208　　　　B. 6208　　　　C. 6008　　　　D. 6308
3. 同时承受径向和轴向载荷，且轴向载荷比径向载荷大很多，则选用_____。
   A. 推力轴承　　　　　　　　　　　　B. 圆锥滚子轴承
   C. 深沟球轴承的组合　　　　　　　　D. 角接触球轴承
4. 图7-5所示的滚动轴承中，有_____只能承受径向载荷。

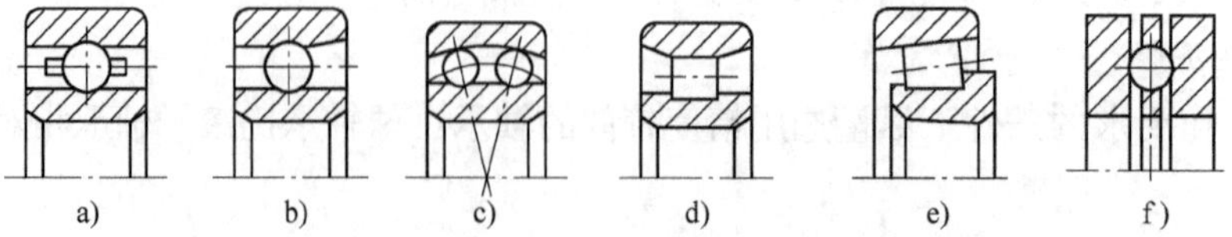

图7-5　滚动轴承

A. 1种　　　　B. 2种　　　　C. 3种　　　　D. 4种

5. 在尺寸相同的情况下，下列_____能承受的轴向载荷最大。
   A. 深沟球轴承　　B. 调心球轴承　　C. 角接触球轴承　　D. 圆锥滚子轴承
6. 有下列轴承：（1）1212；（2）22310；（3）32208；（4）6308；（5）7312；（6）7215C。其中_____直径系列为中系列。
   A. 2 种　　　　　B. 3 种　　　　　C. 4 种　　　　　D. 5 种
7. 如图 7-6 所示为联合收割机的压板装置，在 A、B 处安装一对滚动轴承，压板轮 C 的主轴长 2.5m，载荷小。在这种条件下，宜选用_____。

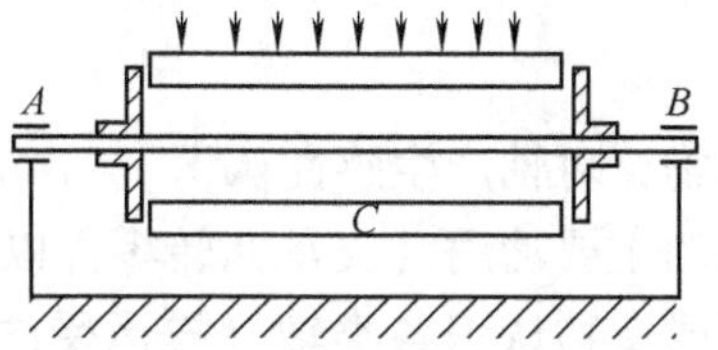

图 7-6　联合收割机的压板装置

   A. 深沟球轴承　　B. 滚针轴承　　C. 调心球轴承　　D. 圆锥滚子轴承

三、判断题

1. 6210 深沟球轴承代号中的 2 表示内径。　　　　　　　　　　　　　　（　　）
2. 滚动轴承与滑动轴承相比，其优点是起动及运转时摩擦力矩小，效率高。（　　）
3. 推力滚动轴承仅能承受轴向载荷。　　　　　　　　　　　　　　　　（　　）
4. 为了使滚动轴承可以拆卸，套筒外径不能大于轴承内圈外径。　　　　（　　）
5. 在滚动轴承的尺寸系列代号中，直径系列代号表示具有同一内径而外径不同的轴承系列。　　　　　　　　　　　　　　　　　　　　　　　　　　　　（　　）
6. 圆柱滚子轴承能够承受一定的轴向载荷。　　　　　　　　　　　　　（　　）

四、综合题

1. 选用滚动轴承时，主要考虑哪些因素？
2. 试说明下列代号的含义：

   2310——

   7412——

3. 滚动轴承由哪几部分组成？
4. 滚动轴承的特点是什么？

第四节　阶段性实习训练——认识轴系的结构

一、实践教学目的

1）让学生感性认识常见轴和轴承的结构。
2）会正确安装、拆卸轴承。

二、实践用具

各种常见轴、轴承的模型与实物。

三、实践教学方法

1. 学法

通过观察对轴系的结构、类型和特点有所了解，并通过参与轴承的安装、拆卸活动，对该课程学习提升兴趣。

2. 教法

通过模型或实物的动态展示，及轴承安装、拆卸的演示，教师并作一定介绍、提问，供学生思考与学习。

四、实践教学内容

1. 轴的结构与分类

1）观察各种轴的模型或实物，对轴产生感性认识。

2）通过模型运作，小结轴的主要功用（支承回转零件以及传递运动和转矩）。

3）通过观察各种轴的模型或实物认识各类轴（按承受的载荷分类：传动轴、心轴、转轴；按轴线形状分类：直轴、曲轴、软轴）。

2. 轴承的结构与分类

1）观察各种轴承的模型或实物，对轴承产生感性认识。

2）通过模型运作，小结轴承的主要功用（支承轴的零件）。

3）通过观察轴承的模型或实物认识两类轴承（由摩擦性质分为滑动轴承和滚动轴承）。

3. 轴瓦的认识

1）观察各种轴瓦的模型或实物，对轴瓦结构产生感性认识（了解油沟、油槽等结构的作用）。

2）通过观察模型或实物认识轴瓦的常见类型（整体式、剖分式）。

4. 滚动轴承的标准化及代号认识

观察各种标准化的滚动轴承实物，通过教师介绍及"连连看"等活动形式，加深对滚动轴承标准化及代号的认识。

5. 轴承的安装与拆卸

（1）滑动轴承的安装与拆卸

1）安装：把轴擦洗干净，将轴承的内径和轴的外径测量准确，在过渡配合的范围内，把轴承安装到轴上，用套筒或者垫木垫好后均匀敲击到位。

2）拆卸：同样是清洗干净后将轴承架在平稳的钳工台或平地上，配合较松的轴承用锤子敲击，配合稍微紧的轴承用专业的拉马进行扒拉，实在拆不掉的时候禁止使用氧割割除。

3）轴在设计时，轴肩的高度一般都会比轴承内圈的高度低一点，便于拆卸时的扒拉用力，有的还会在轴肩和轴承之间加一个活动的轴承垫圈，通过敲击垫圈来拆卸轴承。

（2）滚动轴承的安装与拆卸

1）安装：滚动轴承安装时不需要直接锤击轴承端面和非受力面，应以压块、套筒或其他安装工具使轴承均匀受力，不可通过滚动体传递动力安装。

如在安装表面涂上润滑油，将使安装更顺利。如过盈配合较大，应把轴承放入矿物油内加热至80～90℃后尽快安装，不可超过100℃，防止回火降低硬度。

2）拆卸：同样按照安装时的反顺序拆卸，并应用相应的拆卸工具。

第八单元

机械的节能环保与安全防护

【知识构架】

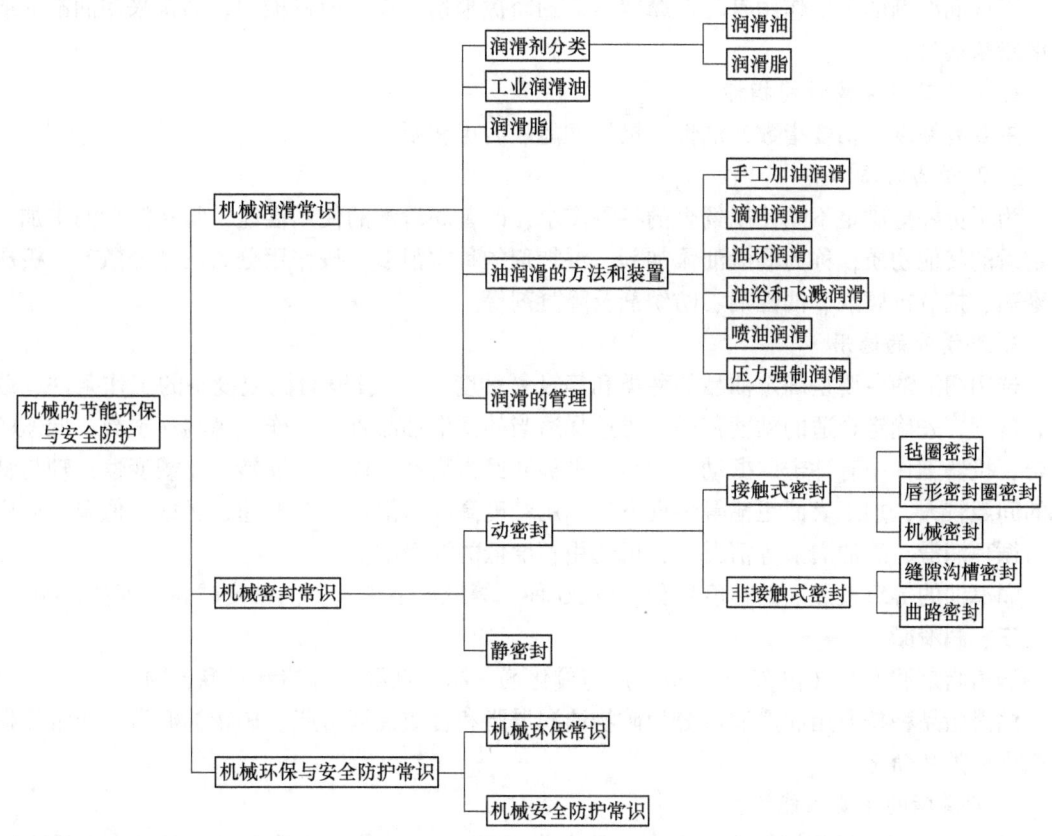

【学习目标】

1. 了解机械润滑剂的种类、性能及选用，了解机械常用润滑剂和润滑方法，掌握油润滑的六种方式。
2. 掌握机械的密封常识，密封的目的，旋转动密封的分类、特点及应用。
3. 了解机械环保与安全防护常识。

【学习内容】

现代工业除了追求效益外，越来越注重节能与环保。因此，学习常用的机械润滑、机械密封、机械环保与安全防护常识是很有必要的。

第一节 机械润滑常识

一、润滑剂的分类及选用

润滑剂是用于润滑、冷却和密封机械摩擦部分的物质。

润滑剂分为矿物性润滑剂、植物性润滑剂、动物性润滑剂和合成润滑剂。根据外形,分为油状液体润滑油、油脂状半固体润滑脂和固体润滑剂。

二、工业润滑油

工业润滑剂的主要作用是降低摩擦表面的摩擦损伤。在一般机械中,通常采用润滑油或润滑脂来润滑。

1. 润滑油的主要性能指标

主要有粘度、粘度指数、油性、极压性能、闪点和凝点。

2. 润滑油的添加剂

为了更好地满足不同使用场合的各种需求,改善润滑油的使用性能,常在润滑油中加入一定量的其他物质,称为润滑油添加剂。添加剂的种类很多,按作用分为清净分散剂、极压抗磨剂、抗氧抗腐剂、油性剂、防锈剂及降凝剂等。

3. 润滑油的选用

选用润滑油主要是确定油品的种类和等级(粘度)。一般根据机械设备的工作条件、载荷和速度,先确定合适的粘度范围,再选择适当的润滑油品种。工作于高温、重载、低速的场合,机器工作中有冲击、振动、运转不平稳并经常启动、停车、反转、变载变速,轴与轴承的间隙较大,加工表面粗糙等情况下应选用粘度高的润滑油。在高速、轻载、低温、采用压力循环润滑、滴油润滑等情况下,可选用粘度低的润滑油。

润滑油的等级按照油的粘度划分,分20种。等级数字越大,油粘度越高,即油越稠。

三、润滑脂

润滑脂是润滑油(占70%~90%)与稠化剂、添加剂等结合的膏状混合物。

润滑脂品种按所用润滑油可分为矿物油润滑脂和合成油润滑脂。矿物油润滑脂通常按稠化剂来分类和命名。

1. 润滑脂的主要性能指标

(1) 锥入度　润滑脂按锥入度自大至小分为000~6号共9个等级。号数越大,锥入度越小,润滑脂越稠。常用0~4号。

(2) 滴点　在规定的加热条件下,润滑脂从标准量杯的孔口滴下第一滴油时的温度称为滴点。滴点决定润滑脂的最高使用温度,一般应高于使用温度20~30℃。

2. 润滑脂的特点

粘度随温度变化小,使用温度范围较广;粘附能力强,油膜强度高,且有耐高压和极压性,故承载能力较大,在冲击、振动、间歇运转、变速等条件下应用;粘性大,不易流失,故密封装置和使用维护都较简单;使用寿命长,消耗量少;摩擦阻力较大,散热能力差,故不宜用于高速高温场合。

润滑脂在一般转速、温度和载荷条件下应用较多,特别是对滚动轴承的润滑。

3. 选用润滑脂的原则

1）在高速、重载或有严重冲击振动时，选用锥入度较小的润滑脂；对于中载荷和低载荷，一般选用 2 号脂。

2）机器在较高温度、速度下工作时，应选用抗氧化性好、蒸发损失小、滴点高的润滑脂。

3）对于滚动轴承，一般使用 3 号脂为宜；高速选用 1 号或 2 号脂。

4）对于潮湿和有水环境，选用抗水性好的润滑脂。

四、润滑方法与润滑装置

选择润滑剂后，还必须用合适的方法将其输送到各摩擦部位，对摩擦部位的润滑情况进行监控、调节和维护，以确保机械设备处于良好的润滑状态。

1. 油润滑的方法和装置

（1）手工加油润滑　这种方法供油不均匀、不连续，主要用于低速、轻载、间歇工作的开式齿轮、链条及其他摩擦副的滑动面润滑。

（2）滴油润滑　常用滴油油杯，有针阀式油杯、均匀滴油杯和油绳式油杯。

（3）油环润滑　适用于低速旋转和润滑轴承。

（4）油浴和飞溅润滑　主要用于闭式齿轮传动、蜗杆传动和内燃机等。

（5）喷油润滑　对于速度大于 10m/s 的齿轮传动，应采用喷油润滑，将油喷到啮合处的齿隙中。

（6）压力强制润滑　对于润滑点多而集中、负荷较大、转速较高的重要机械设备，如内燃机、机床主轴箱等，常采用这种润滑方法。

另外，还有油雾润滑，主要用于高速轴承、高速齿轮传动、导轨等的润滑。

2. 脂润滑的方法和润滑装置

润滑脂的加脂方式有人工加脂、脂杯加脂和集中润滑系统供脂等。对于单机设备上的轴承、链条等部位，润滑点不多时大多采用人工加脂和脂杯加脂。对于润滑点很多的大型设备、成套设备，如矿山机械、船舶机械和生产线，采用集中润滑系统。集中供脂装置一般由贮脂罐、给脂泵、给脂管和分配器等部分组成。

五、润滑的管理

润滑系统是向机器或机组的多个摩擦点供送润滑剂的系统，包括将润滑剂贮集、净化、冷却，以一定压力输送和分配到各润滑点进行润滑，并对润滑情况进行监测、调节、报警等的整套装置。

润滑系统的科学管理和正确维护对促进企业生产发展、提高经济效益有着极其重要的意义。

1. 设备润滑系统管理的任务

完善各项润滑管理制度，编制各种润滑技术资料和用油计划，严格按照润滑技术要求做好设备润滑、监测、维护等工作，以保证设备润滑系统正常工作。

2. 润滑管理的"五定"

"五定"是搞好润滑管理的有效措施。其主要内容为：

（1）定点　根据设备润滑卡片上指定的润滑部位、润滑点和检查点（油标、窥视孔等），实施定点加油、添油和换油，并检查油面高度和供油情况。

(2) 定质　各润滑部位所加油或脂的等级和质量必须符合润滑卡片上的要求，不得随便采用代用材料和掺配使用。

(3) 定量　按照润滑规定的油和脂数量添加到润滑部位和油箱、油杯。

(4) 定期　按照润滑规定的时间间隔进行添加油和换油。一般说来，设备的油杯、手泵、手按油阀和机床导轨、光杠等处每班加油 1~2 次；脂杯、脂孔每星期加脂 1 次或每班拧进 1~2 转；油箱每月检查加油 2 次，或定期抽样化验，按质换油。

(5) 定人　按润滑卡片上分工规定，各司其职。

第二节　机械密封常识

密封的目的在于阻止润滑剂和工作介质泄漏，防止灰尘、水分等杂物侵入机器。

密封分为静密封和动密封两大类。两零件结合面间没有相对运动的密封称为静密封，如减速器上、下箱体凸缘处的密封、轴承闷盖与轴承座端面的密封等。实现静密封的方法有：靠结合面加工平整并有一定宽度，加金属或非金属垫圈、密封胶等。动密封可分为往复动密封、旋转动密封和螺旋动密封。

旋转动密封可分为接触式和非接触式两类。

一、接触式密封

1. 毡圈密封

毡圈密封结构简单，易于更换，成本较低，适用于轴线速度小于 10 m/s、工作温度低于 125℃的轴上。常用于脂润滑轴承的密封，轴颈表面粗糙度值 Ra 不大于 $0.8\mu m$。

2. 唇形密封圈密封

唇形密封圈密封效果好，易装拆，主要用于轴线速度小于 20 m/s、工作温度低于 100℃的油润滑的密封。

3. 机械密封

机械密封已标准化。机械密封具有密封性好、摩擦损耗小、工作寿命长和使用范围广等优点，用于高速、高压、高温、低温或强腐蚀条件下的转轴密封。

二、非接触式密封

1. 缝隙沟槽密封结构

适用于干燥、清洁环境中脂润滑轴承的外密封。

2. 曲路密封

这种密封无论是对油润滑还是对脂润滑都十分可靠，且转速越高，密封效果越好。

第三节　机械环保与安全防护常识

一、机械环保常识

1. 机械对环境的污染

环境污染按性质可分为化学污染、物理污染和生物污染。部分机械产品在工作时会产生噪声等物理污染，使用过的润滑油、机油、金属切削液等发生泄露，会对环境产生化学污染。

2. 机械振动与噪声的抑制

（1）减振　采用减振措施可以有效地抑制与消除振动。在机械装置中，将振动源与机座间设置弹簧、弹簧片可以有效抑制噪声。如电冰箱压缩机、洗衣机甩干桶采用三根弹簧悬挂于机座上来减少振动，汽车采用弹簧钢板减少振动等。

（2）减振沟　磨床、空气锤采用减振沟来相互隔离，减少振动，并消除相互影响。

（3）消声器　发动机在工作时会产生很大的噪声，加装消声器可以有效减少噪声干扰。

（4）消除噪声源　采用电动机代替发动机，采用液压传动代替机械或气压传动，都可以从源头消除噪声。如电动自行车比摩托车噪声低很多。

（5）减少噪声干扰　大型空压机等噪声源单独设立在空气站机房中，与工作区间用管道相连；分体式空调器将噪声源设置于室外，都是减少噪声干扰的有效办法。

3. 机械三废的减少及回收

在机械生产中，难免会产生废气、废水与固体废弃物，合称三废。要采取有效的环保措施，减少三废。

1）生产过程中注意防止泄露，采用切削液循环利用、铁屑有效回收、在机床上设置油盘的方法。

2）采用高效发动机，提高燃料利用率；不轻易使用丙酮、氯仿、氟利昂、汽油等挥发性清洗剂；不在生产区焚烧废弃物等都是减少废气的有效手段。

3）三废又可称为"放在错误地点的原料"，不能再使用的切削液、更换下来的机油、机械设备用过的电池应集中保存，送专业部门集中处理，将其回收利用，变废为宝。不可随意倒入下水道和随意丢弃。

二、机械安全防护常识

在加工和使用机械产品的工程中，要防止人身伤害事故和机械产品非正常损坏事故，需采取相对应的防护措施。

以保证人身安全为前提条件，合理使用机械设备，可以从以下几方面入手。

1. 安全制度建设

根据行业特点和企业实际，建立相符合的安全制度。如机械加工厂规定：必须穿工作服上班，不留长辫子，不穿高跟鞋，不戴手套操作旋转机床，车间配置安全检查员，交接班制度等都是安全制度。

2. 采取安全措施

为防止人身伤害，机械产品在自身制造和使用过程中应采取相应的安全措施。

1）隔离将运动的机械部件，带高温、高压的机械部件用防护罩隔离，如机床的防护罩，也可将工作场地用围栏围起来，防止无关人员靠近。

2）在危险部位设置警告牌、采用语音提示等方式，如车间"起重臂下严禁站人"等提示。

3）设置保护机构，在可能发生安全事故时停止机器工作，保护人身安全。如冲床的保护装置，在操作人员失误时冲床可以自动停止工作，起到保护操作工安全的作用。

4）采取措施降低伤害程度。如在噪声巨大的加工车间佩戴耳罩，在灰尘严重的铸造车间戴口罩，在焊接时使用护目镜等。

5）抛光、电镀、化学镀、发蓝等机械零件的表面处理方法都能有效地起到防锈作用。常用的防锈方法如涂抹防锈油、油漆等也能起到防护作用。

6）机械在生产、运输和工作中，也会受到环境中的腐蚀性气体、液体的损伤，受到意外磕碰等伤害，应该采取防护措施。密封表面处理、加装防护罩、合理包装是常用的防护措施。

7）为防止铁屑等进入传动系统，机床上广泛采用防护罩。

3. 合理包装机械产品

【考点分析】
1. 润滑剂的分类、性能及选用。
2. 机械常用润滑剂、润滑方法与润滑装置，润滑的管理。
3. 接触式密封、非接触式密封的特点和应用；机械环保与安全防护装置。

【例1】常用的油润滑方式有_____、_____、_____、_____、_____和_____6种。

【解题指导】此题属于记忆题，主要考查学生对油润滑方式的知识点的掌握情况。

【参考答案】手工加油润滑　滴油润滑　油环润滑　油浴和飞溅润滑　喷油润滑　压力强制润滑

【例2】常用于闭式齿轮传动、蜗杆传动和内燃机等的润滑方式为_____。
A. 油绳、油垫润滑　　　　　　　　B. 针阀式注油油杯润滑
C. 油浴、溅油润滑　　　　　　　　D. 油雾润滑

【解题指导】此题属于记忆题，主要考查学生齿轮传动的润滑方式掌握得是否准确。

【参考答案】C

【例3】常说的"三废"是指_____、_____和_____三种。

【解题指导】此题属于记忆题，主要考查学生对三废是否熟悉。

【参考答案】废气　废水　固体废弃物

【习题练习】

一、填空题

1. 用于_____、_____和_____机械摩擦部分的物质称为润滑剂。
2. 常用的润滑剂有_____和_____。
3. 工业润滑剂的主要作用是_____。
4. 润滑管理的"五定"指的是_____、_____、_____、_____和_____五项主要内容。
5. 密封可分为_____和_____两大类。
6. 静密封有_____、_____、_____三种密封方式。动密封有_____和_____、_____三种。

二、选择题

1. 常用于高速滚动轴承、齿轮传动的润滑方式为_____。
   A. 油环润滑　　　　　　　　　　　B. 针阀式注油油杯润滑
   C. 油浴、溅油润滑　　　　　　　　D. 油雾润滑

2. 润滑剂最重要的性质是_____。
   A. 压力　　　　　B. 粘度　　　　　C. 压缩性　　　　　D. 密度
3. 滚动轴承有80%用_____润滑。
   A. 润滑脂　　　　B. 润滑油　　　　C. 乳化油　　　　　D. 矿物油
4. 主要用于轴线速度小于20 m/s、工作温度低于100℃的油润滑的密封是_____。
   A. 毡圈密封　　　B. 唇形密封圈密封　C. 机械密封　　　　D. 沟槽密封
5. 适用于干燥、清洁环境中脂润滑轴承的外密封是_____。
   A. 毡圈密封　　　B. 唇形密封圈密封　C. 机械密封　　　　D. 缝隙沟槽密封

三、问答题

1. 常用的润滑剂分为哪几种？各有哪些性能指标？
2. 选用润滑油要考虑哪些方面的因素？

第九单元 液压传动

【知识构架】

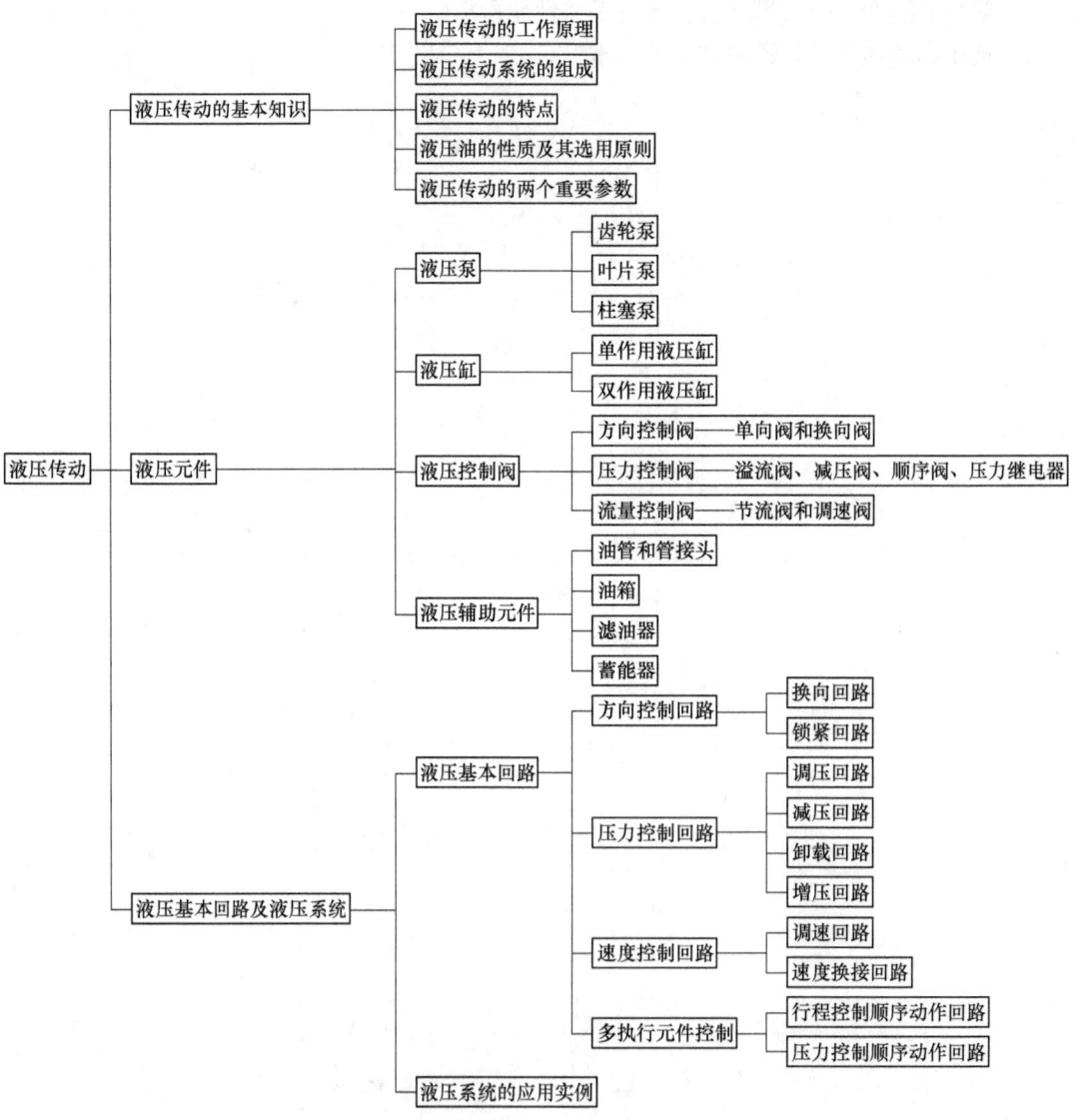

第一节 液压传动的基本知识

【学习目标】 了解液压传动的基本知识。
【学习内容】

一、液压传动的工作原理

图 9-1 所示为常见的液压千斤顶的工作原理图。它由手动柱塞泵和液压缸以及管路、管接头等构成一个密封的连通器，其间充满着油液。液压传动的工作原理是以油液作为工作介质，依靠密封容积的变化来传递运动，依靠油液内部的压力来传递动力。

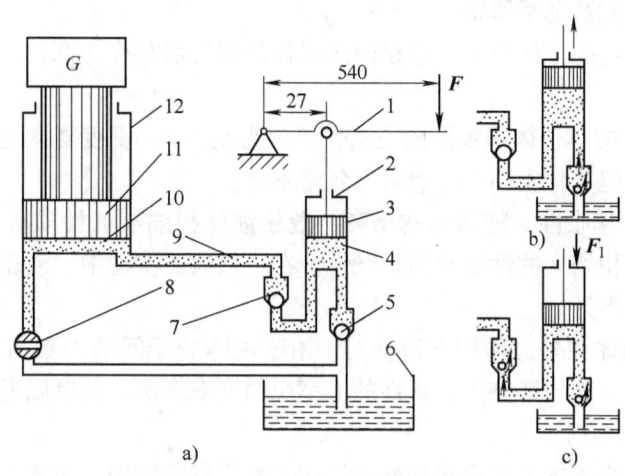

图 9-1 液压千斤顶的工作原理图
a) 工作原理图 b) 泵的吸油过程 c) 泵的压油过程
1—杠杆手柄 2—泵体 3、11—活塞 4、10—油腔 5、7—单向阀
6—油箱 8—放油阀 9—油管 12—缸体

二、液压传动系统的组成

一般液压传动系统除油液外，应由以下几个部分组成，见表 9-1。

表 9-1 液压传动系统的组成

名 称	功 用	实 例
动力部分（液压泵）	输入的机械能转换为液压能，是系统的能源	图 9-1 中由 1、2、3、5、7 组成的手动柱塞泵
执行部分（液压缸或液压马达）	将液压能转换为机械能，输出直线运动或旋转运动	图 9-1 中由 10、12 组成的液压缸
控制部分（控制阀）	控制液体压力、流量和方向	如各种压力控制阀、流量控制阀和方向控制阀
辅助部分（油箱、管路等）	输送液体、储存液体、过滤液体和密封等，保证液压系统正常工作所必需的部分	如油箱、油管、管接头、滤油器、蓄能器、密封件和控制仪表等

三、液压传动的特点

液压传动与机械传动、电力传动等相比，有如下特点。

1. 优点

1）输出力大，质量轻，体积小。
2）运动较平稳，能在低速下稳定运动；运行过程中，能随时进行大范围无级调速。
3）操作方便、省力，易实现远距离操纵及自动控制。
4）可自动实现过载保护。
5）元件易于标准化、系列化和通用化，使用寿命较长。

2. 缺点

1）易泄漏，传动效率低，传动比不如机械传动准确。
2）对元件的制造精度、安装、调整和维护要求较高，成本较高。
3）系统发生故障时，原因不易查明。

四、液压油的性质及选用原则

液压油是液压系统的工作介质，也是液压元件的润滑剂和冷却剂。

1. 液压油的性质

（1）密度　密度指单位体积油液的质量，单位为 kg/m^3。密度随压力的增加而提高，随温度的升高而减小，但变化很小，一般可以忽略不计。

（2）可压缩性和膨胀性　随压力的增高，液压油体积缩小的性质称为可压缩性；随温度的升高，液压油体积增大的性质称为膨胀性。在一般液压传动中，液压油的可压缩性和膨胀性值很小，可忽略不计。

（3）粘性　指液体在外力作用下流动时，由于液体分子间的内聚力而产生阻止液体内部相对运动而产生的一种内摩擦力。粘性的大小用粘度来表示。粘度随温度升高而下降。

2. 液压油的选用原则

在选择液压油时应根据工作要求和液压油相关性质进行选用，主要有以下几个方面。
1）粘度适当，且粘度随温度的变化值要小。
2）化学稳定性好。
3）杂质少。
4）闪点高，凝固点低。

五、液压传动的两个重要参数

1. 压力

（1）压力　静止液体在单位面积上所受的法向力称为压力。用公式表示为

$$p = \frac{F}{A}$$

式中，p 为压力，单位为 Pa，压力值较大时用 kPa 或 MPa；F 为油液受到的外力，单位为 N；A 为液体表面承压面积，单位为 m^2。

静压力具有两个特性。
1）油液内任意点受到的各方向的静压力都相等。
2）静压力的方向为垂直指向受压表面。

（2）静压传递原理（帕斯卡原理）　在密封容器内施加于静止液体任一点的压力将以等值传递到液体中各点，这就是静压传递原理。液压千斤顶、水压机等都是根据这个原理制成的。

(3) 液压系统中的额定压力和压力分段 在正常条件下，按试验标准规定连续运转（工作）的最高压力称为额定压力。额定压力是液压元件的基本参数，额定压力应符合公称压力系列。液压传动中的压力按大小由表9-2进行分级。

表9-2 液压压力的分级

压力分级	低压	中压	中高压	高压	超高压
压力范围/MPa	0~2.5	>2.5~8	>8~16	>16~32	>32

2. 流量和平均流速

(1) 流量 流量指单位时间内流过管道或液压缸某一截面的油液体积，通常用 Q 表示。

若在时间 t 内，流过管道或液压缸的油液体积为 V，则流量为 $Q = \dfrac{V}{t}$，单位为 m^3/s，工程上常用单位 L/min，换算关系为 $1 m^3/s = 6 \times 10^4 L/min$。

(2) 额定流量 按试验标准规定，系统连续工作所必须保证的流量称为额定流量，它是液压元件的基本参数，应符合公称流量系列。

(3) 平均流速 平均流速是一种假想的流速，即按通流截面上各点流速相同所计算的流量，来代替实际的流量，即

$$v = \dfrac{Q}{A}$$

式中，v 为平均流速，单位为 m/s；Q 为流入液压缸或管道的油液流量，单位为 m^3/s；A 为活塞（或液压缸）的有效作用面积或管道的通流面积，单位为 m^2。

由于油液之间和油液与管壁之间的摩擦力大小不同，故在油液流动时，在同一截面上各点的真实流速并不相同，用平均流速作近似计算。

(4) 活塞（或缸）的运动 其是由于进入的油液迫使容积增大而产生的，因此活塞（或缸）运动速度与进入油液流量有直接关系，活塞（或缸）运动速度与活塞有效作用面积和流量之间的关系为 $v = \dfrac{Q}{A}$。

(5) 液流连续性原理 液体流过无分支管道时在任一截面上的流量是相等的。

液压系统中的压力是由外界负载决定的，并随负载的改变而改变，与流量无关。流量 Q 和有效作用面积 A 与活塞运动速度 v 之间的关系为 $Q = Av$。说明当 A 一定时，改变流量 Q 可改变 v，运动速度 v 快慢仅与 Q 和 A 有关，与压力大小无关。

3. 压力损失、流量损失和功率

(1) 液阻和压力损失 因油液具有粘性，油液各质点之间，油液与管壁间都会产生摩擦、碰撞等，对液体的流动产生阻力，这种阻力称为液阻。液阻要损耗一部分能量。这种能量损失主要表现为液流的压力损失。压力损失可分为沿程损失和局部损失。

(2) 泄漏和流量损失 从液压元件的密封间隙漏出少量油液的现象叫泄漏。泄漏分为内泄漏和外泄漏两种。

(3) 液压传动功率的计算 功率是单位时间内所作的功，用 P 表示，单位为 W 或 kW。

1) 液压缸的输出功率为负载阻力 F 和活塞（或缸）的运动速度 v 的乘积，即 $P = Fv$。因为 $F = p_缸 A, v = \dfrac{Q_缸}{A}$，故液压缸输出功率可写为 $P_缸 = p_缸 Q_缸$。

2）液压泵的输出功率 $P_泵 = p_泵 Q_泵$。

由于油液在管道中流动时有压力损失和流量损失，因此液压泵的输出功率应大于液压缸的输出功率。

3）驱动液压泵的电动机功率。由于存在机械摩擦、内泄漏等因素，故电动机（原动机）功率应比液压泵输出功率要大，两者之比用 $\eta_总$ 表示，即 $\eta_总 = \dfrac{P_泵}{P_电}$。

式中，$\eta_总$ 为液压泵的总效率（外啮合齿轮泵的 $\eta_总$ 一般取 0.63～0.9；叶片泵的 $\eta_总$ 取 0.75～0.85；柱塞泵的 $\eta_总$ 取 0.8～0.9，或参照液压泵的产品目录）。

驱动液压泵的电动机功率为 $P_电 = \dfrac{P_泵}{\eta_总} = \dfrac{p_泵 Q_泵}{\eta_总}$。

【考点分析】
1. 液压传动的工作原理、系统组成及基本参数。
2. 液压油的性质和选用。

【例1】液压传动的工作原理是以_____作为工作介质，依靠密封容积的_____来传递运动，依靠油液内部的_____来传递动力。

【解题指导】此题属于理解记忆题，主要考查学生对液压传动工作原理是否熟悉。

【参考答案】流体　变化　压力

【例2】油液通过不同截面积的通道时，各截面油液的平均流速与通道的截面积成_____比，即面积小的截面，油液的平均流速_____；面积大的截面，油液的平均流速_____。

【解题指导】此题属于理解题，主要考查学生对液压传动参数的理解程度。

【参考答案】反　大　小

【例3】液压系统的控制元件是_____。
A. 电动机　　　　　B. 液压阀　　　　　C. 液压缸或液压马达　　D. 液压泵

【解题指导】此题属于记忆题，主要考查学生对液压传动组成部分及功能是否熟悉。

【参考答案】B

【习题练习】

一、填空题

1. 目前运用最为广泛的传动方式是_____、_____、_____和_____。
2. 液压传动装置实质是一种_____，它先将_____转换成_____，然后再将_____转换为_____。
3. 液压传动除油液外，由_____、_____、_____和_____组成。
4. 液压油是液压系统的_____，也是液压元件的_____和_____。
5. 液压系统中某处油液压力的大小取决于_____；当活塞的有效作用面积一定时，活塞的运动速度决定于流入液压缸中的_____。

二、选择题

1. 液压泵吸油过程中，下列说法正确的是_____。
　　A. 油箱必须和大气相通　　　　　　B. 油箱必须密封，不能和大气相通
　　C. 负载必须大于油路阻力　　　　　D. 负载必须小于油路阻力

2. 液压系统的动力元件是_____。
   A. 液压阀   B. 液压泵   C. 电动机   D. 液压缸或液压马达

3. 密封容器中静止油液受压时，_____。
   A. 任意一点受到各个方面的压力均不等
   B. 内部压力不能传递动力
   C. 压力方向不一定垂直于受压面
   D. 能将一处受到压力等值传递到液体的各个部位

4. 绘制液压系统图一般采用元件_____。
   A. 实物图   B. 图形符号   C. 原理图   D. 结构图

5. 油液特性的错误提法是_____。
   A. 在液压传动中，油液可近似看做不可压缩
   B. 粘性是油液流动时内部产生摩擦力的性质
   C. 液压传动中，压力的大小对油液的流动性影响不大，一般不予考虑
   D. 油液的粘度与温度变化有关，油温升高，粘度变大

6. 液压传动的特点是_____。
   A. 结构紧凑，不能在低速下稳定运动   B. 不能随时进行大范围无级调速
   C. 不能实现远距离操纵和自动控制   D. 速比不如机械传动准确

7. 液压传动与机械传动、电气传动比较，不属于其优点的是_____。
   A. 能随时进行大范围无级调速   B. 可自动实现过载保护
   C. 传动比恒定、准确   D. 易于获得很大的力

8. 活塞有效作用面积一定时，活塞的运动速度取决于_____。
   A. 液压泵的输出流量   B. 液压缸中油液的压力
   C. 负载阻力的大小   D. 进入液压缸的流量

9. 液体流过不同截面积的通道时，各个截面积处的压力是与通道的截面积_____。
   A. 成反比   B. 成正比   C. 无关   D. 相等

10. 当负载不变时，若液压缸活塞的有效工作面积增大，液压缸中油液的压力_____。
    A. 变小   B. 变大
    C. 不变   D. 随活塞的运动速度的变化而变化

三、判断题
1. 液压系统压力的大小取决于液压泵的额定工作压力。（ ）
2. 活塞有效作用面积一定时，活塞的运动速度取决于液压泵的输出流量。（ ）
3. 液压千斤顶中，作用在小活塞上的推力越大，大活塞运动速度越快。（ ）
4. 液压传动可作大范围无级调速。（ ）
5. 静止油液中，油液的压力方向不总是垂直于受压面。（ ）
6. 液压系统中，动力元件是液压缸，执行元件是液压泵，控制元件是油箱。（ ）
7. 液压千斤顶中，作用在小活塞上的力越大，大活塞顶起重物的能力越小。（ ）
8. 活塞的运动速度和油液的压力有关。压力越大，活塞的移动速度越大。（ ）

9. 驱动液压泵的电动机所需的功率比液压泵的输出功率大。（   ）

四、简答题

1. 简述液压传动的工作原理。
2. 简述液压传动的特点。
3. 分析图 9-1 所示的液压千斤顶的工作原理。
4. 如图 9-1 所示，其中 F 是手揿动手柄的力，F_1 是手柄施加在小活塞 3 上的力，小活塞直径 $d_1=20\text{mm}$，大活塞直径 $d_2=60\text{mm}$，问当 $F=50\text{N}$ 时，能顶起多重的物体？

第二节 液压元件

【学习目标】了解液压元件的类型、结构和作用。

【学习内容】

一、液压泵

液压泵是液压系统的动力元件，它是将原动机输入的机械能转换为液压能的能量转换元件。常用的液压泵有齿轮泵、叶片泵和柱塞泵（图 9-2），分别适宜于低、中、高压系统。液压泵的性能好坏直接影响到液压系统的工作性能和可靠性。

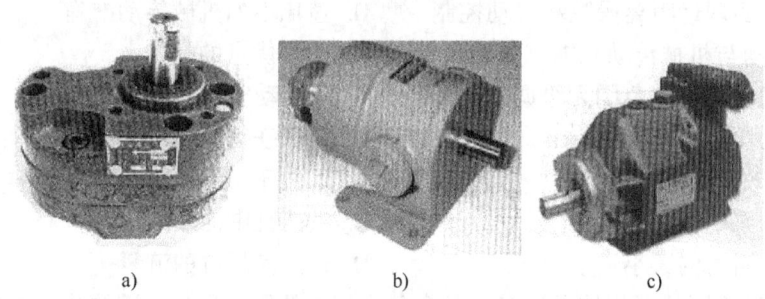

图 9-2 常用液压泵的应用
a) 齿轮泵 b) 叶片泵 c) 柱塞泵

1. 液压泵的工作原理和图形符号

（1）液压泵的工作原理 液压泵是靠密封容积的变化来实现吸油和压油的过程，故可称为容积泵。其工作过程就是吸油和压油过程。

要保证液压泵正常工作，必须满足以下条件。

1) 应具备密封工作容积，并且密封容积应能不断重复地由小变大，再由大变小。

2) 要有配油装置，在吸油过程中必须使油箱与大气相通，容积减小时向系统压油。

（2）液压泵的图形符号 液压泵的图形符号见表 9-3。

表 9-3 液压泵的图形符号

单向定量	双向定量	单向变量	双向变量

2. 液压泵的主要类型

(1) 齿轮泵　齿轮泵的种类很多，按啮合形式可分为外啮合式和内啮合式两种。

外啮合齿轮泵工作原理图如图9-3所示，外啮轮泵由泵体2、一对外啮合齿轮1和5、前后两端盖、传动轴6和7等组成。齿轮泵的结构简单，易于制造，价格便宜，工作可靠，维护方便，对液压油的污染不敏感；但泄漏较大，效率不高，易产生振动和噪声。一般用于低压系统，只能作定量泵使用。

(2) 叶片泵　叶片泵具有输出流量均匀，结构紧凑，运转平稳，噪声小，使用寿命长，压力较高，容积效率较高等优点，但对油液污染较敏感，加工精度要求高。一般用于中压系统。叶片泵用YB表示。叶片泵分单作用式和双作用式两种。

1) 单作用式叶片泵：图9-4所示为其工作原理图，它主要由转子1、定子2、泵体3、叶片4、传动轴5和配油盘6以及端盖等组成。单作用式叶片泵每转一周，每一叶片均完成一次吸油和压油过程，故称为单作用式叶片泵。由于转子受到排油腔单向作用的压力，使轴承上所承受载荷较大，因此也称为非卸荷式叶片泵。此类泵通过改变偏心距 e 的大小和方向，就可改变输油量和输油方向，使其成为变量泵。偏心距增大，输油量也会随之增大。

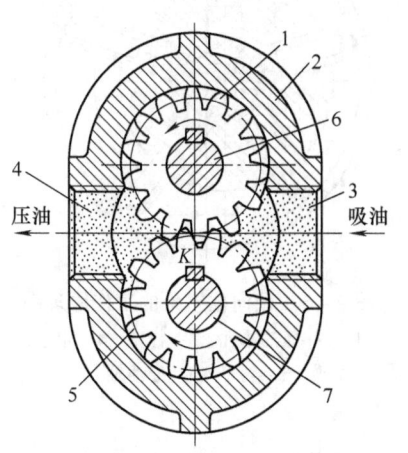 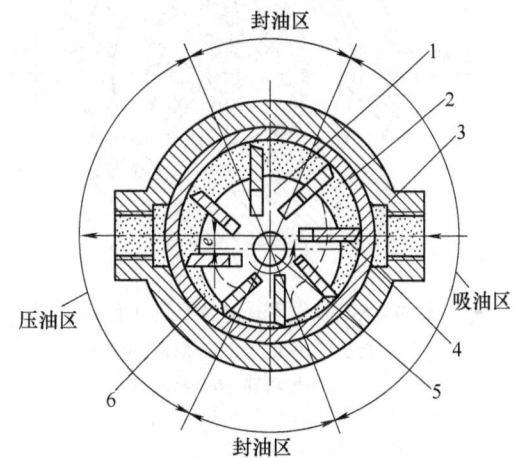

图9-3　外啮合齿轮泵工作原理图　　　　图9-4　单作用式叶片泵的工作原理图
1、5—外啮合齿轮　2—泵体　　　　　　1—转子　2—定子　3—泵体　4—叶片
3、4—油腔　6、7—传动轴　　　　　　　5—传动轴　6—配油盘

2) 双作用式叶片泵：图9-5所示为其工作原理图。其转子1和定子2中心重合。转子旋转一周，每一叶片往复滑动两次，每相邻叶片间的密封容积就发生两次变化，实现两次吸油和压油过程，故称为双作用式叶片泵。由于两个吸油区和压油区各自对称，转子所受径向力平衡，所以也称为卸荷式叶片泵，可以提高工作压力。由于转子和定子同心，不能改变输油量，只能作定量泵使用。

(3) 柱塞泵　柱塞泵是利用柱塞在有柱塞孔的缸体内作往复运动，使缸体内的密封容积变化来实现吸油和压油的过程，按其柱塞排列方向不同，可分为径向柱塞泵和轴向柱塞泵两大类。

1) 径向柱塞泵：其工作原理如图9-6所示，它由柱塞3、定子4、转子5和配油轴6等组成。转子每转一周，各柱塞各吸、压油一次。改变转子与定子的偏心距e时，可改变泵的输油量，因此径向柱塞泵是一种变量泵。若改变偏心方向，就可改变吸、排油方向成为双向变量泵。径向柱塞泵的输油量大，压力高，流量调节和流量变换都很方便，性能稳定，耐冲击性能好。但其径向尺寸大，结构复杂，自吸能力差，配油轴受径向不平衡力，易磨损，惯性大，制造困难，故近年来逐渐被轴向柱塞泵替代。

2) 轴向柱塞泵：其工作原理如图9-7所示，它由配油盘1、缸体2、柱塞3和斜盘4等组成，缸体每转一转，各柱塞往复一次，完成一次吸油和压油过程。改变斜盘倾角γ的大小，可改变柱塞的行程长度，就改变了泵的输油量。若改变倾斜方向，能使吸、压油方向改变，使其成为双向变量泵。轴向柱塞泵具有结构紧凑、径向尺寸小、效率高及流量调节方便和流量范围较大等优点，可应用在高压、大流量、大功率和流量需要调节的场合。但这种泵轴向尺寸大，轴向作用力大，结构复杂，价格贵。

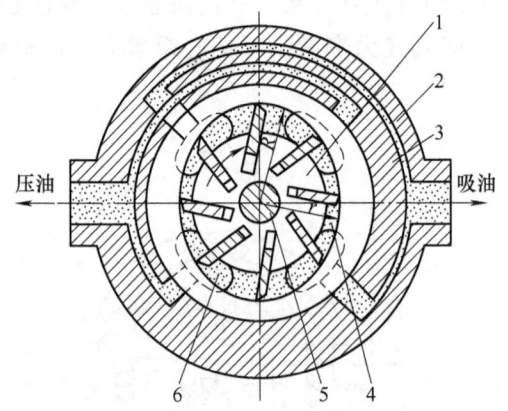

图9-5 双作用式叶片泵的工作原理图
1—转子 2—定子 3—泵体 4—叶片
5—传动轴 6—配油盘

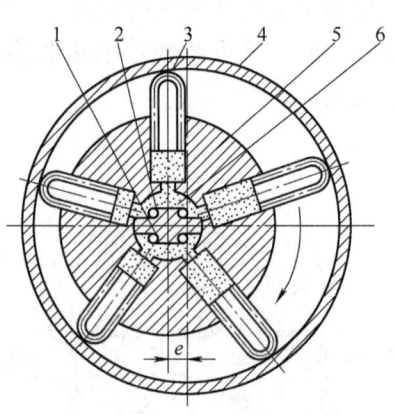

图9-6 径向柱塞泵的工作原理图
1、2—压油小孔 3—柱塞 4—定子
5—转子 6—配油轴

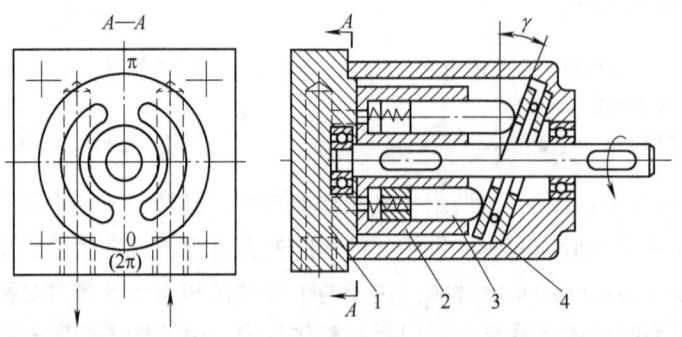

图9-7 轴向柱塞泵的工作原理图
1—配油盘 2—缸体 3—柱塞 4—斜盘

3. 液压泵的选择

表9-4为各液压泵在不同场合中的应用。

表 9-4 液压泵的选择

液压泵的类型	应用场合	液压泵的类型	应用场合
齿轮泵	机床辅助装置（夹紧、送料、润滑等）	双作用式叶片泵	精度较高的机床（如磨床等）
齿轮泵或双作用式叶片泵	负载小、功率小的机床	柱塞泵	负载大、功率大的机床（如拉床等）

二、液压缸

液压缸（图 9-8）是液压系统的执行元件，它是将液压能转换为机械能的能量转换装置。液压缸按结构形式分为活塞缸、柱塞缸和摆动缸三类。活塞缸和柱塞缸用来实现往复直线运动，输出推力和速度；摆动缸用来实现摆动，输出转矩和角速度。

1. 液压缸的类型和图形符号

液压缸的类型和图形符号可按结构形式和作用方式进行分类，见表 9-5。

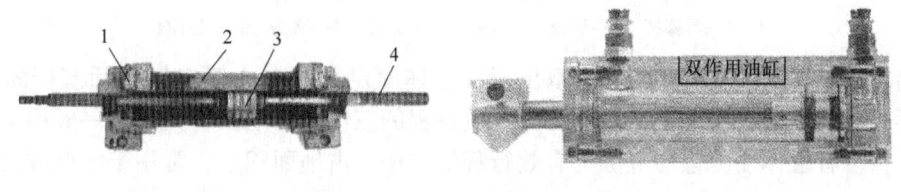

图 9-8 液压缸的应用
a）双活塞杆液压缸 b）单活塞杆液压缸
1—端盖 2—缸筒 3—活塞 4—活塞杆

表 9-5 液压缸的类型和图形符号

类型	名称	图形符号	应用特点
双作用液压缸	单活塞杆液压缸		单边有活塞杆伸出，双向都有液压驱动，双向速度和推力不相等
	双活塞杆液压缸		双边都有活塞杆伸出，双向都有液压驱动，活塞往复运动速度相等
	伸缩液压缸		双向液压驱动，由液压油由大到小逐节推出，靠外力由小到大逐节缩回
单作用液压缸	柱塞式液压缸		柱塞作单向运动，返回是利用自重或负载将柱塞推回
	单活塞杆液压缸		活塞作单向运动，返回是利用自重或负载将活塞推回
	双活塞杆液压缸		双边都有活塞杆伸出，只能向活塞一侧供给液压油，返回是利用弹簧力、重力或外力将活塞推回
	伸缩液压缸		以短缸获得长行程，用液压油由大到小逐节推出，靠外力由小到大逐节缩回

2. 常用液压缸的工作原理

活塞式液压缸的工作原理。

1) 双出杆活塞式液压缸：图 9-9 所示为一驱动磨床工作台的实心双出杆活塞式液压缸结构图，当压力油从液压缸右腔进入，左腔回油时推动活塞向左移动，反之活塞右移。其特点是液压缸两腔中都有活塞杆伸出，且两活塞杆直径 d 相等，即活塞两侧有效面积 A 相等，因此当供油量相等时，活塞往复运动速度相等。例如供油压力 p 相等，则其向左或向右两个方向的液压推力相等。

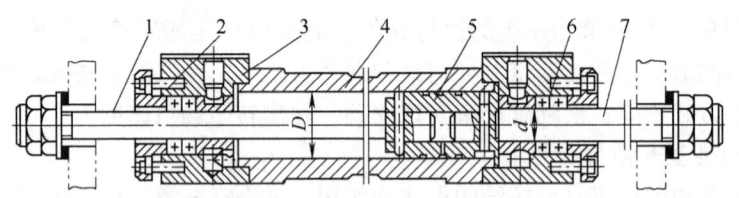

图 9-9 实心双出杆活塞式液压缸结构图
1、7—活塞杆 2—压盖 3—端盖 4—缸体 5—活塞 6—密封圈

双出杆活塞式液压缸可分为实心双出杆（缸体固定）和空心双出杆（活塞杆固定）两种结构形式。前者活塞杆往复运动范围为有效行程的三倍，占地面积大，故一般用于小型液压设备上；后者缸体往复运动范围为有效行程的二倍，占地面积小，常用于中型或大型液压设备上。

2) 单出杆活塞式液压缸：图 9-10 所示为单出杆活塞式液压缸。其特点是活塞一端有活塞杆，另一端没有，所以活塞两端的有效工作面积 A_1、A_2 不相等。因此，在供油量 Q 相同的情况下，活塞往复运动速度不相等。例如供油压力 p 相等时，向左和向右两个方向的液压推力也不相等。无论缸体固定还是活塞杆固定，其运动范围均为工作行程的两倍。故此缸的运动范围较小。

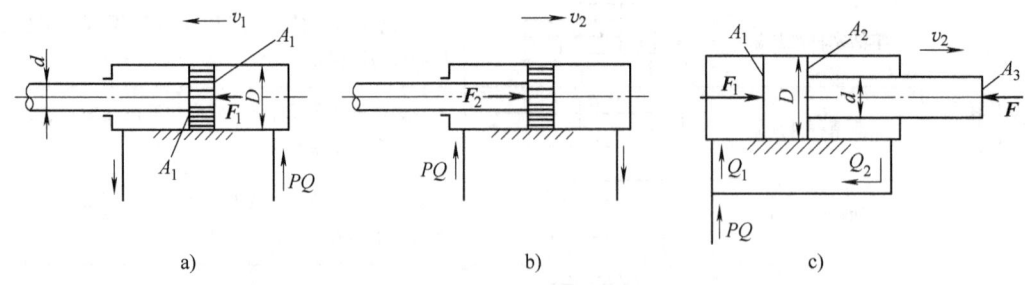

图 9-10 单出杆活塞式液压缸
a) 左移 b) 右移 c) 差动连接

差动液压缸：当单出杆活塞式液压缸的两腔同时接通压力油而进行工作时（图 9-10c），由于活塞两端有效工作面积 A_1、A_2 不相等，使作用于活塞两端的液压力 F_1 与 F_2 也不相等，产生推力差 F_3，在此推力差的作用下，使活塞向右移动。此时从缸右腔排出的油液 Q_2 也进入到左腔，使活塞实现快速运动，这种连接方式称为差动连接。这种两腔同时接通压力油，利用活塞两侧有效作用面积差进行工作的单出杆液压缸称为差动液压缸。其特点是速度快、推力小，适用于快速进给系统。

3. 液压缸的密封、缓冲和排气

（1）液压缸的密封　主要指活塞与缸体、活塞杆与端盖之间的动密封以及缸体与端盖之间的静密封。密封性能的好坏将直接影响其工作性能和效率，因此要求所选用的密封元件的密封性能随工作压力的升高而自动增强，使泄漏不因压力升高而显著增加。液压缸常用的密封方法见表9-6。

（2）液压缸的缓冲　利用油液的节流（即增大终点回油阻力）作用实现的。常用的缓冲结构如图9-11所示，是为了防止活塞到行程终点时，由于惯性力作用与缸盖相撞，而利用活塞上的凸台和缸盖上的凹槽在接近时油液经凸台和凹槽间的缝隙流出，增大回油阻力，产生制动作用，从而实现缓冲。

表9-6　液压缸常用的密封方法

密封方法与原理	结构图		应用特点
间隙密封 （依靠运动件之间很小的配合间隙来保证密封）	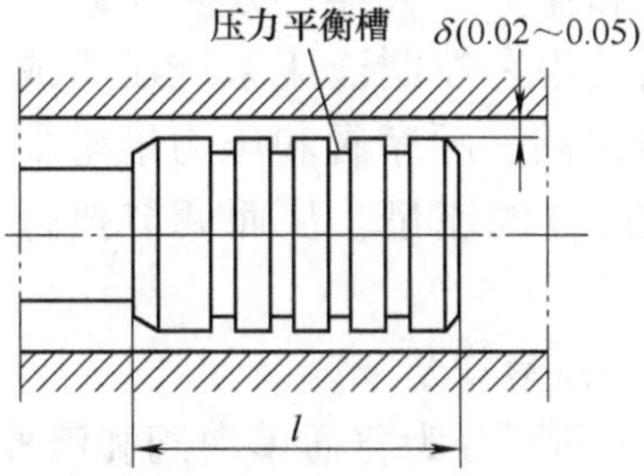		这种密封方法摩擦阻力小，内泄漏量大，密封性能差，要求加工精度高，只适用于低压、运动速度较快的场合
密封圈密封 （利用密封元件弹性变形挤紧零件配合面来消除间隙）	"O"型密封圈	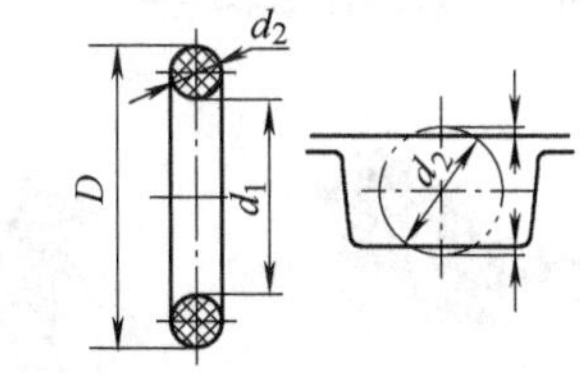	结构简单、制造容易、体积小、装拆方便、密封可靠，能在各种压力下可靠工作。应用最普遍，既可作为运动件之间的动密封，又可作为固定件之间的静密封，是标准件
	"V"型密封圈	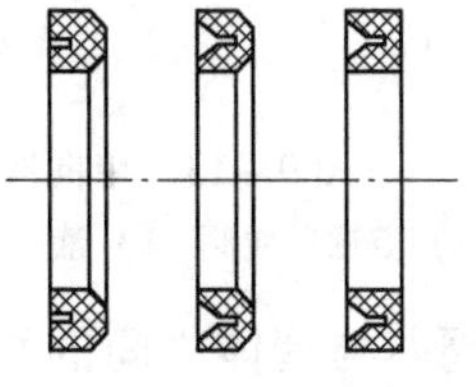	由形状不同的支承环、密封环和压环组成，接触面积大，耐高压，密封可靠，但摩擦阻力较大，结构复杂，常用于大直径的柱塞或移动速度不高的液压缸中
	"Y"型密封圈	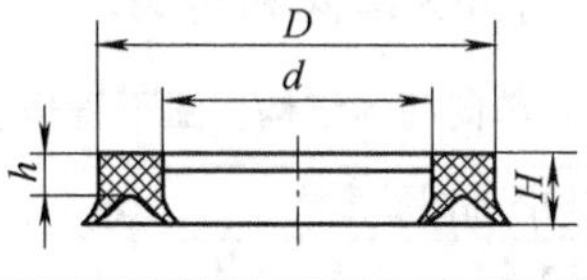	断面呈Y形，结构简单，适应性广，密封效果好，寿命长，常用于运动速度较快的液压缸中

（3）液压缸的排气　缸中如有残留空气，将引起活塞运动时的爬行和振动，产生噪声和发热，甚至使整个系统不能正常工作，因此应在液压缸上增加排气装置。图9-12所示为排气塞结构。排气装置应安装在液压缸的最高处。工作之前先打开排气塞，让活塞空行程往返移动，直至将空气排干净为止，然后拧紧排气塞进行工作。为便于排除积留在液压缸内的空气，油液最好从液压缸最高点引入和引出。

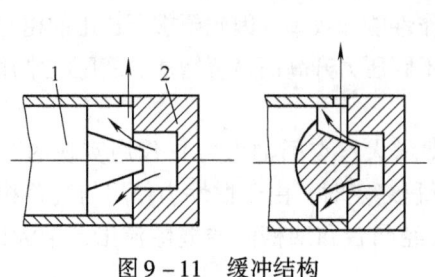
图 9-11　缓冲结构
1—活塞　2—缸盖

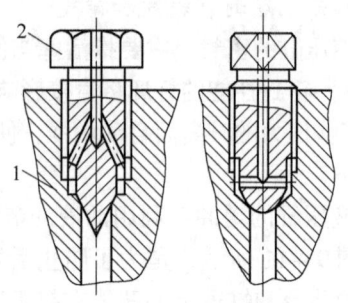
图 9-12　液压缸的排气
1—缸体　2—排气塞

三、液压控制阀

液压控制阀分为方向、压力和流量三大类。方向控制阀是用来控制液流的方向，包括单向阀和换向阀；压力控制阀是用来控制液压系统压力或利用压力作为信号来控制其他元件动作的阀，有溢流阀、减压阀、顺序阀和压力继电器等；流量控制阀是通过改变阀口通流面积的大小来调节通过阀口的流量，从而调节执行元件运动速度，有节流阀和调速阀等。

1. 方向控制阀的结构、原理和图形符号

（1）单向阀　单向阀根据功用不同分为普通单向阀和液控单向阀两种，如图 9-13 所示。单向阀的结构、图形符号、原理与作用见表 9-7。

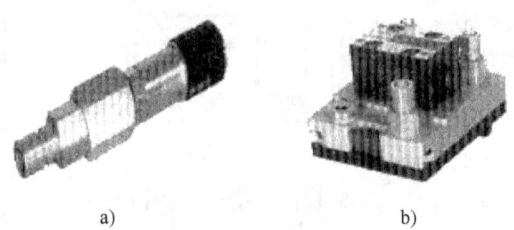

图 9-13　单向阀
a) 普通单向阀　b) 液控单向阀

（2）换向阀　换向阀是利用阀芯与阀体之间的相对运动来改变油液的流动方向。按阀芯相对于阀体的运动方式不同，可分为滑阀和转阀。

表 9-7　单向阀的结构、图形符号、原理与作用

类型	结构图与图形符号	原理与作用
普通单向阀	进油口 P_1 —— 出油口 P_2	由阀体1、阀芯2和回位弹簧3等组成，压力油从进油口 P_1 流入，从出油口 P_2 流出。当油液反流时，液压力和弹簧力将阀芯紧压在阀座上，阀口闭合，油路不通。常安装在泵的出口，用于防止系统的压力冲击或油液倒流回油箱。其作用是只允许油液按一个方向流动，反向不能流动

(续)

类型	结构图与图形符号	原理与作用
液控单向阀	（结构图：1 活塞，2 顶杆，3 锥形阀阀芯；控制油口 K、进油口 P_1、出油口 P_2；下方为图形符号）	由锥形阀阀芯 3 和活塞 1 组成。当控制油口 K 不通压力油时，只允许油液由 P_1 流向 P_2 口；当控制油口 K 通压力油时，推动活塞右移并通过顶杆 2 使单向阀阀芯顶起，P_1 与 P_2 相通，油液可在两个方向自由流通。当控制油进口的控制油路切断后，恢复单向流动

1）滑阀式换向阀的工作原理：如图 9-14 所示的阀芯有三个工作位置，左、中、右（称为三位），阀体上有 4 个通路 O、A、B、P 称为四通（P 为进油口，O 为回油口，A、B 为通往执行元件两端的油口），此阀称为三位四通阀。图 9-14a、b、c 分别表示阀芯处于中位、右位和左位；图 9-14d 为三位四通阀的图形符号。

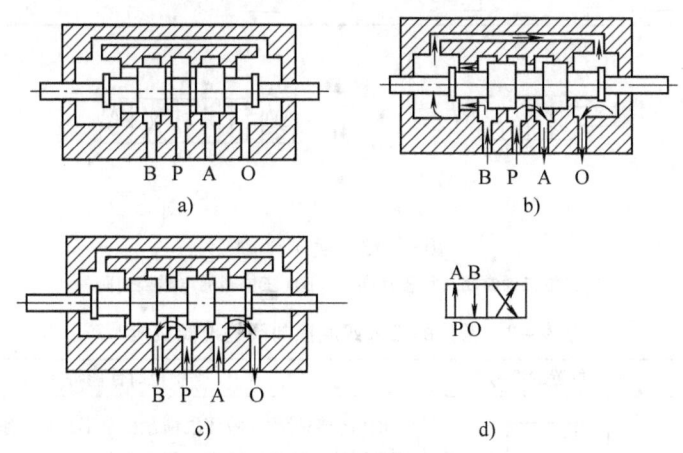

图 9-14 滑阀式换向阀的换向原理
a）阀芯处于中位 b）阀芯处于右位 c）阀芯处于左位 d）图形符号

2）换向阀的符号表示：一个换向阀的完整图形符号应表明位置数、通数、操纵方式、复位方式和定位方式等。各类换向阀的图形表达方式见表 9-8。

图 9-15a 为二位二通常闭式行程换向阀，当挡铁没压住滚轮时，右位接入系统，P 与 A 不通。当挡铁压住滚轮使阀芯移动时，左位接入系统，油口 P 与 A 接通。图 9-15b 为三位四通电磁换向阀，1DT 通电时，左位接入系统，这时油口 P 和 A 相通，油口 B 和 O 相通；当 2DT 通电时，右位接入系统，油口 P 与 B 相通，油口 A 和 O 相通；均断电时，处于中位，油路均堵住。

3）三位四通换向阀的滑阀机能：三位换向阀的阀芯在阀体中有左、中、右三个位置，左、右两位是使执行元件产生不同的运动方向，而在中间位置时的油口连接关系称为滑阀机能（即中位机能）。常见的三位四通换向阀的滑阀机能见表 9-9。

表 9-8 各类换向阀的图形表达方式

项目	图形表达举例			备注
位	二位	三位	四位	"位"指阀芯在阀体内的工作位置数,用方框表示;方框数即"位数",有二位、三位、四位等
位与通	二位二通	二位三通	二位四通	在一个方框内,箭头或"⊥"与方框的交点数为油口通路数,即"通数",通数有二通、三通、四通、五通等。其中"↑"、"↓"表示通路,"⊥"和"⊤"表示通路被阀芯堵死
	二位五通	三位四通	三位五通	
操纵方式	手动	电磁动	液动	滑阀的操纵方式有手动、机动、液动和电磁等多种型式
	机动(滚轮)	机动(顶杆)	机动(弹簧)	

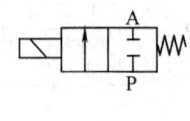
a)

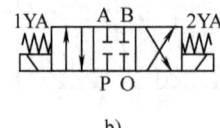
b)

图 9-15 换向阀
a) 二位二通常闭式行程换向阀 b) 三位四通电磁换向阀

表 9-9 常见的三位四通换向阀的滑阀机能

滑阀机能型式	中间位置的符号	中位时性能特点
O	A B / P O	油口全部封闭,液压缸锁紧,泵不卸荷,系统保持压力。用于闭锁回路。换向精度高,但有冲击
M	A B / P O	进油口 P 与回油口 O 连通,泵卸荷,液压缸 A、B 两个油口封闭,液压缸锁紧。用于锁紧回路与卸荷回路。换向精度高,但有冲击
H	A B / P O	P、A、B、O 四个油口全通,泵卸荷,液压缸两腔连通。用于卸荷回路。换向平稳,但冲击量大
Y	A B / P O	进油口 P 封闭,A、B、O 三个油口连通,泵不卸荷,液压缸两腔连通。换向平稳,冲击量较大
P	A B / P O	回油口 O 封闭,P、A、B 三个油口连通,泵不卸荷,能实现差动连接。换向最平稳,冲击量较小

2. 压力控制阀

控制液压系统的压力或利用压力作为信号来控制其他元件动作的阀称为压力控制阀。常用的压力阀有溢流阀、减压阀、顺序阀和压力继电器等。它们的共同特点是：利用油液压力和弹簧力相平衡的原理来进行工作。

（1）溢流阀 一般安装在泵的出口处，并联在系统中使用。它的作用是溢流和稳压，限压保护作用（又称安全阀），及起背压阀作用。溢流阀分直动式和先导式两种。直动式溢流阀（图9-16）的特点是结构简单，反应灵敏，缺点是工作时易产生振动和噪声，而且压力波动较大。主要用于低压或小流量场合。

（2）减压阀 其作用是利用液流流过缝隙产生压降的原理，使出口油压低于进口油压，以满足执行机构的需要。减压阀

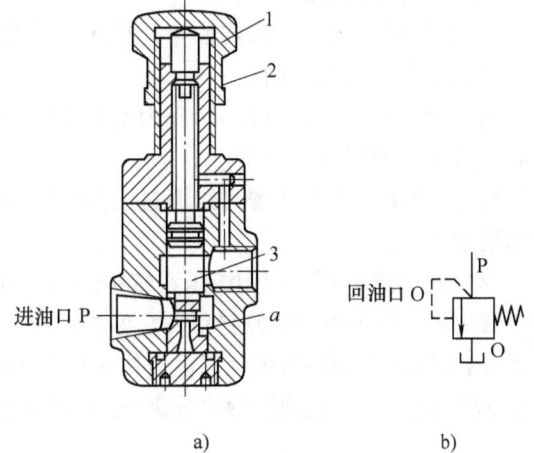

图9-16 直动式溢流阀
a) 结构原理 b) 图形符号
1—调压螺母 2—调压弹簧 3—阀芯 a—阻尼小孔

有直动式和先导式两种，一般采用先导式。图9-17表示先导式减压阀的结构图和图形符号，它由先导阀调压和主阀减压两部分组成。减压阀是依靠其自动调节节流口 h 的大小，使被控出油压力基本保持调定压力。调节主阀弹簧4的预压缩量，可以调节出口油压的大小。

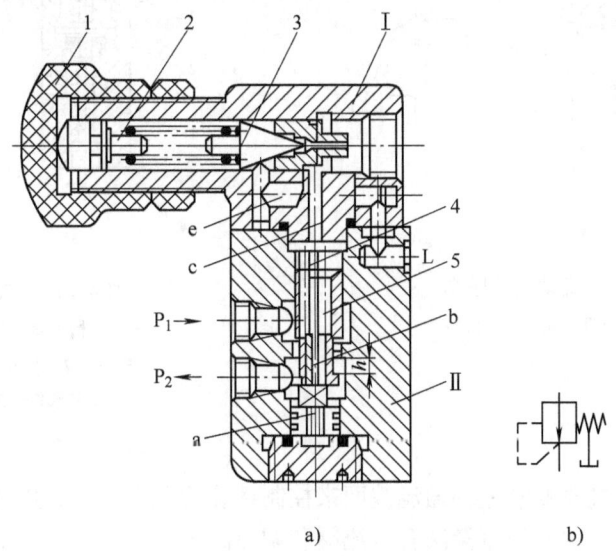

图9-17 先导式减压阀的结构
a) 结构原理 b) 图形符号
1—调节螺母 2—调压弹簧 3—锥阀 4—主阀弹簧 5—阀芯

（3）顺序阀 用来控制液压系统中两个或两个以上工作机构的先后顺序。顺序阀串联于回路上，它是利用系统中的压力变化来控制油路的通断。顺序阀分为直动式和先导式，又可分为内控式和外控式，压力也有高、低压之分。应用较广的是直动式（图9-18），其结构和工作原理与直动式溢流阀基本相似，不同的是顺序阀的出口不是通油箱，而是通往另一工作油路，故需要单独的泄油口 L，P_1 为进油口，P_2 为出油口。

顺序阀与溢流阀的区别如下。

1) 溢流阀的出油口通往油箱，顺序阀的出油口一般通往另一工作油路；顺序阀的进、出油口都是有一定压力的。

2) 溢流阀打开时，进油口压力基本上保持在调定值，出口压力近似为零；而顺序阀打开后，进油压力可继续升高。

3) 溢流阀的内部泄漏可以通过出油口回油箱；而顺序阀因出油口不通油箱，因此要有单独的泄油口。

(4) 压力继电器　利用液压系统中的压力变化来控制电路的通断，从而将液压信号转变为电器信号，以实现顺序控制和安全保护作用。图9-19所示为单柱塞式压力继电器。压力油自油口P通入作用在柱塞的底部，当其压力达到调定值时，便克服上方弹簧阻力和柱塞摩擦力作用推动柱塞上升，通过顶杆触动微动开关发出电信号。限位挡块可在压力超载时保护微动开关。

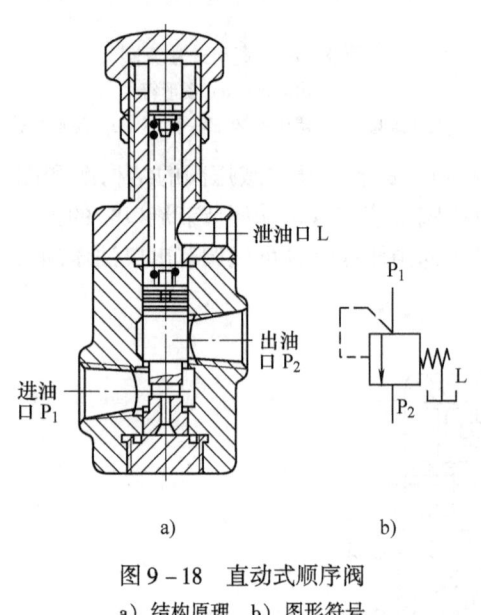
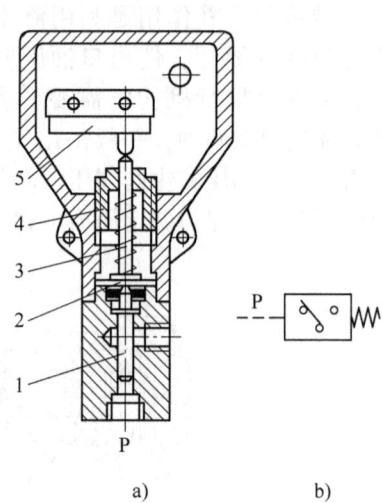

图9-18　直动式顺序阀
a) 结构原理　b) 图形符号

图9-19　压力继电器
a) 结构原理　b) 图形符号
1—柱塞　2—限位挡块　3—顶杆
4—调节螺杆　5—微动开关

3. 流量控制阀

流量控制阀是通过改变液流的通流截面来控制系统的工作流量，以改变执行元件运动速度的阀，简称流量阀。常用的流量阀有节流阀和调速阀等。

(1) 节流口　节流阀有一个节流部分，称为节流口。节流口的形式很多，常用的如图9-20所示，有针阀式、偏心式、轴向三角槽式、周向缝隙式和轴向缝隙式。

(2) 普通节流阀　如图9-21a所示为普通节流阀的结构图，节流口形式为轴向三角槽式，图形符号如图9-21b所示。普通节流阀结构简单，制造容易，但负载和温度的变化对流量的稳定性影响较大，因此只适用于负载和温度变化不大、或速度稳定性要求较低的液压系统。

(3) 调速阀　调速阀的工作原理如图9-22a所示。调速阀是由减压阀和节流阀串联而组成的阀，这里采用的减压阀称为定差减压阀，它与节流阀串联在油路中，可以使节流阀前后的压力差保持恒定，从而使执行机构的运动速度保持稳定。

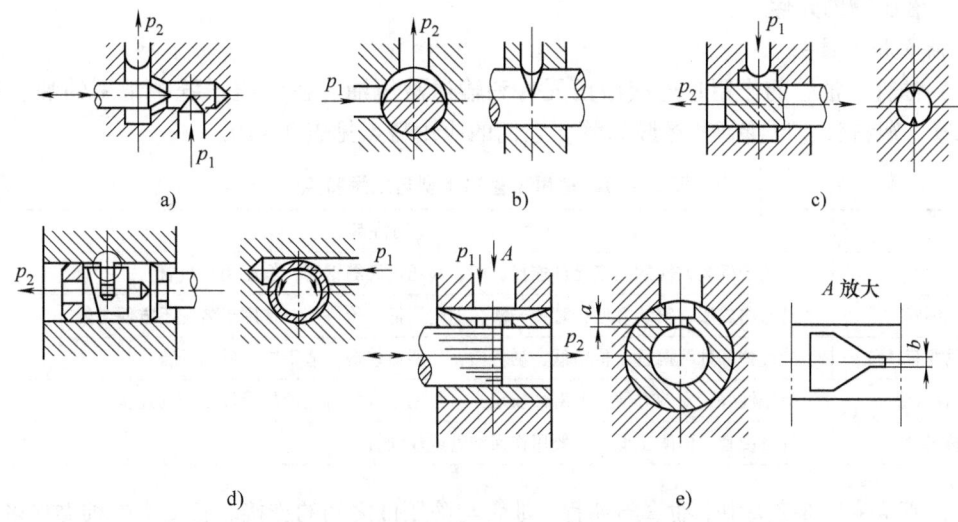

图 9-20 节流口的形式

a) 针阀式　b) 偏心式　c) 轴向三角槽式　d) 周向缝隙式　e) 轴向缝隙式

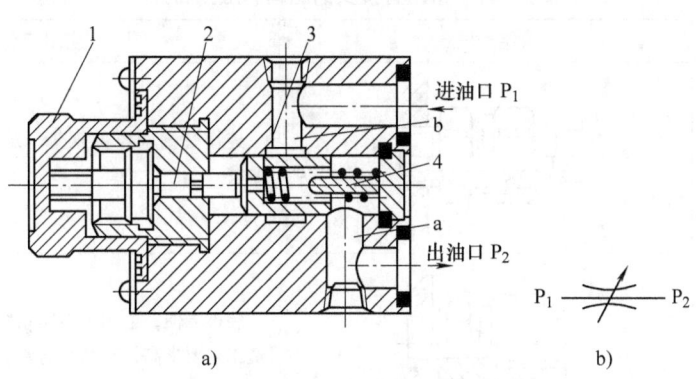

图 9-21 普通节流阀

a) 结构原理　b) 图形符号

1—手柄　2—推杆　3—阀芯　4—弹簧

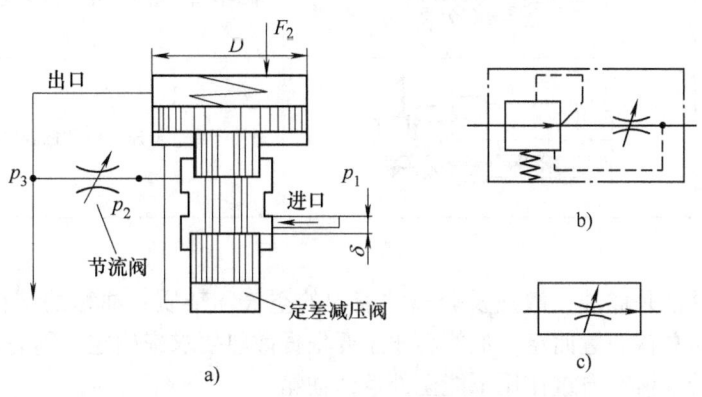

图 9-22 调速阀

a) 调速阀的工作原理　b) 图形详细符号　c) 图形简化符号

四、液压辅助元件

1. 油管和管接头

(1) 油管 油管的作用是连接液压元件和输送液压油。在液压系统中常用的油管有钢管、铜管、塑料管、尼龙管和橡胶软管。它们的应用特点见表9-10。

表9-10 常用油管的类型与应用特点

类型	应用特点
钢管	常用于拆装方便的固定元件连接，中、高压用无缝钢管，低压用焊接管
纯铜管	易弯曲成形，安装方便，管壁光滑，但耐压低，价格高，常用于装配不方便之处
尼龙管	能代替部分纯铜管，价格低，易弯曲，但寿命较短，适于中、低压场合
橡胶软管	吸振性好，安装方便，但寿命较短，一般用于有相对运动的元件之间的连接
塑料管	价格便宜，但耐压低，一般用作回油管或泄油管

(2) 管接头 管接头用于油管与油管、油管与液压件之间的连接。管接头的种类很多，按接头连接方式可分为焊接式、卡套式、管端扩口式和扣压式等。其结构特点及应用见表9-11。

表9-11 常用管接头的结构和应用特点

类型	结构图	应用特点
焊接式	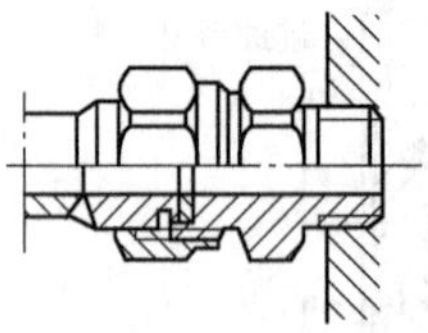	连接管壁较厚的钢管，结构简单，用于中压系统
卡套式	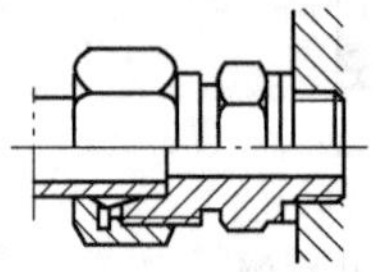	装拆方便，适用于高压系统的钢管连接，但制造工艺要求高，对油管的要求比较严格
管端扩口式	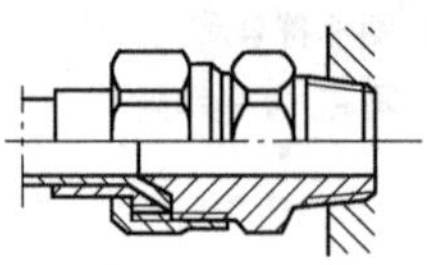	适用于连接铜管、薄壁钢管，也可连接尼龙管和塑料管。适用于中低压系统
扣压式	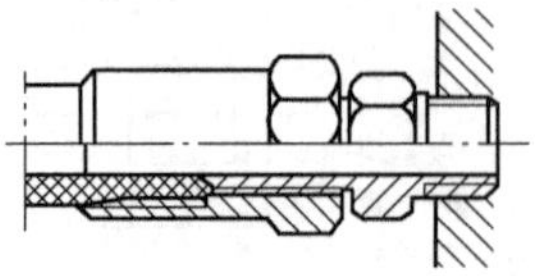	适用于中、低压系统的橡胶软管连接

2. 油箱

油箱的主要功能是储油、散热及分离油液中的空气和杂质。油箱的结构如图9-23所示，形状根据主机总体布置而定。油箱容积主要根据散热要求来确定，同时还必须考虑机器在停止工作时系统油液在自重作用下能全部返回油箱。

3. 滤油器

滤油器的作用是分离油中的杂质，使系统中的液压油经常保持清洁，以提高系统工作的可靠性和液压元件的寿命。油液的过滤一般都先经过沉淀，然后经滤油器过滤。滤油器可以安装在液压泵的吸油口、出油口以及重要元件的前面。通常情况下，泵的吸油口安装粗滤油器，泵的出油口和重要元件前安装精滤油器。滤油器按过滤情况可分为粗滤油器、普通滤油器、精滤油器和特精滤油器。按结构可分为网式、线隙式、烧结式、纸芯式和磁性滤油器等形式。

4. 蓄能器

蓄能器是一种能够蓄存液体压力能并在需要时可将能量释放出来的能量储存装置。蓄能器种类较多，常用的是充气式蓄能器。充气式蓄能器的优点是气囊惯性小，反应灵敏，尺寸小，容易维护，易于安装。缺点是胶囊和壳体制造困难，容量较小。气囊式蓄能器的结构如图 9 – 24 所示。它主要由充气阀 1、壳体 3、气囊 2 和提升阀 4 组成。

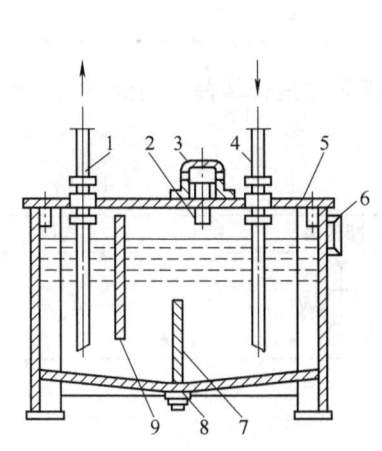

图 9 – 23　油箱结构示意图

1—吸油管　2—加油孔　3—通气罩　4—回油管
5—箱盖　6—油标　7、9—隔板　8—放油塞

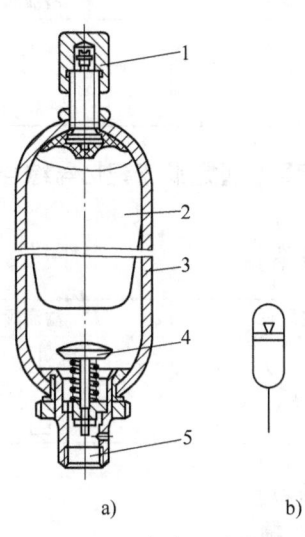

图 9 – 24　气囊式蓄能器

a) 结构图　b) 图形符号

1—充气阀　2—气囊　3—壳体　4—提升阀　5—油口

【考点分析】

常用液压泵、液压缸、液压控制阀、液压辅件的工作原理、图形符号、功用及应用。

【例 1】液压泵是将原动机输出的_____转换成_____的_____装置，属于_____元件。按结构形式的不同，常见的液压泵有_____、_____、_____。

【解题指导】此题属于记忆题，主要考查学生对液压泵功用和分类是否熟悉。

【参考答案】机械能　压力能　能量转换　动力　齿轮泵　叶片泵　柱塞泵

【例 2】两腔同时通压力油，利用_____进行工作的_____称为差动液压缸。

【解题指导】此题属于记忆题，主要考查学生是否熟悉液压缸的结构、原理和分类。

【参考答案】活塞两侧有效作用面积差　单出杆液压缸

【例 3】压力控制阀是利用作用于_____和_____相平衡的原理来实现系统压力的控制，常见的有_____、_____和_____。

【解题指导】此题属于理解记忆题，主要考查学生是否掌握压力阀的工作原理和分类。

【参考答案】阀芯上的液压力　弹簧力　溢流阀　顺序阀　减压阀

【例 4】调速阀是由_____组成的。

A. 可调节流阀与单向阀串接　　　　B. 减压阀与可调节流阀串接
C. 减压阀与可调节流阀并接　　　　D. 可调节流阀与单向阀并接

【解题指导】此题属于理解记忆题,主要考查学生对调速阀的结构和工作原理是否熟悉。

【参考答案】B

【例5】当控制口有压力油时,液控单向阀油液就可实现双向通油。（　　）

【解题指导】此题属于理解题,主要考查学生是否理解液控单向阀的结构和工作原理。

【参考答案】√

【例6】画出下列液压元件的图形符号。

单向定量泵	溢流阀	减压阀	单向阀

【解题指导】此题属于记忆与综合实践题,主要考查学生是否掌握常用液压元件的图形符号。

【参考答案】

单向定量泵	溢流阀	减压阀	单向阀

【习题练习】

一、填空题

1. 液压泵是靠_____的变化来实现_____和_____的,所以称为容积泵。

2. 按结构形式分,液压泵可分为_____、_____、_____等。

3. 液压缸是将_____转变为_____的_____转换装置,属于_____元件,按结构特点的不同,可分为_____式、_____式和_____式三种。

4. 液压缸差动连接使工作台快进和快退的速度相等,则活塞直径 D 与活塞杆直径 d 之间的关系是 $D = $ _____ d。

5. 液压控制阀是液压系统的_____元件,是用来控制液压系统中油液的_____,并调节其_____和_____的液压阀。根据用途和工作特点的不同,可分为三大类:_____、_____和_____。

6. 溢流阀在液压系统中的作用主要是_____和_____。

7. 减压阀的_____压力低于_____压力,减压阀串联在支系统中,使支系统的压力_____主系统的压力,并起到稳压的作用。

8. 方向控制阀是控制_____的阀,包括_____和_____两种。

9. 顺序阀的主要作用是使两个以上的执行元件按_____实现顺序动作。

二、选择题

1. 双作用叶片泵_____。

A. 定子与转子间有偏心距
B. 为变量泵
C. 转子每转一周，每个密封容积完成两次吸油和两次压油
D. 是非卸荷泵

2. 外啮合齿轮泵的特点是_____。
   A. 结构紧凑，流量调节方便
   B. 不存在径向不平衡力
   C. 噪声较小，输油量均匀，体积小，重量轻
   D. 价格低廉，工作可靠，自吸能力弱，多用于低压系统

3. 不可以实现变量的液压泵有_____。
   A. 外啮合齿轮泵　　B. 叶片泵　　　　C. 径向柱塞泵　　　　D. 轴向柱塞泵

4. 液压系统中的控制元件是_____。
   A. 电动机　　　　　B. 液压阀　　　　C. 液压缸　　　　　　D. 液压泵

5. 溢流阀_____。
   A. 阀口常开　　　　　　　　　　　　B. 进出口均通压力油
   C. 安装在液压缸回油路上　　　　　　D. 阀芯随系统压力变动而移动，使压力稳定

6. _____是利用液压力与弹簧力相平衡的原理工作的。
   A. 换向阀　　　　　B. 溢流阀　　　　C. 节流阀　　　　　　D. 调速阀

7. 高压液压系统应当选用_____。
   A. 橡胶软管　　　　B. 尼龙管　　　　C. 无缝钢管　　　　　D. 焊接钢管

8. 顺序阀_____。
   A. 出油口一般通往油箱
   B. 内部泄漏无单独泄油口，可直接通过出油口回油箱
   C. 阀打开后油压可继续升高
   D. 当进口压力低于调定压力时，阀开启

三、判断题

1. 液压泵输出的是液压能。　　　　　　　　　　　　　　　　　　　　　　　　　　（　　）
2. 单出杆活塞式液压缸，活塞往返运动速度不同，推力相同。　　　　　　　　　　　（　　）
3. 油箱必须与大气相通或采用密闭的冲压油箱。　　　　　　　　　　　　　　　　　（　　）
4. 液压传动系统中，采用密封装置的主要目的是为了防止灰尘的进入。　　　　　　　（　　）
5. 缓冲装置常用于大型、高压或高精度的液压设备中。　　　　　　　　　　　　　　（　　）
6. 溢流阀作安全阀时，控制的是系统的超载压力。　　　　　　　　　　　　　　　　（　　）
7. 顺序阀打开后，油液压力不再继续升高。　　　　　　　　　　　　　　　　　　　（　　）
8. 蓄能器和油箱一样，都是存储液压油的装置。　　　　　　　　　　　　　　　　　（　　）
9. 过滤器应当安装在系统的回油管上，防止油液中的杂质流入油箱。　　　　　　　　（　　）

四、简答题

1. 简述溢流阀与顺序阀的区别。
2. 简述要保证液压泵正常工作所必须满足的条件。

第三节　液压基本回路及液压系统

【学习目标】了解液压基本回路的组成、特点和应用；具有对简单液压传动系统的分析能力。
【学习内容】
一、液压基本回路的工作原理

液压基本回路是用液压元件组成以液体为工作介质并能完成特定功能的典型回路。按功能可分为方向控制回路、压力控制回路、速度控制回路和多执行元件控制。

1. 方向控制回路

方向控制回路是用来控制液压系统中各条油路液流的通、断及方向的回路，有换向回路和锁紧回路等。

（1）换向回路　一般可由换向阀来实现。要求换向阀压力损失小，换向平稳、泄漏小。图 9-25 所示为采用三位四通手动换向阀控制的换向回路。

（2）锁紧回路　通过回路的控制使执行元件在运动过程中的某一位置上停留一段时间保持不动，并防止停止后窜动。使液压缸锁紧的方法有采用滑阀机能为"O"型或"M"型三位阀的闭锁回路（图 9-26），由于换向阀是靠间隙密封，故有泄漏，锁紧效果不好，但结构简单。

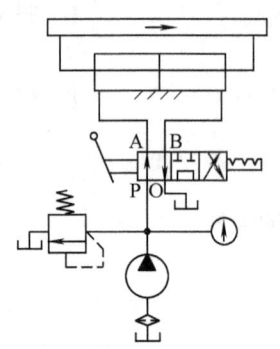
图 9-25　采用换向阀的换向回路

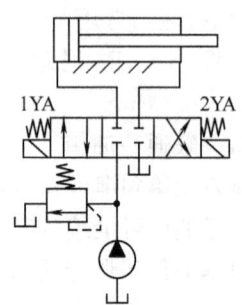
图 9-26　采用换向阀的闭锁回路

当要求锁紧效果较高时，可采用液控单向阀双向锁紧（图 9-27）。在液压缸的两侧油路上都串接液控单向阀（液压锁），活塞可以在行程的任意位置上锁紧，不会因为外界因素而窜动。为保证锁紧迅速、准确，换向阀常采用 H 型或 Y 型中位机能。

2. 压力控制回路

压力控制回路采用压力阀来调节系统或系统的某一部分的压力，以实现调压、减压、卸载和增压等控制，满足执行元件对压力的要求。

（1）调压回路　控制系统的工作压力，使其不超过预先调好的数值，或者使执行机构在工作过程中不同阶段实现多级压力转换。一般由溢流阀实现这一功能。

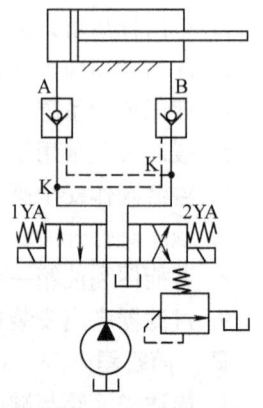
图 9-27　采用液控单向阀的闭锁回路

1）单级调压回路：如图 9-28 所示，在定量泵系统中，系的压力由溢流阀调定压力来决定。当系统压力达到溢流阀的调定值时，溢流阀开启，多余油液经溢流阀流回油箱。这种回路效率较低，一般用于流量不大的场合。

2）多级调压回路：如图9-29所示，当系统需要多级压力控制时，可采用此类回路。当三位四通电磁阀1YA通电时，系统由溢流阀2所调定的压力进行工作；当2YA通电时，系统由溢流阀3所调定的压力进行工作；当1YA、2YA都不通电时，系统压力由溢流阀1所调定的压力进行工作。溢流阀2、3的调定压力必须比溢流阀1要小。

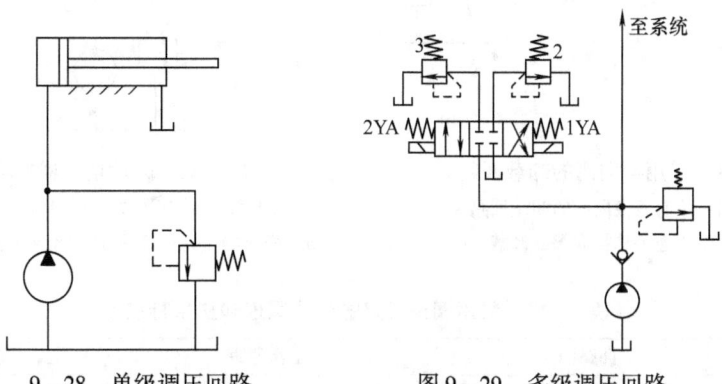

图9-28 单级调压回路　　图9-29 多级调压回路

(2) 减压回路　用单泵供油的液压系统中，在主油路上的工作压力往往较高，而在夹紧、润滑等支路上所需的压力较低，这时可采用减压回路。控制元件为减压阀。在定量泵液压系统中，溢流阀按主系统的工作压力进行调定，但控制系统的压力较低，润滑系统的工作压力更低，可采用图9-30所示的减压回路。

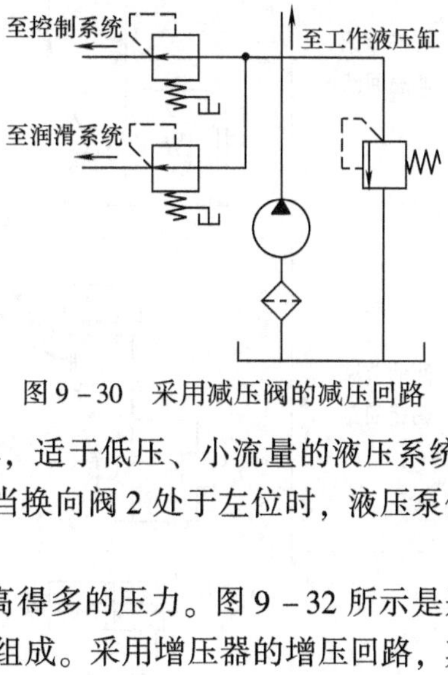

(3) 卸载回路　使液压泵输出的油液以最小压力直接流回油箱，使液压泵在很小的输出功率下运转，以节省功率、减少油液发热和液压泵的磨损。图9-31a所示为采用H型滑阀机能的卸载回路，这种卸荷回路

图9-30 采用减压阀的减压回路

除用H型外，还可用M和K型。这类卸载回路结构简单，适于低压、小流量的液压系统。图9-31b所示为利用二位二通手动换向阀的卸载回路，当换向阀2处于左位时，液压泵便可卸载，此回路卸载效果较好。

(4) 增压回路　用来使局部油路得到比主系统油压高得多的压力。图9-32所示是采用增压器的增压回路。增压器由大、小两个液压缸 e 和 f 组成。采用增压器的增压回路，其增压倍数等于增压器的大、小活塞面积之比。

3. 速度控制回路

速度控制回路是控制和调节液压执行元件的运动速度。速度控制回路包括调速回路和速度换接回路等。

(1) 调速回路　调节执行元件运动速度的回路，主要有节流调速回路、容积调速回路和容积节流调速。根据节流阀在回路中安装位置的不同，分为进油节流、回油节流和旁路节流调速三种基本形式，常用调速回路的工作原理和应用特点见表9-12。

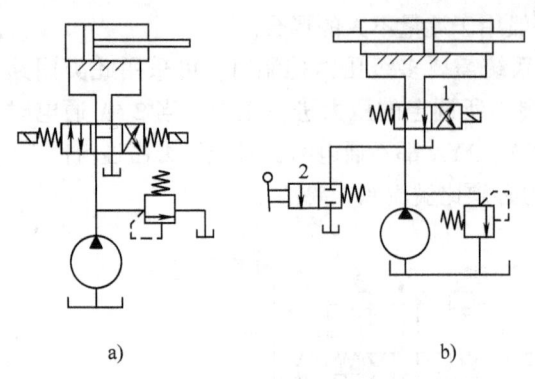

图9-31 采用换向阀的卸载回路
a) 采用三位四通换向阀的卸载回路
b) 采用二位二通手动换向阀的卸载回路

图9-32 采用增压器的增压回路
1—泵 2—工作缸 3—单向阀 4—油箱
5—增压器 6—二位四通手动换向阀 7—溢流阀

表9-12 常用调速回路的工作原理和应用特点

类型	回路图	工作原理	应用特点
进油节流调速回路	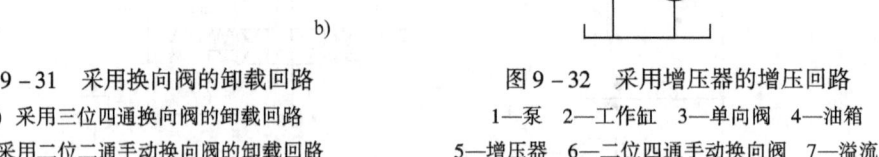	节流阀装在执行元件的进油路上，通过调节节流阀的开口面积来调节进入液压缸的流量，从而调节执行元件的运动速度。多余油液经溢流阀流回油箱	速度稳定性差，会随外界负载变化而变化；低速低载时系统效率低；运动平稳性差。一般应用于功率较小、负载变化不大的液压系统中
回油节流调速回路		节流阀装在执行元件的回油路上。通过节流阀来控制液压缸回油腔的流量Q_2，从而控制进油腔的流量Q_1，以改变执行元件的运动速度，供油压力由溢流阀调定	运动平稳性优于进油节流调速；油液直接流回油箱，易散热。用于功率不大、负载变化较大或运动平稳性要求较高的系统中。为提高速度稳定性，可用调速阀代替节流阀
变量泵的容积调速回路		变量泵输出的压力油全部进入液压缸，推动活塞运动。改变泵输出油量的大小，从而调节液压缸的运动速度，溢流阀起过载保护作用	适用于功率较大的液压系统中

(2) 速度换接回路　绝大多数机床的进给运动要求自动完成"快速进给→慢速工进→快速退回并停止"的工作循环，有时要求具有两次或更多次工进。速度换接回路能实现不同速度的相互转换，常用速度换接回路的工作原理和应用特点见表9-13。

表 9-13　常用速度换接回路的工作原理和应用特点

类型	回路图	工作原理	应用特点
差动连接速度换接回路	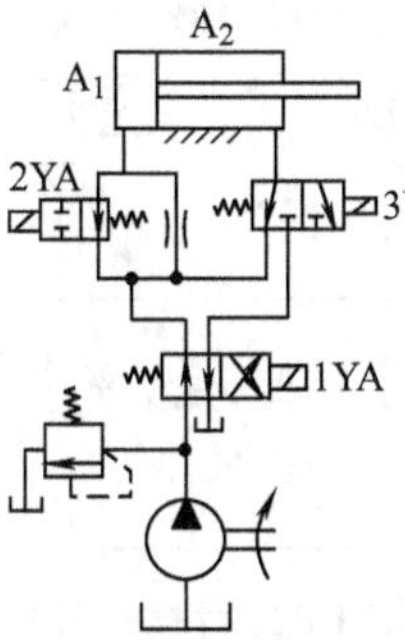	由二位三通电磁换向阀实现差动连接，图示位置时为差动快进。当快进到位，挡铁碰行程开关使 2YA、3YA 通电，二位三通电磁换向阀和二位二通电磁换向阀换向，实现工进，其工作速度由节流阀调节	结构简单，适用于要求运动速度较快的液压系统中
并联调速阀速度换接回路	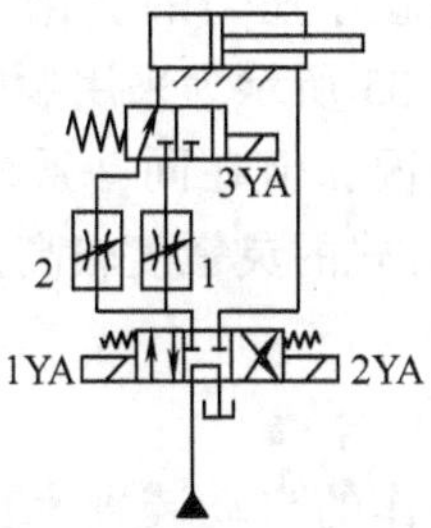	采用二位三通换向阀实现两次工进速度的换接，图示位置进给速度由调速阀 2 调节，实现第一次工进；当需要第二次工进时，使二位三通换向阀换向，调速阀 1 工作。两调速阀并联的二次工进回路中，两调速阀的流量互不影响	两次进给速度可分别调节，但回路换接时会出现前冲现象，使适用场合受到限制
串联调速阀两速度换接回路	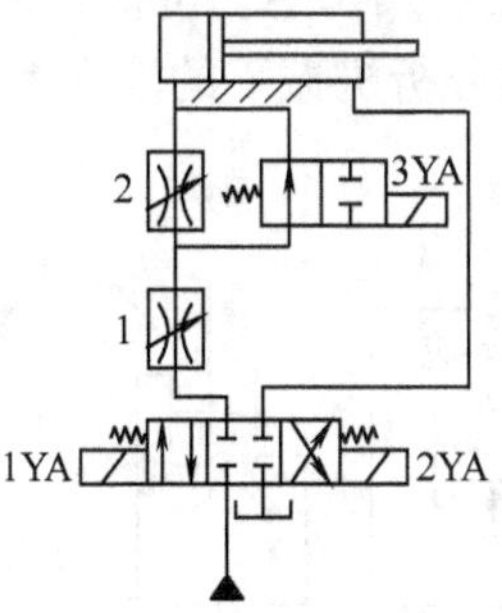	调速阀 1 用于第一次进给节流，调速阀 2 用于第二次进给节流。图示位置为第一次工作进给状态，油液通过调速阀 1 后，经二位二通换向阀入液压缸，进给速度由阀 1 调节。当 3YA 通电后，右位接入系统，流经速阀 1 的油液经调速阀 2 后再流入液压缸。此回路中调速阀 2 的调节流量必须小于调速阀 1	运动部件的速度换接平稳性较好。适用于第二次工作进给速度要求较低的液压系统中

4. 多执行元件控制回路

在液压系统中若采用同一液压泵驱动多个执行元件工作，可节省液压元件和电动机的数目，合理利用功率，因此在机床液压系统和行走机构的液压系统中应用广泛。由于各执行元件动作有一定的要求，如按顺序动作、按同步动作或快进与工进互不干扰等，这就需要解决各执行元件间在压力、流量上的互相影响、互相干扰等问题。

顺序动作回路是实现多个执行元件按预定的顺序运动的回路，按其控制原理可分为行程控制和压力控制等。

（1）行程控制顺序动作回路　利用某一执行元件运动到预定行程以后，发出电气或机械控制信号，使另一执行元件运动的一种控制方式。图 9-33 所示为用行程阀及电磁阀控制 A、B 两液压缸实现①、②、③、④工作顺序的回路。该回路动作灵敏，工作可靠；但调整和改变顺序较困难。图 9-34 所示为电器行程开关控制的顺序动作回路，它能真实地反映部件的运动位置和行程长度，动作可靠，常用于顺序位置精度要求较高的场合。

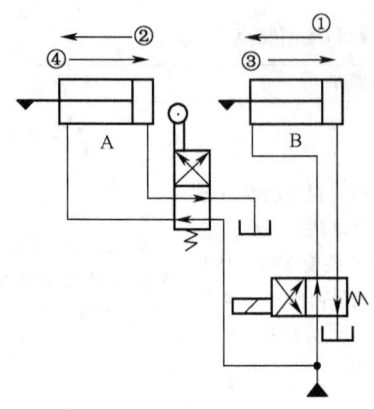
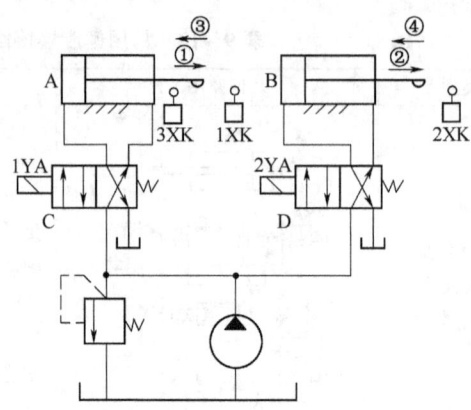

图9-33 行程阀控制顺序动作回路　　　　图9-34 采用电器行程开关的顺序动作回路

(2) 压力控制的顺序动作回路　用液压系统工作过程中压力的变化,使执行元件按预定顺序执行动作。一般采用顺序阀和压力继电器。图9-35所示为采用顺序阀的控制动作回路。采用压力控制的顺序动作回路能反映负载的变化情况,但在同一系统中,不宜多次使用,以免使系统压力因此而升高,效率降低。这种控制方式的灵敏度较高,但动作可靠性较差,执行元件间的动作位置精度较低。

二、液压系统的应用实例

机械手是模仿人的手部动作,按给定程序和要求操作的自动装置,在高温、高压、易燃、易爆和放射性等恶劣环境,以及笨重、单调、频繁的操作中,可代替人的工作,应用日益广泛。图9-36所示为机械手液压传动原理图。下面分析机械手的液压系统。

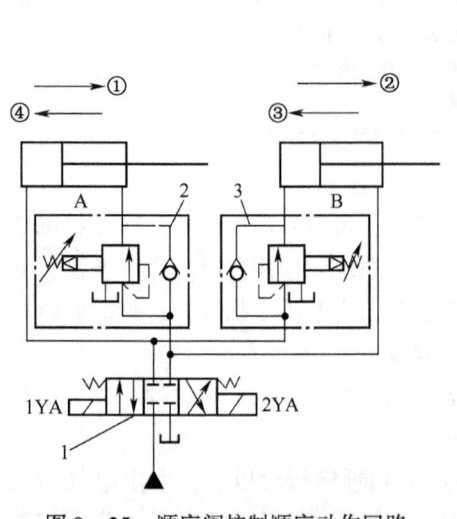
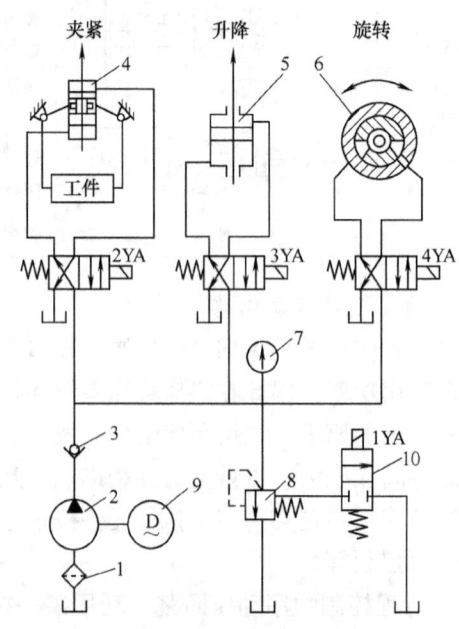

图9-35　顺序阀控制顺序动作回路
1—电磁阀　2、3—液压缸

图9-36　机械手液压传动系统
1—滤油器　2—液压泵　3—单向阀　4—夹紧液压缸　5—升降液压缸　6—回转液压缸　7—压力表　8—溢流阀　9—电动机　10—二位二通电磁换向阀

1. 主要元件及功用

(1) 液压泵 2　将机械能转变为液压能,用以驱动执行元件运动。

(2) 夹紧液压缸 4　实现手指的夹紧和松开动作。

(3) 升降液压缸 5　实现手臂的上升和下降动作。

(4) 回转液压缸 6　实现手臂的回转动作。

(5) 电磁溢流阀(由 8 和 10 组成):换向阀不通电时,起溢流阀作用,即保持液压系统的压力为一定值;当换向阀通电时,液压泵由溢流阀卸荷。

(6) 单向阀 3　防止系统油液倒流,保护液压泵。

(7) 3 个二位四通电磁换向阀　分别控制夹紧液压缸、升降液压缸和回转液压缸的动作转换。

2. 系统的工作情况

本系统有缸 4 夹紧工件、缸 5 的升降、缸 6 的摆动和卸载等工作状态,前两种油路形式相同。

(1) 缸 4 夹紧　2YA 断电时,左位接入系统,缸 4 夹紧。

其油路顺序如下。

1) 进油路:泵 2→单向阀 3→二位四通电磁阀左位(2YA 断电)→缸 4 下腔。

2) 回油路:缸 4 上腔→二位四通电磁阀(左位)→油箱。

当需松开工件时,使 2YA 通电,右位接入系统,缸 4 松开工件。

(2) 缸 5 升降　3YA 断电时,左位接入系统,缸 5 上升。

其油路顺序如下。

1) 进油路:泵 2→单向阀 3→二位四通电磁阀左位(3YA 断电)→缸 5 下腔。

2) 回油路:缸 5 上腔→二位四通电磁阀(左位)→油箱。

当上升到所需位置时,使 3YA 通电,右位接入系统,缸 5 下降。

(3) 缸 6 的摆动:4YA 断电时,左位接入系统,缸 6 作顺时针摆动。

其油路顺序如下。

1) 进油路:泵 2→单向阀 3→二位四通电磁阀左位(4YA 断电)→缸 6 左腔。

2) 回油路:缸 6 右腔→二位四通电磁阀(左位)→油箱。

当摆到所需位置后,使 4YA 通电,缸 6 作逆时针转动。

(4) 卸载状态　当 3 个液压缸都停止工作时,1YA 通电,上位接入系统,于是液压泵由溢流阀 8 卸荷。

【考点分析】

1. 方向控制回路、压力控制回路、速度控制回路和多执行元件控制回路的工作原理。

2. 简单液压传动系统的应用和分析。

【例 1】液压基本回路按功能分为_____、_____、_____和_____4 类。

【解题指导】此题属于记忆题,主要考查学生对液压基本回路概念的掌握情况。

【参考答案】方向控制回路　压力控制回路　速度控制回路　多执行元件控制回路

【例 2】闭锁回路所采用的主要液压元件是_____。

A. 顺序阀和压力电器　　　　　　　　B. 节流阀和调速阀

C. 换向阀和液控单向阀　　　　　　D. 溢流阀和减压阀

【解题指导】此题属于理解题，主要考查学生对闭锁回路的理解情况。

【参考答案】C

【例3】调压回路和减压回路采用的主要元件分别是_____和_____。

【解题指导】此题属于理解题，主要考查学生对压力控制回路的理解情况。

【参考答案】溢流阀　减压阀

【习题练习】

一、填空题

1. 调速回路主要有_____、_____和_____三种方式。
2. 压力控制回路包括_____、_____、_____和_____等。
3. 方向控制回路包括_____和_____，它们的作用是控制液流的_____、_____和流动方向。

二、选择题

1. 卸载回路_____。
   A. 可采用中位机能为"P"型或"M"型换向阀来实现
   B. 可节省动力消耗，减少系统发热，延长液压泵使用寿命
   C. 可使系统获得较低的工作压力
   D. 不能用换向阀来实现卸载
2. 为了能使执行元件在任意位置上停止及防止其停止后发生窜动，可采用_____。
   A. 调压回路　　B. 卸载回路　　C. 闭锁回路　　D. 回油节流调速回路
3. 采用滑阀机能为"O"或"M"型，能使_____锁紧。
   A. 液压泵　　B. 液压缸　　C. 溢流阀　　D. 油箱
4. 方向控制回路是_____。
   A. 调压和卸载回路
   B. 节流调速和速度换接回路
   C. 换向和闭锁回路
   D. 以上都不对

三、简答题

1. 简述压力控制回路的功用。
2. 简述方向控制回路的功用。

四、分析论述题

如图9-37所示为黄河牌QD351型自卸汽车液压举升系统的原理图。汽车翻斗倾斜情况如图9-37a~d所示，系统图如图9-37e所示，用来控制车厢的翻倾。请对此液压系统进行分析，并回答如下问题。

1. 说明图中各序号元件的名称及作用。
2. 根据液压缸动作顺序要求，分析电磁铁动作顺序。
3. 分析本系统由哪些基本回路组成。

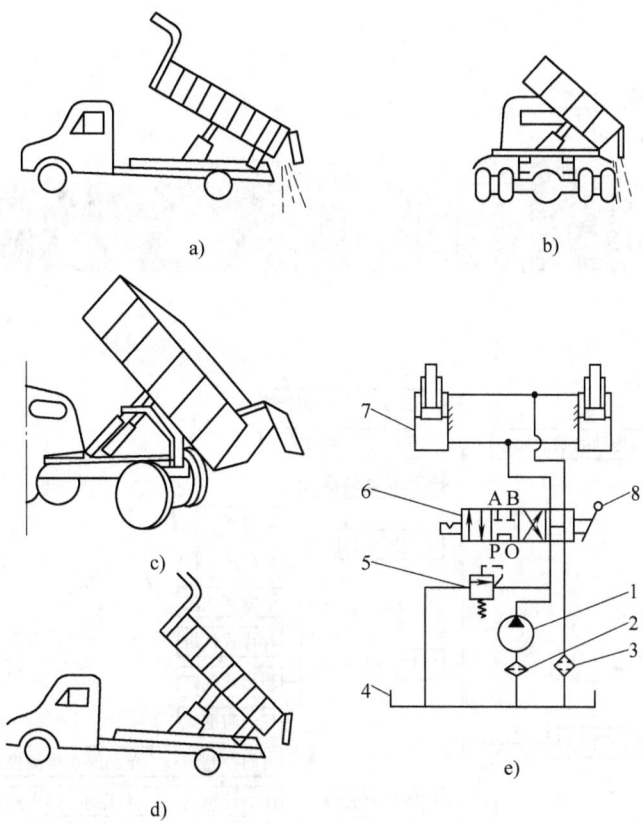

图 9-37 QD351 自卸汽车液压举升系统原理图
a) 后倾式自卸汽车 b) 侧倾式自卸汽车 c) 双缸式自卸汽车
d) 多级式自卸汽车 e) 系统原理图
1—液压泵 2—粗过滤器 3—精过滤器 4—油箱 5—溢流阀
6—四位四通手动滑阀 7—伸缩套筒式液压缸 8—操纵杆

第十单元 气压传动

【知识构架】

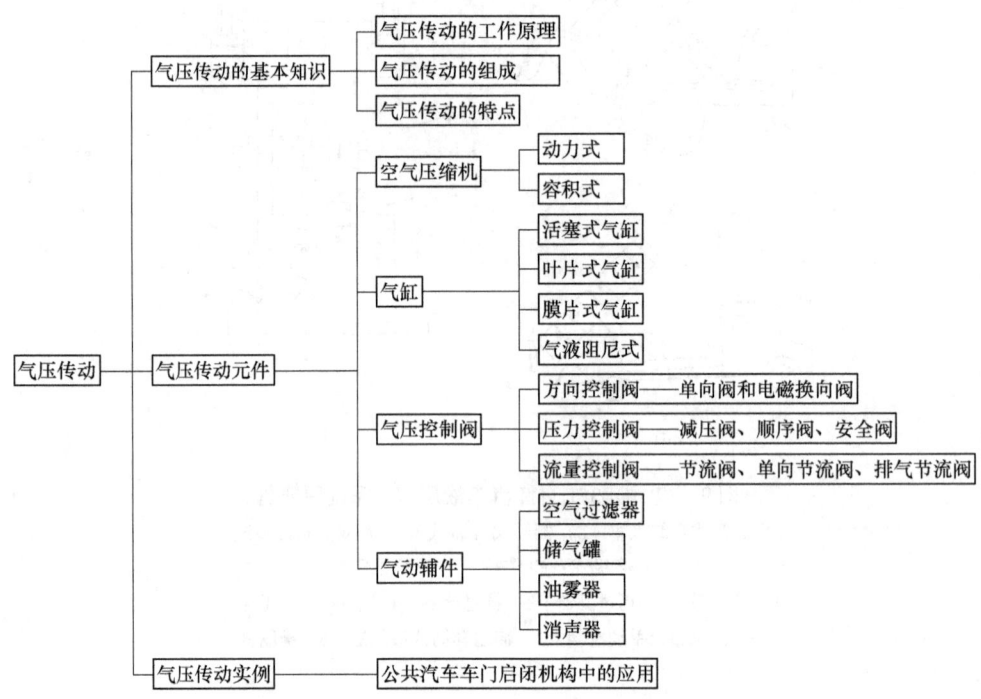

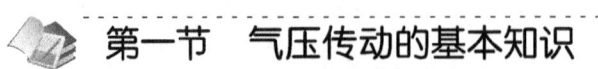

第一节 气压传动的基本知识

【学习目标】 了解气压传动的基本知识。

【学习内容】

气压传动是以压缩空气作为工作介质传递运动和动力。由于气压传动的动力传递介质是空气，所以污染小，在自动化领域中具有广阔的发展前景。气压传动广泛应用于机械、纺织、军事、汽车、电子、钢铁、化工、食品和包装等行业。

一、气压传动的工作原理

气压传动工作原理是利用空气压缩机把电动机或其他原动机输出的机械能转换为空气的压力能，然后在控制元件的控制下，通过执行元件把压力能转换为直线运动或回转运动形式的机械能，从而完成各种动作并对外做功。

气动剪切机的气动系统工作原理图如图10-1所示。图示位置为工料被剪前，即非工作位置。当工料5由上料装置送入剪切机并到达规定位置时，行程阀8的顶杆受压使阀内通路打开，气控换向阀7的控制腔便与大气相通，阀芯受弹簧力作用下移，由空气压缩机4产生并经过初次净化处理后储藏在储气罐1中的压缩空气，经分水滤气器11、减压阀10和油雾气9及气控换向阀7，进入气缸6的下腔；气缸上腔的压缩空气通过气控换向阀7排入大气。此时，气缸6的活塞向上运动，带动剪刀将工料5切断。当工料剪下后，随之与行程阀8脱开，行程阀在弹簧作用下复位，阀芯封住排气通道，气控换向阀7的控制腔C中的气压升高，使阀芯上移，B与P相通，A与O口相通，气路变换。此时压缩空气便进入气缸6的上腔，而下腔空气则通过气控换向阀7上的A从O口排气，活塞下移，剪刀复位准备第二次剪切工料。

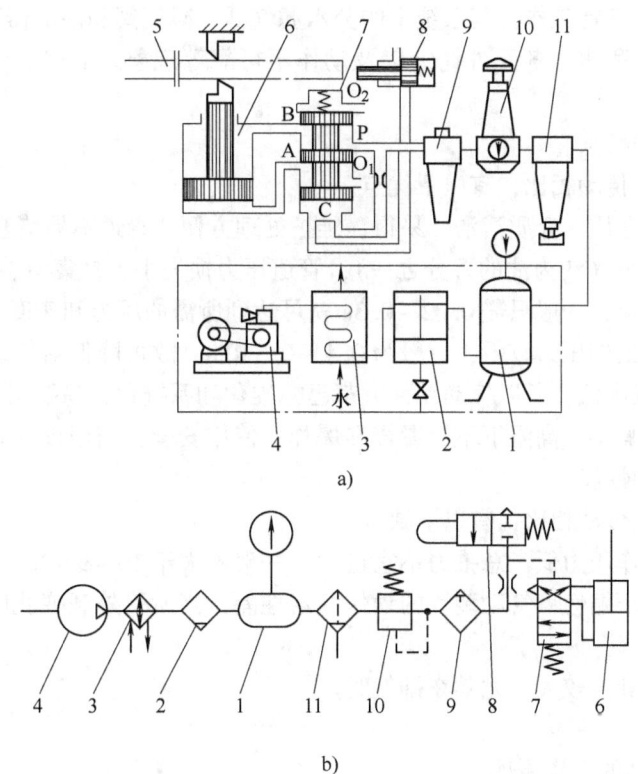

图10-1 气动剪切机气动系统工作原理图
a）结构原理图 b）图形符号
1—储气罐 2—油水分离器 3—后冷却器 4—空气压缩机 5—工料 6—气缸
7—气控换向阀 8—行程阀 9—油雾器 10—减压阀 11—分水滤气器

气动剪切机克服剪切阻力的机械能是由压缩空气的压力能转换而来，气控换向阀是根据行程阀的指令来改变压缩空气的流向，使气缸上移或下移，实现剪切或复位动作循环。

图10-1a所示为剪切机气动系统的结构原理图，图10-1b所示为该系统的图形符号。可见，气动图形符号和液压图形符号的表示有相似性，但也有区别之处，例如气动元件向大气排气，而液压元件向油箱回油。

二、气压传动的组成

图 10-1 为典型气压传动的系统图,与液压传动系统相似,也由四部分组成（表 10-1）。

表 10-1 气压传动的组成

名称	功用	实例
气源装置	将原动机的机械能转变为气体的压力能	空气压缩机
执行元件	将气体的压力能转变为机械能	各种气缸和气马达等
控制元件	用于控制系统中空气的压力、流量和流动方向,以及执行元件的工作程序,以便使执行机构完成预定的动作	各种压力控制阀、流量控制阀、方向控制阀等
辅助元件	保证气压系统正常工作所必需的部分	油水分离器、干燥器、过滤器、储气罐、消声器、油雾器、管网、压力表及管件等

为使气动系统能正常工作,其系统中的分水滤气器、减压阀和油雾器不可省略,否则会造成系统气压不稳、积水、各元件锈蚀以及动作不可靠等现象。上述三元件合称为气动三大件。

三、气压传动的特点

气压传动与液压传动相比,有以下优点。

1) 以空气作为介质,介质清洁、易得,维护处理方便,管道不易堵塞。

2) 空气粘度很小（约为油的万分之一）,管道压力损失小,易集中供应和远距离输送。

3) 气动动作迅速,一般只需 0.02~0.3s 就可达到所需的压力和速度。

4) 压缩空气的工作压力较低,一般为 0.4~0.8MPa,故可降低对气动元件的加工精度等要求;易制造,成本低,所以气动元件大都已标准化和系统化,易购买。

5) 受温度的影响小,高温下不会燃烧和爆炸,使用安全;当温度变化时,其粘度变化极小,不会影响传动性能。

气压传动与液压传动相比,有以下缺点。

1) 因空气的工作压力低,总推力不宜过大（一般不大于 10~90kN）。

2) 因空气的可压缩性,气动装置的动作稳定性差,当所受外载变化时,对速度的影响更大。

3) 气动装置的噪声较大,尤其在排气时。

【考点分析】

1. 理解气压传动的工作原理。

2. 了解气压传动系统的组成及特点。

【例】气压传动系统由 _____、_____、_____ 和 _____ 四部分组成。

【解题指导】此题属于理解题,主要考查学生对气压传动系统的组成是否了解。

【参考答案】气源装置 执行元件 控制元件 辅助元件

【习题练习】

一、填空题

气压传动是以 _____ 为工作介质,利用 _____ 把电动机或其他原动机输出的 _____ 转换为 _____,然后在控制元件的控制下,通过执行元件把 _____ 转换为 _____ 或 _____ 的机械能,从而完成各种动作并对外作功。

二、判断题
1. 气压传动装置噪声较小。( )
2. 气压传动系统工作压力较高，一般为 4~8MPa。( )
3. 气压传动反应快，动作迅速。( )
4. 气动装置动作稳定性好，当所受外载变化时，对速度的影响较小。( )

第二节 气压传动元件

【学习目标】了解气压元件的类型、结构和作用。
【学习内容】
一、空气压缩机
空气压缩机是将原动机提供的机械能转变为气体压力能的装置，它属于动力元件。

1. 空气压缩机的分类

空气压缩机的种类很多，按工作原理不同可分为动力式和容积式两种。常用的是容积式，它是利用运动部件的位移来改变密封工作容积的大小，以不断吸入和排出空气来获得压缩空气。

2. 容积式空气压缩机的工作原理

图 10-2a 所示为单缸活塞式空气压缩机的工作原理简图。图中曲柄 5 作回转运动，通过连杆 4 带动气缸活塞 3 作上、下移动，活塞 3 顶面与缸体 6 组成密封容积 A。当活塞 3 向下移动时，密封容积 A 逐渐增大形成局部真空，完成吸气；当活塞 3 向上移动时，密封容积 A 逐渐减小，A 腔内空气受到挤压，产生压力，当压力升高到一定值时，克服排气阀 7 的弹簧力和排气管压力作用，推开排气阀 7，将压缩空气经排气管压入系统中，完成排气。这样曲柄 5 通过连杆 4 不断驱动活塞 3 作上、下往复移动，使密封容积 A 不断增大或减小，完成吸气和排气，获得压缩空气。图 10-2b 所示为图形符号。

汽车气制动系统常用上述空气压缩机。空气压缩机按缸数可分为单缸式和双缸式两种，如解放 CA 15 型汽车采用双缸风冷活塞式空气压缩机；东风 EQ 1090 型汽车采用单缸风冷活塞式空气压缩机。

二、气缸
气缸是将压缩空气的压力能转换为机械能的元件。它驱动工作机构作直线往复运动或摆动，并输出力或转矩。

1. 气缸的分类

气缸的种类很多，常见的分类方法有以下几种。

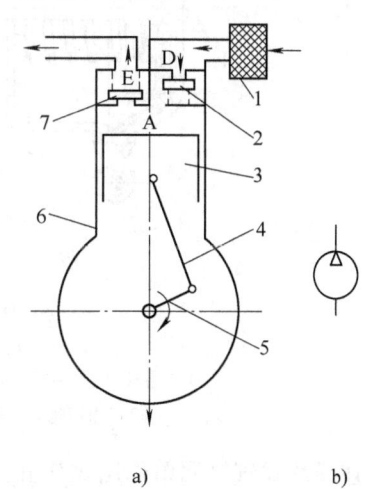

图 10-2 单缸活塞式空气压缩机示意图
a) 示意图　b) 图形符号
1—空气滤清器　2—吸气阀　3—活塞　4—连杆
5—曲柄　6—缸体　7—排气阀
A—密封工作容积　D—进气室　E—出气室

(1) 按气缸活塞受压状态不同　可分为单作用式气缸和双作用式气缸。

(2) 按气缸结构不同　可分为活塞式气缸、柱塞式气缸、膜片式气缸；叶片式气缸、齿轮齿条式摆动气缸。

(3) 按有无缓冲装置　可分为缓冲式气缸和无缓冲式气缸。

(4) 按气缸的安装方式不同　可分为固定式气缸、轴销式气缸、回转式气缸、嵌入式气缸等。

(5) 按气缸的功能不同　可分为普通气缸和特殊功能气缸。

2. 膜片式气缸工作过程实例分析

图 10-3a 所示为膜片式气缸的结构简图。它是利用压缩空气通过膜片的变形来推动活塞杆作直线运动的气缸。汽车上的制动气缸常采用这类气缸控制制动机构的动作，它是由缸体6、膜片3、顶盘4、复位弹簧5和推杆8等零件组成。盖与缸体用螺栓联接，中间用带织物的橡胶膜片。该缸主要靠压缩空气作用在膜片上，推动推杆来控制制动器起制动作用。其工作过程为：当踩下制动踏板时，压缩空气从储气罐经制动控制阀通过气缸通气口1充入气缸工作腔，即膜片3与盖2之间的密封腔，使膜片3向右拱曲，使推杆8右移，带动制动器制动凸轮转动，张开制动蹄实现制动作用。当松开制动踏板时，气缸工作腔中压缩空气，自通气口1经制动控制阀的排气口通入大气，膜片与推杆在复位弹簧5作用下复位，收拢制动蹄解除制动作用。图 10-3b 所示为图形符号。

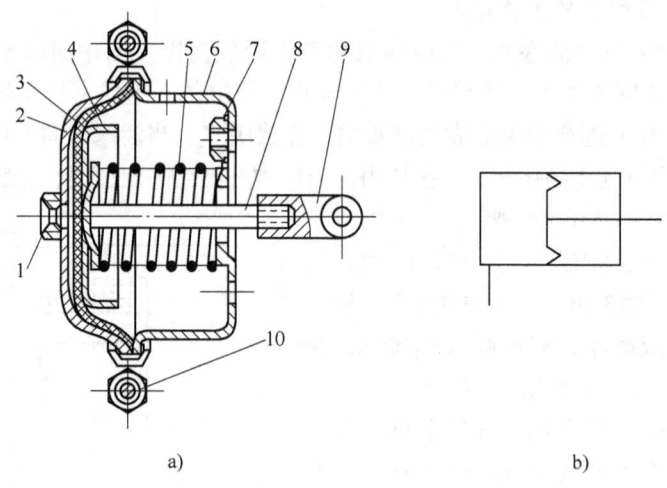

图 10-3　膜片式气缸结构图
a) 结构图　b) 图形符号
1—通气口　2—盖　3—膜片　4—顶盘　5—复位弹簧　6—缸体
7—固定螺孔　8—推杆　9—连接叉　10—固定螺栓

上述膜片式气缸属单作用式气缸，该气缸的特点是结构紧凑、制造方便、泄漏少、成本低、寿命长、效率高，但推杆行程短（膜片变形量有限）。适于短行程场合，解放 CA1092 型和东风 EQ1092 型汽车制动系采用这种气缸。

三、气压控制阀

气压控制阀与液压控制阀类似，也可分为压力控制阀、流量控制阀和方向控制阀三大类。

1. 压力控制阀

压力控制阀是用来调节、控制系统中压缩空气的压力和依靠气体压力来控制执行元件顺序动作。根据功能不同可分为减压阀、顺序阀和安全阀。

(1) 减压阀（调压阀） 减压阀的作用是将较高的输入压力调整到符合设备使用要求的压力并输出，且保持输出压力稳定。由于输出压力必然小于输入压力，所以调压阀也常被称为减压阀。图 10-4 所示为 QTY 型减压阀结构图，它属于直控式调压阀，依靠膜片上端的两个弹簧控制输出压力。此阀不但能调压，还能输出压力。

(2) 顺序阀 顺序阀的工作原理与作用和液压同类阀相似。通过顺序阀，用气路本身的压力来控制两个或两个以上的气动执行元件顺序动作。通常顺序阀和单向阀并联使用，称单向顺序阀，其结构原理图如图 10-5 所示，

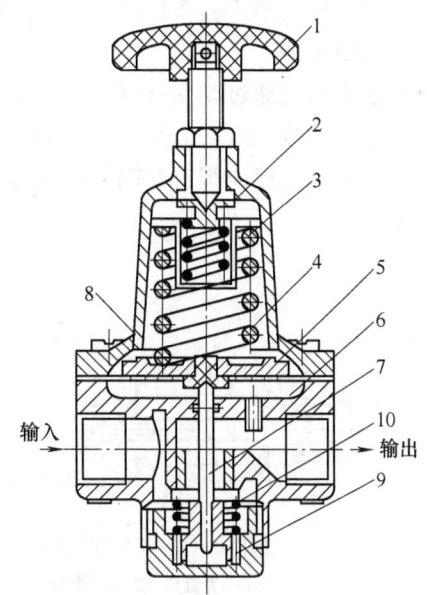

图 10-4 QTY 型减压阀
1—手柄 2、3—调压弹簧 4—溢流口 5—膜片 6—阀杆 7—阻尼管 8—阀座 9—阀芯 10—复位弹簧

孔 A 与气源相接，当气压上升到某一调定值时，向上顶开顺序阀阀芯 1，压缩空气经孔 B 进入气缸。当压缩空气反向流动时，顶开单向阀的钢球 2，快速排气。拧动阀体上部的螺母，就可调节打开顺序阀的压力大小。

(3) 安全阀 安全阀的作用是防止气动装置因气压过高而发生破裂等故障。有直动式和先导式两种。图 10-6 所示为直动式安全阀的结构原理图。

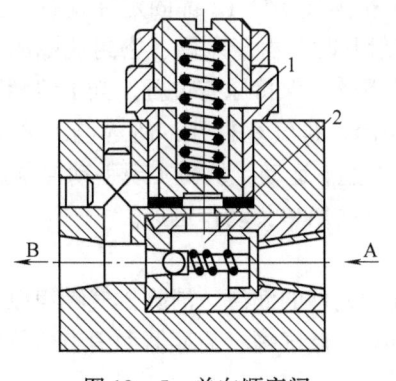

图 10-5 单向顺序阀
1—顺序阀阀芯 2—单向阀的钢球

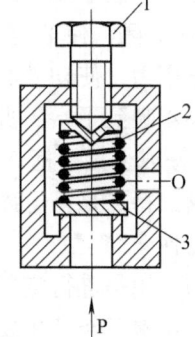

图 10-6 直动式安全阀
1—调整手柄 2—弹簧 3—阀芯

2. 流量控制阀

流量控制阀是通过改变阀的通流面积来实现流量控制的元件，用以改变气缸工作时的运动速度、换向速度和气动信号的传递速度。常用的有节流阀、单向节流阀和排气节流阀等。由于它们的工作原理与液压阀中同类阀相似，故不再重复。下面只介绍排气节流阀。

图 10-7 所示为排气节流阀的工作原理图，气流从 A 口进入阀内，由节流口 1 节流后经

由消声材料制成的消声套 2 排出。由于其结构简单，安装方便，故应用日益广泛。

3. 方向控制阀

方向控制阀是通过改变压缩空气的流动方向和控制气流的通或断，来控制执行元件的运动方向、起动或停止。它的结构与工作原理和液压同类阀类似，一般有单向型和换向型两类。换向型有电磁换向阀、气控换向阀等。

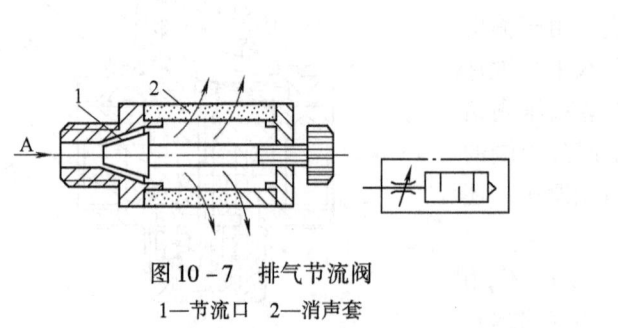

图 10-7 排气节流阀
1—节流口 2—消声套

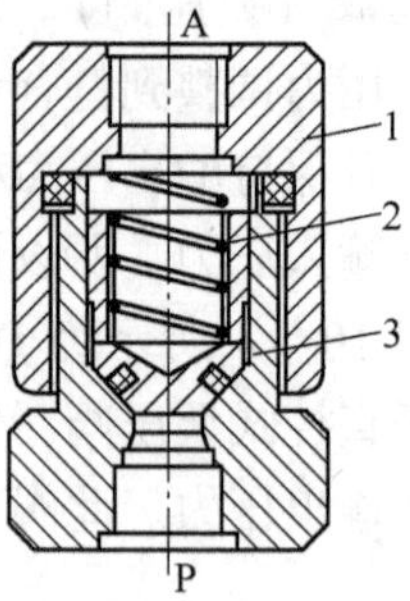

图 10-8 单向阀
1—阀体 2—阀芯 3—阀座

（1）单向阀　图 10-8 所示为单向阀的结构图。当气流由 P 口向 A 口流动时，作用在阀芯 2 上的气体压力克服弹簧力将阀打开，使 P 口与 A 口相通。当气流反向流动时，阀在 A 腔的气压和弹簧作用下将阀关闭，如图所示位置。

（2）电磁换向阀　电磁换向阀是利用电磁线圈通电时，静铁芯对动铁芯产生的电磁吸力，使阀芯改变位置来实现换向，简称电磁阀。电磁阀有直动式和先导式两种，其中直动式的主阀阀芯换向是由电磁铁直接推动的，而先导式的主阀阀芯换向是由电磁先导阀控制的压缩空气来推动，故可称为电磁先导式。

图 10-9 所示为二位三通盘式双线圈电磁换向阀的结构图。当上线圈 10 通电时，上静铁心 6 将盘式动铁心 4 吸到上端。因进气塞杆 5 和排气塞杆 12 都固定在动铁心上，故进气塞 2 打开，排气塞 13 关闭，使 P 与 A 相通。若断开时，由于剩磁、密封线圈的摩擦力和压缩空气在气塞上的作用力，使动铁心 4 不会自动下落，保持原有位置。当下线圈 11 通电时，下静铁心 3 将动铁心 4 吸到下端，此时进气塞关闭，排气塞打开，使 A 与 O 相通。摘下塑料护帽 8，可用手下按或上拉手柄 9 来使动铁心 4 上下运动，从而实现手动控制。

盘式电磁换向阀的特点是：电磁吸合力大，结构简单，动作迅速。

四、气动辅助元件

气动辅助元件的作用是进行空气的净化、气动元件的润滑、消除排气噪声以及气路连接等，以保证气动系统正常工作。主要有空气过滤器、储气罐、油雾器和消声器等装置。

1. 空气过滤器

空气进入气动系统前必须经过空气过滤器，其作用是进一步过滤压缩空气中的杂质。它的过滤原理是根据固体物质以及空气分子大小和质量的不同，利用惯性、阻隔和吸附的方法将灰尘和杂质与空气分离。空气过滤器常用的形式有油水分离器和分水过滤器，前者用于一次分离，后者用于两次分离。

图 10-10 所示为 QSL 型分水过滤器结构图。压缩空气从输入口进入后，被引入旋风叶子 1，旋风叶子上有许多成一定角度的小缺口，迫使气流产生强烈旋转，旋转产生的离心力

将气体中夹杂的较大水滴、油滴和灰尘等由于自身惯性的作用与滤杯3内壁高速碰撞,从空气中分离出来流至杯底沉积,而微粒灰尘和雾状水汽则由滤芯2滤除,净化的有压气体经过滤后从输出口排出。挡水板4的作用是防止气流旋涡将滤杯中积存的污水卷起,污水可通过放水阀5放掉。在某些人工排水不方便的场合,可采用自动排水式空气过滤器。

分水过滤器具有过滤效率较高、过滤面积大、压力损失小的优点,应用较广泛。

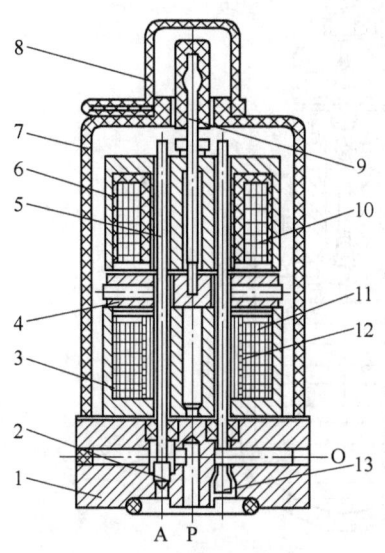

图10-9 盘式电磁换向阀
1—阀座 2—进气塞 3—下静铁心 4—动铁心
5—进气塞杆 6—上静铁心 7—阀体 8—塑料
护帽 9—手柄 10—上线圈 11—下线圈
12—排气塞杆 13—排气塞

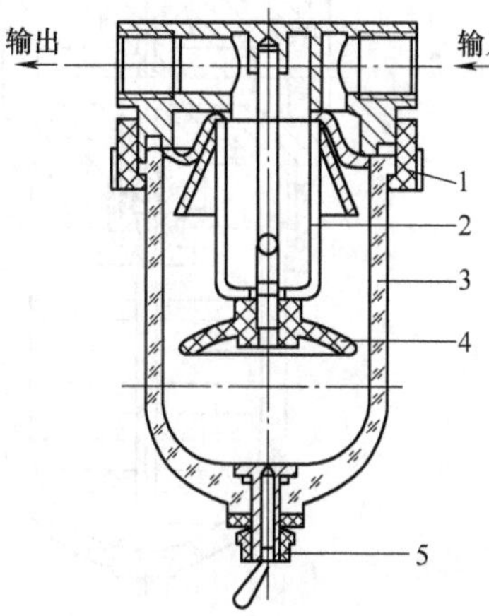

图10-10 QSL型分水过滤器
1—旋风叶子 2—滤芯 3—滤杯
4—挡水板 5—放水阀

2. 储气罐

储气罐作用如下。

1) 保证输出气流的连续性和平稳性。

2) 储存一定数量的压缩空气,以备发生故障或临时需要时使用。

3) 进一步分离压缩空气中的油、水等杂质。

储气罐一般采用焊接结构,有立式和卧式两种,如图10-11所示为立式储气罐。

3. 油雾器

油雾器是一种特殊的注油装置,它以压缩空气为动力,将润滑油雾化后注入空气流中,随压缩空气流入到需要润滑的气动元件,以达到润滑目的。油雾器的主要作用如下。

1) 减少相对运动件之间的摩擦,保证元件动作正常。

2) 减少密封材料的磨损,防止泄漏。

3) 防止管道及金属零部件的腐蚀,延长元件使用寿命。

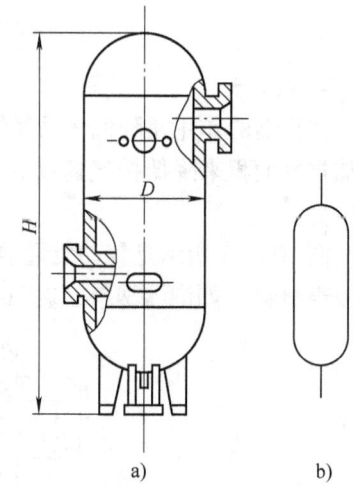

图10-11 立式储气罐
a) 结构图 b) 图形符号

图10-12所示为油雾器的结构和图形符号。压缩空气从气流入口进入,部分由小孔通

过截止阀进入油杯的上腔 A。油面受压缩空气的作用,使油液从吸油管 6 上升,顶开单向阀 7 流入视油帽 9,再经过可调节流阀 8 滴入喷嘴小孔中,由主管道通过的气流从小孔把油引射出来,油滴被高速气流打碎雾化,并随气流出口输出,送入气动系统。

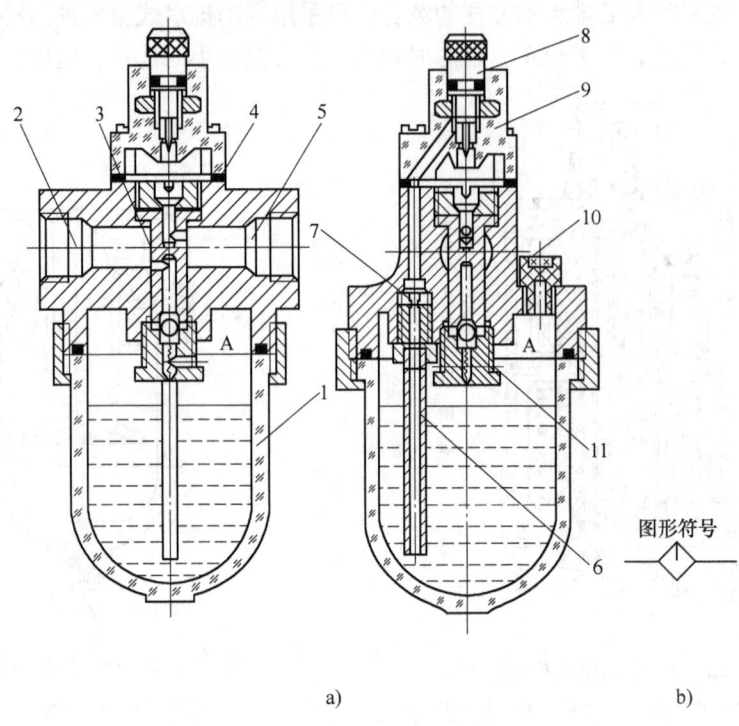

图 10-12 油雾器
a) 结构图　b) 图形符号
1—储油杯　2—气流入口　3、4—小孔　5—出口　6—吸油管　7—单向阀
8—节流阀　9—视油帽　10—旋塞　11—截止阀

4. 消声器

消声器的作用是降低气动系统的噪声(排气时噪声可达 100~200dB),它是通过阻尼或增加排气面积来降低排气速度和排气功率,从而达到降低噪声的目的。消声器一般装在排气口。

图 10-13 所示是气动装置中常用的一种吸收型消声器的结构原理,它是依靠装在体内的吸声材料(如泡沫塑料、玻璃纤维和毛毡等)来消声的。

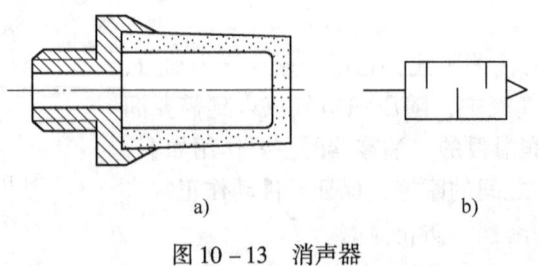

图 10-13 消声器
a) 结构原理　b) 图形符号

【考点分析】
空气压缩机、气缸、气动控制阀和气动辅助元件的类型、结构和作用。

【例1】以下设置在气动装置的入口处有降低空气压力，并有稳压作用的是_____。
A. 节流阀　　　　B. 溢流阀　　　　C. 减压阀

【解题指导】此题属于理解记忆题，主要考查学生对气动元件的作用是否熟悉。

【参考答案】C

【例2】为保证压缩空气的质量，气缸和气马达前必须安装_____。
A. 分水滤气器　　B. 减压阀　　　　C. 油雾器

【解题指导】此题属于理解题，主要考查学生对气动元件应用的理解情况。

【参考答案】A

【习题练习】

一、填空题

1. 汽车上制动系统常用的空气压缩机是_____式，按缸数可分为_____和_____两种。
2. 气缸是将_____转换为_____并驱动工作机构作_____或_____的装置，它属于_____元件。
3. _____、_____和_____三种元件合称气动三大件。
4. 气动辅助元件主要有_____、_____、_____和_____等装置。

二、选择题

1. 顺序阀属于_____元件。
   A. 动力　　　　B. 执行　　　　C. 控制　　　　D. 辅助
2. _____可控制两个或两个以上的气动执行元件顺序动作。
   A. 调压阀　　　B. 缓冲阀　　　C. 安全阀　　　D. 顺序阀
3. _____的作用主要是贮藏一定量的气体。
   A. 储气罐　　　B. 油雾气　　　C. 空气过滤器　D. 空气压缩机
4. 安全阀是属于_____元件。
   A. 动力　　　　B. 执行　　　　C. 控制　　　　D. 辅助
5. 膜片式制动气缸的工作行程_____。
   A. 任意变化　　B. 可调　　　　C. 较短　　　　D. 较长
6. _____过滤效率较高，过滤面积大，压力损失小，应用较广。
   A. 油雾器　　　B. 分水过滤器　C. 油水分离器　D. 精过滤器

第三节　气压传动实例

实例——公共汽车车门启闭机构。

公共汽车车门启闭机构大多采用气压传动。图 10-14 所示为采用连杆机构的车门启闭机构。当气缸内的活塞受压缩空气作用向左运动时，连杆带动左扇车门轴上的摇臂，使左扇车门开启；同时，通过中间摇臂带动右侧连杆和右侧车门轴上的摇臂，使右扇车门与左扇车门同时开启。反之，则使车门关闭。

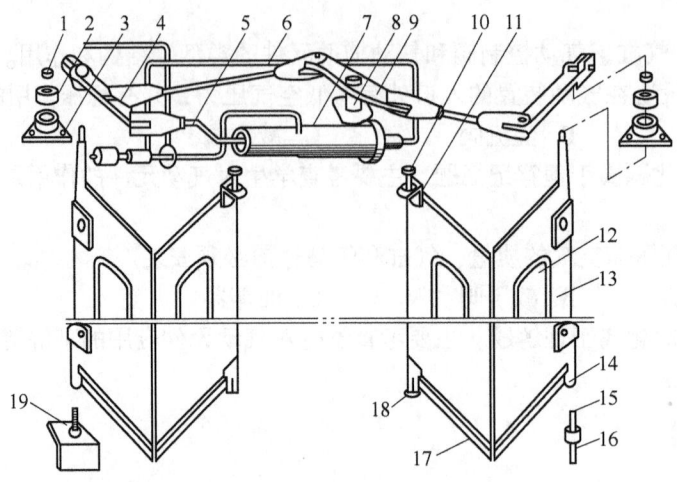

图 10-14 车门启闭机构

1—垫圈 2—轴承 3—轴承盖 4—摇臂 5—推杆 6—管道 7—气缸 8—销座
9—换向摇臂 10—滑块 11—支架 12—玻璃窗 13—门扇 14—立柱
15—钢珠 16—螺栓 17—橡胶板 18—滚轮 19—踏步板

车门启闭时的气路工作原理如下。

(1) 车门已闭合 如图 10-15a 所示，压缩空气按实心箭头方向从储气罐经过手截阀后分成两路。其中到电磁阀的一路因进气孔 A 在关闭状态而受堵；另一路沿管路进入气缸左腔，使活塞左侧面受到气压，电磁阀的排气孔 B 在此时处于打开状态，使气缸的右腔通过管道及 B 孔与大气相通，使左腔气压高于右腔气压，从而推动活塞右移，通过连杆拉动车门至关紧为止。

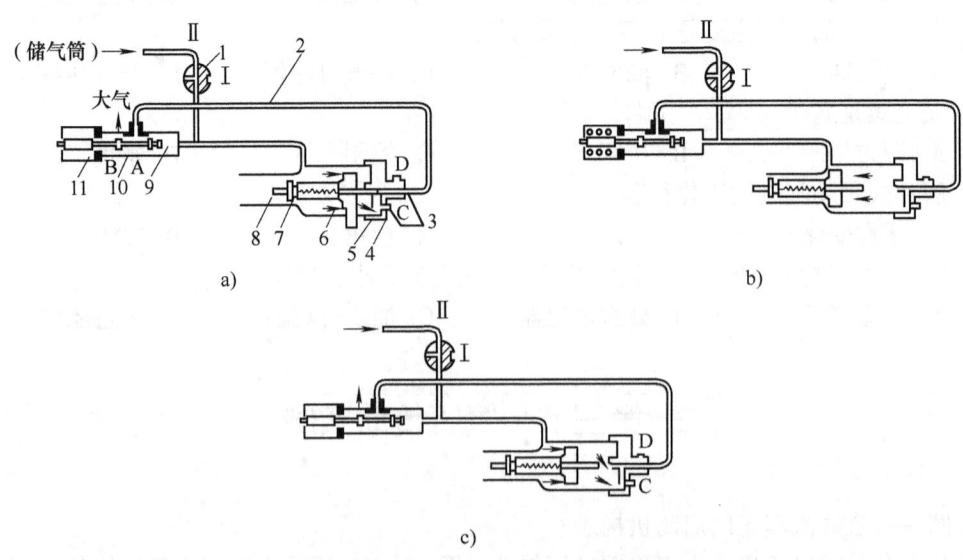

图 10-15 车门启闭机构的气路管道
a) 车门已关闭 b) 车门开启后 c) 车门开始关闭

1—手截阀 2—管道 3—调整螺钉 4—缸体 5—大活塞 6—顶杆
7—小活塞 8—拉杆 9—弹簧 10—阀芯 11—电磁开关

(2) 车门开启后 如图 10-15b 所示,接通门开关的电路,电磁阀的阀芯被电磁开关的推力推至右方,使进气阀口 A 打开,将排气阀口 B 关闭,此时压缩空气按实线箭头方向从储气罐经手截阀后分成两路,一路进入气缸左腔,另一路通过孔 A 进入气缸右腔。由于活塞左侧有效面积小于右侧有效面积,因此右侧受到的推力大于左侧,使活塞向左移动,活塞的推杆带动连杆机构使车门开启。

(3) 车门开始闭合 如图 10-15c 所示,切断电磁开关的电源,电磁阀失去了电磁推力,在弹簧的作用下返回左方,使进气口 A 关闭,排气口 B 打开,气缸右腔的压缩空气从 B 口排入大气,在左腔压缩空气作用下活塞右移,活塞的推杆带动连杆机构使车门逐渐合拢。

需要说明的是,调整螺钉的作用是调节气孔 C 和 D 的孔隙大小,以控制车门启闭的快慢速度。

【考点分析】

【例】气压基本回路按控制目的和功能可分为_____、_____和_____等。

【解题指导】此题属于理解记忆题,主要考查学生对气压传动组成部分及功能是否熟悉。

【参考答案】方向控制回路 压力控制回路 速度控制回路

【习题练习】

气压基本回路是由一定的_____和_____组合起来用以完成某些功能的基本气路结构。按其控制目的和功能可分为_____回路、_____回路和_____回路等。

附录

习题参考答案

绪论

一、填空题

1. 动力部分　执行部分　传动部分　控制部分　执行部分
2. 点　线　大　接触应力
3. 表面
4. 静　动
5. 干　液体
6. 磨损　磨合阶段　稳定磨损阶段　剧烈磨损阶段
7. 机器　机构　机械　相对运动　机器
8. 运动　力　运动形式
9. 粘着磨损　磨料磨损　表面疲劳磨损　腐蚀磨损
10. 强　强
11. 疲劳裂纹　点蚀
12. 大

二、选择题

1. B　2. C　3. B　4. C　5. C　6. B

三、判断题

1. ×　2. √　3. ×　4. √　5. √　6. √　7. √　8. ×

第一单元　杆件的静力分析

第一节　力的概念与基本性质

一、填空题

1. 大小　方向　矢量
2. 正　负
3. 反作用　二力　四边形
4. 二力杆
5. 不计变形

二、选择题

1. C　2. C　3. C　4. D　5. C

三、判断题
1. ×　　2. ×　　3. √　　4. ×　　5. ×

四、综合题
1. 答：图 A、B、C 中的 CD 杆是二力杆
2. 答：力是物体间的相互机械作用，这种作用使物体的运动状态发生变化，或使物体发生变形。力的三要素是力的大小、方向和作用点。
3. 作图如下所示：若未明确夹角象限，1、2、3、4 种情况均可。

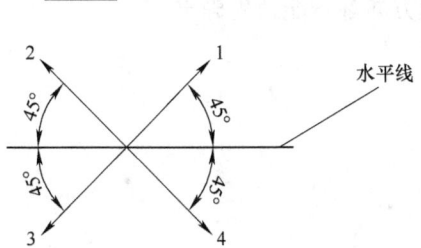

第二节　力矩、力偶、力的平移

一、填空题
1. 零
2. 作用线
3. 有　无
4. 力偶
5. 力　力偶臂

二、选择题
1. A　　2. B　　3. C　　4. D　　5. B

三、判断题
1. ×　　2. ×　　3. √　　4. ×　　5. ×　　6. √

四、综合题
1. 答：图示四个力偶矩相同，但方向有异。能等效的是图 a 与图 b；图 c 与图 d。
2. 解：$\sum M_O(F) = M_O(F_1) + M_O(F_2) + M_O(F_3) + M_O(F_4) = -301.4\text{N} \cdot \text{cm}$
3. 解：图 a 中 $M_O(F) = FL$；图 b 中 $M_O(F) = F \times 0 = 0$。
4. 答：三者在两力的位置和作用物上有区别，具体是：力偶中两力是相互平行且作用于一个物体上；作用力与反作用力共线但分别作用于两个物体上；二力平衡条件中两力共线且作用于一个物体上。

第三节　约束、约束力、力系和受力图的应用

一、填空题
1. 周围物体　施力物体
2. 同一平面内　汇交于一点
3. 同一平面内　不汇交于一点
4. 约束力　受力图

5. 垂直

二、选择题

1. A   2. C   3. B   4. C   5. D

三、判断题

1. √   2. ×   3. ×   4. √   5. √

四、综合题

1. 答：常见约束的类型有：（1）柔性约束；（2）光滑面约束；（3）铰链约束；（4）固定端约束。

固定端约束产生一个约束力和一个约束力偶，但方向都不能预先确定。

2. 答：有误，如下图：

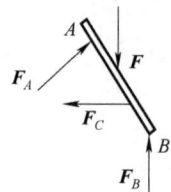

3.

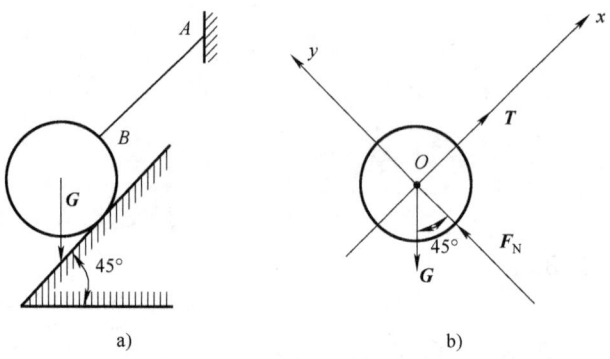

a)   b)

第二单元　直杆的基本变形

第一节　直杆轴向拉伸与压缩及其应力分析

一、填空题

1. 拉　压
2. 外力　截面
3. 变形
4. 轴力方向　拉伸　压缩

二、选择题

1. B   2. C   3. C   4. D   5. C

三、判断题

1. √   2. √   3. ×   4. ×   5. ×

附录 习题参考答案 | 227

四、综合题

1. 答：

应力：构件在外力作用下，单位面积上的内力。

应变：表示单位原长杆件变形的程度。

2. 解：求得 $N_{1-1} = -60$ N（压杆），$N_{2-2} = 30$ N（拉杆），$\sigma_{1-1} = -60$ MPa，$\sigma_{2-2} = 60$ MPa

3. 解：可从右往左分析，3—3 截面轴力 $N_3 = -30$ N（压力）；2—2 截面轴力 $N_2 = 10$ N（拉力）；1—1 截面轴力 $N_1 = 60$ N（拉力）。

4. 答：受压缩的是 AB 杆，受拉伸的是 BE 杆。

第四节　连接件的剪切与挤压

一、填空题

1. 等值　反向　作用线平行
2. 作用力
3. 投影
4. 挤压

二、选择题

1. A　2. C　3. D　4. B　5. D　6. C

三、判断题

1. √　2. ×　3. ×　4. √　5. ×

四、综合题

1. 答：

受力特点：作用在构件两侧面上的外力的合力等值、反向，作用线平行且相距很近。

变形特点：介于两作用力之间的各截面有沿作用力方向发生相对错动的趋势。

2. 解：$A = \pi d^2/4 = 379.94 \text{ mm}^2$；$A_{jy} = dt = 110 \text{ mm}^2$

3. 解：$A = l \times b = 300 \text{ mm}^2$；$A_{jy} = ab = 150 \text{ mm}^2$

4. 解：$A = \pi \times 10 + 8 \times 2 = 47.4 \text{ mm}^2$；$\tau = F_Q/A = 2531.6$ MPa。

第五节　圆轴的扭转

一、填空题

1. 反比
2. 零
3. 圆周
4. 截面
5. 扭矩　M_T

二、选择题

1. B　2. C　3. B　4. A　5. A　6. B

三、判断题

1. ×　2. ×　3. ×　4. ×　5. √

四、综合题

1. 答：

扭转的受力特点：垂直于杆件平面内，作用一对等值、反向的力偶。

扭转的变形特点：各横截面绕轴线发生相对转动。

2. 答：圆轴扭转时的内力，叫做扭矩，用 M_T 表示。

扭矩的正负号用右手螺旋法则判定，右手的四指弯曲方向与扭转方向一致，大拇指就表示扭矩方向；当拇指指向背离截面时，扭矩为正，反之为负。

3. 解：$W_t \approx 0.2D^3$（实心）

$\tau_{max} = M_{Tmax} / W_t = 25$ MPa；

根据圆轴扭转在横截面上切应力的分布规律，切应力在圆心处为零，即实心圆轴 $\tau_{min} = 0$。

第六节　直梁的弯曲及*组合变形

一、填空题

1. 曲线

2. 外伸梁　悬臂梁

3. 正　负

4. 大

二、选择题

1. C　　2. C　　3. B　　4. B　　5. B　　6. D

三、判断题

1. ×　　2. √　　3. ×　　4. ×　　5. √

四、综合题

1. 答：受垂直于梁的轴线作用的力发生变形，轴线由直线变成曲线的现象称为直梁弯曲。

它的受力特点：杆件所受的力垂直于梁的轴线；变形特点：梁的轴线由直线变成曲线。

2. 答：只有弯曲作用而没有剪切作用的梁，为纯弯曲梁。

纯弯曲正应力分布规律：横截面上各点的正应力大小与该点到中性轴的距离成正比；在中性轴处正应力为零；离中性轴越远的截面上，正应力越大。

3. 答：梁的内力分为剪力和弯矩。

剪力符号：梁上截取一段，左侧剪力向上、右侧剪力向下为正，反之为负。弯矩符号：梁上截取一段，使梁弯曲时，凹面向上为正，反之为负。

第三单元　机械工程材料

第一节　金属材料的性能

一、填空题

1. 工艺性能　使用性能

2. 静载荷　塑性变形　断裂　屈服强度　抗拉强度

3. 4.5g/cm³　轻

4. 冶炼　成品　铸造性能　锻造性能　焊接性能　切削加工性

5. 耐腐蚀性　抗氧化性　化学稳定性

6. 布氏硬度 洛氏硬度 维氏硬度
7. 洛氏 布氏
8. 冲击载荷 冲击韧性
9. 塑性
10. 交变载荷 最大应力 10^7 10^8
11. 好 差 差 好

二、选择题

1. C   2. B   3. D   4. A   5. C

三、判断题

1. √   2. ×   3. ×   4. √   5. ×   6. ×   7. ×   8. √   9. √   10. ×

第二节 钢铁材料

一、填空题

1. 钢铁材料 非铁金属材料 非金属材料
2. 硫 磷 磷 硫 原料 硅 锰 脱氧剂
3. 碳素结构钢 碳素工具钢 合金结构钢 合金工具钢 特殊性能钢
4. 弹性极限 疲劳强度 塑性 韧性 表面质量 Mn Si Cr 中温回火
5. 低合金刃具钢 高速钢 冷变形模具 热变形模具
6. 硬度 高耐磨性 热硬性 钨 钨钼
7. 高硬度 高耐磨性 尺寸稳定性 微变形
8. 物理 化学 不锈耐酸钢 耐热钢 耐磨钢
9. 锰 铸造
10. 团絮 白口铸铁 退火 渗碳体 铁素体 珠光体
11. 石墨 力学 铸造性能 切削加工性 减摩擦性 减振性
12. 球 球化 球化剂 孕育剂 铸钢

二、选择题

1. C   2. A   3. C   4. B   5. A   6. B   7. A

三、判断题

1. √   2. ×   3. √   4. ×   5. ×   6. ×   7. ×   8. ×   9. ×   10. ×

四、解释材料牌号

1. Q235-A·F：屈服强度为 235MPa，质量等级为 A 级，脱氧方式为沸腾的普通碳素结构钢。

2. T13A：平均碳的质量分数为 1.3%，质量等级为高级优质的碳素工具钢。

3. 40Cr：平均碳的质量分数为 0.40% 的合金调质钢。

4. 9SiCr：平均碳的质量分数为 0.9%，含 Si、Cr 的质量分数均小于 1.5% 的低合金刃具钢。

5. W18Cr4V：含 W 的质量分数为 18%，含 Cr 的质量分数为 4%，含 V 的质量分数小于 1.5% 的高速钢。

6. 4Cr13：平均碳的质量分数为 0.4%，含 Cr 的质量分数为 13% 的铬不锈钢。

7. ZGMn13：含 Mn 的质量分数为 13% 的耐磨钢。

8. HT200：最低抗拉强度为200MPa的灰铸铁。

9. KTH300-06：最低抗拉强度为300MPa，最低伸长率为6%的黑心可锻铸铁。

10. QT700-2：最低抗拉强度为700MPa，最低伸长率为2%的球墨铸铁。

第三节 铁碳合金状态图

一、填空题

1. 温度　碳的质量分数 w_C

2. 铁素体　奥氏体　渗碳体

3. 1538℃

4. 4　5

二、选择题

1. C　2. B　3. C　4. A　5. B

三、简答题

答：随着钢中碳的质量分数 w_C 的增加，钢的强度和硬度不断升高，塑性、韧性不断降低，当 $w_C > 0.9\%$ 时，虽然硬度升高，但强度下降，塑性、韧性继续降低。

第四节 钢的热处理

一、填空题

1. 加热　保温　冷却　组织结构　性能

2. 退火　正火　淬火　回火　表面淬火　化学热处理

3. 空冷　快　大　短　低

4. 正火　球化退火

5. 快速　硬度　强度　耐磨性

6. 油　水　盐水

7. 低温回火　中温回火　高温回火

8. 淬火　高温回火

9. 表层　未淬火状态　高硬度　高耐磨性　塑性　韧性

10. 活性介质　加热　保温　冷却　表层　化学成分　组织　性能

11. 渗碳　渗氮　碳氮共渗

二、选择题

1. B　2. D　3. D　4. C　5. A　6. B

三、判断题

1. ×　2. √　3. ×　4. √　5. ×　6. ×　7. ×　8. ×　9. ×　10. √

四、简答题

1. 答：将钢加热到一定温度，保温一定时间，然后缓慢冷却的热处理工艺叫退火。

退火有完全退火、球化退火、去应力退火三种。

2. 答：淬硬性：淬火后钢所能达到的最高硬度。

淬透性：淬火后工件获得淬硬层深度的能力。

淬硬性取决于钢中碳的质量分数，低碳钢中由于碳的质量分数较低，其淬硬性差；而高碳钢中由于碳的质量分数较高，因此淬硬性较好。淬透性主要取决于钢的化学成分和淬火冷却方式。一般来说，碳的质量分数相同的碳钢与合金钢的淬硬性没有差别，而合金钢的淬透性高于淬硬性。

淬硬性与淬透性是两个不同的概念，他们没有直接的联系，即淬透性好的钢，淬硬性不一定好，反之亦然。

3. 答：因为工件淬火后有内应力产生，所以要及时回火消除。

回火目的：

（1）消除淬火产生的内应力，稳定工件尺寸，防止工件在使用中发生变形，甚至开裂。

（2）提高塑性和韧性，降低硬度，获得良好的综合力学性能。

第五节 非铁金属材料和硬质合金

一、填空题

1. 钢铁材料

2. 防锈铝合金、硬铝合金、超硬铝合金、锻铝合金。

3. 铝硅合金、铝铜合金、铝镁合金 铝锌合金。

4. 铜镍 锌 普通 特殊

5. 锌 镍 普通青铜 特殊青铜

6. α钛合金 β钛合金 α+β钛合金

7. YG YT YW

8. 万能 不锈钢 耐热钢 耐磨钢

9. 钨 钴 脆性

10. 碳化钛 硬度 热硬性 耐磨性 塑性

二、选择题

1. B 2. A 3. C 4. B 5. D 6. C 7. C 8. D

三、判断题

1. √ 2. × 3. × 4. × 5. × 6. × 7. √ 8. ×

第六节 非金属材料和新型工程材料

一、填空题

1. 热固性塑料 热塑性塑料 通用塑料 工程塑料 特种塑料

2. 天然橡胶 合成橡胶 传统陶瓷 特种陶瓷 天然 合成

3. 大 好

4. 粉碎 烧结 成型 塑料

5. 抗氧化 热腐蚀能力

6. 高温合金 弥散强化合金 难熔合金 陶瓷材料

7. Ti–Ni系 铜系 铁系合金

8. 德国 超导物质

9. 金属玻璃 超不锈钢

10. 体积效应 表面与界面效应 量子尺寸效应

二、选择题

1. C 2. A 3. C 4. C 5. D

三、判断题

1. ×   2. √   3. ×   4. √   5. √

第七节　材料的选择及应用

一、填空题

1. 工作精度　预期功效
2. 延性断裂　脆性断裂　疲劳断裂　蠕变断裂
3. 磨损失效　接触疲劳失效　表面腐蚀失效
4. 中碳钢　中碳合金钢

二、选择题

1. A   2. D   3. D   4. B   5. C

第四单元　联接

第一节　键联接和销联接

一、填空题

1. 轴和轴上零件
2. 轴径
3. 单圆头普通平键、键宽
4. GB/T 1096 键 20×56
5. 松键　紧键
6. 联接　定位　安全

二、选择题

1. C   2. A   3. A   4. C   5. A   6. D   7. D

三、判断题

1. √   2. ×   3. ×   4. √   5. ×   6. √

四、综合题

1. 答：自行车中轴一般需要承受轴向载荷，而键联接不能或只承受很小、单向的轴向载荷，因此不适用；而销能承受轴向载荷和传递转矩，并可在冲击、振动的场合应用，比较适用于自行车中轴的联接。

2. 答：GB/T 1096 键 20×56；GB/T 1096 键 B 16×50。

3. 答：键联接主要作用：轴和轴上零件间的周向固定并传递转矩；有时可作导向零件。键联接的类型：松键联接（平键、半圆键、花键联接）；紧键联接（楔键、切向键联接）。

4. 答：由轴径（直径 d），查上表确定截面尺寸 $b×h$；再由轮毂长度 L_1 选择键长 L，使 L 略短于 L_1（5~10mm），而且 L 符合标准长度系列。

第二节　螺纹联接

一、填空题

1. 普通螺纹　管螺纹　矩形螺纹　梯形螺纹

2. 螺纹大径、管子内径

3. 60°　55°

4. 联接　传动

5. 增大摩擦力防松

二、选择题

1. B　2. C　3. C　4. B　5. A　6. D

三、判断题

1. ×　2. ×　3. ×　4. ×　5. √

四、综合题

1. 答：螺纹联接预紧的目的：增强联接的刚性，提高紧密性和防松能力，确保联接安全。

2. 答：双头螺柱装配：由于双头螺柱没有头部，无法将旋入端紧固，常采用螺母对顶或螺钉与双头螺柱对顶的方法来装配。

3. 答：螺纹联接的基本类型有螺栓联接、双头螺柱联接、螺钉联接、紧定螺钉联接四种；选用螺钉联接。

第四节　联轴器与离合器

一、填空题

1. 接合　分离

2. 弹性柱销　弹性套柱销　轮胎式

3. 起重

4. 万向

5. 圆盘　圆锥式

二、选择题

1. D　2. B　3. B　4. A　5. B　6. A　7. A

三、判断题

1. ×　2. ×　3. √　4. ×　5. √

四、综合题

1. 答：

名称	功用联系	功用区别
联轴器	联接两轴，使其共同回转传递转矩，有时也作为传动系统中的安全装置	只能在两机器都停止转动后才可将两轴接合或分离
离合器		工作中可以随时接合或分离两轴

2. 答：应用了超越离合器的原理，俗称棘轮。

3. 答：

离合器分类	特点及应用
牙嵌离合器	结构简单，无滑动，传递较大转矩，应用广泛
超越式离合器（单向和双向）	尺寸小，可高速接合、分离且平稳，无噪声，用于一轴上有两种不同转速

第五单元　机构

第一节　平面机构的组成

一、填空题

1. 构件　运动副
2. 直接接触　相对运动
3. 螺旋副　转动副　移动副
4. 点　线
5. 原动件　从动件

二、选择题

1. C　2. D　3. D　4. B　5. A　6. C

三、判断题

1. √　2. √　3. √　4. ×　5. ×　6. √

四、综合题

1. 答：机构是由许多构件组成且之间具有确定的相对运动。

机器一般由机构组成；机构不能代替人的劳动作功或能量转换，主要用于传递或转变运动的形式。

2. 答：使两构件直接接触而又能产生一定相对运动的连接，称为运动副。

运动副可分为低副和高副。

3. 答：低副是指两构件之间作面接触的运动副。可分为转动副、移动副、螺旋副。

它的接触面一般是平面或圆柱面，比较容易制造和维修，承受载荷时单位面积的压力比较小，但是低副是滑动摩擦，摩擦大而效率低。

4. 答：步骤如下

（1）观察机构的运动情况，找出原动件、从动件和机架；

（2）由相连两构件之间的相对运动性质和接触情况，确定各个运动副的类型；

（3）由机构实际尺寸和图样大小确定合适的长度比例尺（其值=实际长度/图示长度）；

（4）用线条将同一构件上的运动副连接起来，即完成机构运动简图。

第二节　平面四杆机构

一、填空题

1. 机架　曲柄　连杆
2. 行程速比系数　$K=(180°+\theta)/(180°-\theta)$
3. 摇杆　曲柄　共线
4. 双曲柄机构　曲柄摇杆机构　双摇杆机构
5. 曲柄摇杆机构
6. 急回特性

二、选择题

1. A　2. C　3. A　4. D　5. A　6. B　7. A

三、判断题

1. √ 2. × 3. × 4. √ 5. √ 6. × 7. √

四、综合题

1. 答：急回特性指的是曲柄作等速转动时，摇杆来回摆动的速度不同，其空回行程平均速度大于工作行程平均速度。

急回特性的程度可用来回摆动的速度比值来表达，机构有无急回特性与极位夹角 θ 有关。当 $\theta=0$ 时，$K=1$，机构无急回特性；当 $\theta>0$，$K>1$ 时，具有急回特性，且 θ 越大，K 值越大，急回特性越明显。

2. 解：根据曲柄摇杆机构的条件，最短杆 $L_{AB}+L_{BC} \leqslant L_{AD}+L_{CD}$，所以 $0<L_{AB} \leqslant 25\text{mm}$。

3. 答：铰链四杆机构中的连架杆是否存在曲柄，取决于各杆长度间的关系。若同时满足下列条件则有曲柄：

①最长杆+最短杆≤其余两杆之和；②连架杆和机架中必有一根是最短杆。

4. 答：

类型	机构中演化的部件	特点
曲柄滑块机构	摇杆改成滑块	将滑块的往复直线运动与曲柄的连续转动相互转化
导杆机构	曲柄滑块机构中的曲柄变为机架	滑块沿导杆移动并作平面运动
摇杆滑块机构	滑块为机架	摇杆摆动，对杆往复移动
曲柄摇块机构	原连杆为机架	滑块只能绕点摆动

第三节 凸轮机构

一、填空题

1. 凸轮 从动件 机架
2. 滚子
3. 基圆
4. 作用力 运动方向
5. 曲线 直线
6. 从动件位移曲线

二、选择题

1. B 2. B 3. A 4. C 5. A 6. A 7. D 8. C

三、判断题

1. √ 2. × 3. × 4. × 5. × 6. ×

四、综合题

1. 答：（1）便于准确地实现给定的运动规律。

（2）机构简单紧凑，便于设计。

（3）凸轮机构可以高速启动，动作准确可靠。

（4）由于凸轮机构是高副接触，又不易于润滑，容易磨损，故传递动力不易过大。

（5）凸轮轮廓曲线不易于加工。

2. 答：

应用实例	内燃机配气机构	自动车床进给机构	靠模车削机构
凸轮机构的类型	盘形、平底、直动凸轮机构	圆柱、曲面、摆动凸轮机构	移动、滚子、直动凸轮机构

3. 答：盘形凸轮的特点是应用广，从动件运动行程小；主要应用于行程较短的场合。

第六单元　机械传动

第一节　带传动

一、填空题

1. 摩擦型　啮合型

2. 同步带　V带

3. 齿圈　轮毂　挡圈

4. 帘布芯　绳芯

5. 轮缘　轮辐　轮毂

二、选择题

1. D　2. B　3. C

三、判断题

1. √　2. ×　3. ×　4. ×　5. ×

四、简答题

1. 答：V带轮的结构有实心带轮、腹板带轮、孔板带轮和轮辐带轮。

2. 答：V带轮的材料由灰铸铁、铸钢或轻合金、铸铝或塑料制成。

第二节　链传动

一、填空题

1. 主动链轮　链条　从动链轮

2. 传动链　起重链　牵引链

3. 滚子链　齿形链

4. 整体式　孔板式　组合式　焊接结构

5. 过渡链节式

二、选择题

1. C　2. B　3. C　4. B　5. B

三、判断题

1. ×　2. ×　3. √　4. √　5. ×

四、简答题

1. 答：链传动有准确的平均传动比，工作时有噪声，可在低速高温、油污的情况下工作，主要适用于不宜采用带传动和齿轮传动而两轴平行，且中心距较大、功率较大而又要求平均传动比准确的场合，广泛应用于矿山、农业、石油、化工机械中。

2. 答：常用的润滑方式有：①人工定期用油壶或油刷给油；②滴油润滑；③油浴润滑或飞溅润滑；④压力润滑。

3. 答：有（1）链板的疲劳断裂；

(2) 套筒滚子的疲劳点蚀；

(3) 销轴与套筒胶合；

(4) 链条脱落；

(5) 链条过载拉断。

第三节 螺旋传动

一、填空题

1. 回转　直线

2. 滑动　滚动

3. 滑动　梯形

4. 外循环　内循环

5. 螺杆　螺母　机架

二、选择题

1. A　2. C　3. D　4. A　5. B

三、判断题

1. ×　2. √　3. ×　4. √　5. ×

四、计算题

1. $L = NPh = 2 \times 5 = 10$mm

2. (1) 移动距离：$L = NPh = 2 \times 4 \times 1 = 8$mm。

   (2) 移动方向：工作台向右。

第四节 齿轮传动

一、填空题

1. 渐开线　摆线　圆弧　渐开线

2. 模数　齿数　压力角

3. 仿形法　展成法

4. 平面　空间

5. 大端模数　压力角

6. 轮齿折断　齿面点蚀　齿面胶合　齿面磨损　齿面塑性变形

二、选择题

1. C　2. D　3. C　4. C　5. A　6. D

三、判断题

1. √　2. √　3. √　4. ×　5. √　6. ×　7. ×

四、计算题

1. 解：$d_f = m(z - 2.5)$　　$m = 5$mm

　　　　$d_a = m(z + 2) = 5 \times 27 = 135$mm

　　　　$d = mz = 5 \times 25 = 125$mm

　　　　$p = \pi m = 3.14 \times 5 = 15.70$mm

2. 解：$d_{a2} = m(z_2 + 2) = 408$ mm，$m = 4$mm

　　　　$a = m(z_1 + z_2)/2 = 310$ mm，$z_1 = 55$

　　　　$d_{f1} = m(z_1 - 2.5) = 210$mm

$d_{a1} = m(z_1+2) = 228 \text{mm}$

3. 解：(1) 传动比 $i_{12} = n_1/n_2 = 840/280 = 3$

(2) $z_1 = 27$，$z_2 = 81$

(3) $d_1 = mz_1 = 5 \times 27 = 135 \text{mm}$

$P = \pi m = 3.14 \times 5 = 15.7 \text{mm}$

第五节 蜗杆传动

一、填空题

1. 阿基米德　渐开线　法向直廓

2. 齿圈式　螺栓连接式　整体浇注式　镶铸式

3. 互相垂直交错成 90°　蜗杆　蜗轮

4. 2

5. 自锁

二、选择题

1. B　　2. D　　3. D　　4. A

三、判断题

1. ×　　2. ×　　3. √　　4. ×　　5. √

四、简答题

1. 答：蜗杆传动具有结构紧凑、传动比大、传动平稳无噪声、能自锁等优点。不足的是其传动效率低，且蜗轮制造成本较高。

2. 答：

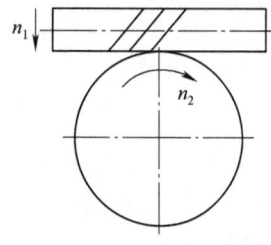 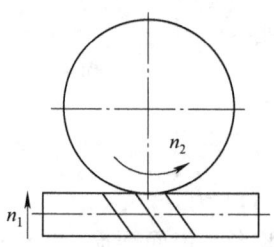

第六节 轮系和减速器

一、填空题

1. 周转轮系

2. 从动轮转向　主从动轮传动比大小

3. 从　主

4. 惰轮

5. 画箭头　外啮合齿轮对数

6. −40～45℃　预热

二、选择题

1. C　　2. A　　3. C　　4. B　　5. A　　6. B　　7. A　　8. B

三、判断题

1. ×　　2. ×　　3. √　　4. √　　5. ×　　6. √

7. √ 8. × 9. √ 10. × 11. √ 12. √

四、综合题

1. 答：（1）可获得很大的传动比；

（2）可作远距离传动；

（3）可实现变速变向要求；

（4）可实现合成或分解运动。

2. 答：定轴轮系实例：如车床主轴箱，可获得多种转速，并能换向周转轮系；实例：如应用在机床、计算机构及补偿调整装置中。

3. 解：$i_{17} = \dfrac{n_1}{n_7} = (-1)^3 \times \dfrac{\text{所有从动轮齿数连乘积}}{\text{所有主动轮齿数连乘积}}$

$i_{17} = -\dfrac{z_2 z_4 z_6 z_7}{z_1 z_3 z_5 z_6} = -\dfrac{50 \times 66 \times 50}{25 \times 22 \times 22} = -13.64$

轮 7 与轮 1 转向相反。

4. 解：蜗轮的转速 n_6 为：

$n_6 = n_1 (z_1 z_3 z_5)/(z_2 z_4 z_6)$

$= 800 \times (16 \times 20 \times 4)/(32 \times 40 \times 40) = 20 \text{ r/min}$

重物向上移动。

5. 答："ZLY"表示减速器型号为两级；"560"表示中心距为560mm；"11.2"表示公称传动比为11.2；"I"代表第一种装配形式。

第七单元 支承零部件

第一节 轴

一、填空题

1. 心 传动

2. 轴向 周向

3. 碳素钢 合金钢

4. 肩 环

5. 应力集中

二、选择题

1. A 2. B 3. C 4. A 5. C 6. D 7. C

三、判断题

1. × 2. √ 3. × 4. √ 5. × 6. √

四、综合题

1. 答：（1）轴的受力合理，以利于提高轴的强度和刚度；

（2）安装在轴上零件，要能牢固而可靠地相对固定（轴向、周向固定）；

（3）轴上结构便于加工、拆装和调整；

（4）尽量减少应力集中，并节省材料、减轻重量。

2. 答：（1）1——倒角，便于导向及避免擦伤零件配合表面。

2——圆角，消除和减小应力集中，提高轴的疲劳强度。

3——螺尾退刀槽，便于退出刀具，保证加工到位及装配时相配合零件的端面靠紧。

（2）避免装配时和齿轮轮毂发生干涉和轴向定位可靠。

3. 答：轴上零件的固定形式有轴向和周向固定两种。

轴向固定有：弹性挡圈、套筒、轴肩、轴环等。

周向固定有：键、销、紧定螺钉等。

第二节　滑动轴承

一、填空题

1. 推力　向心推力

2. 润滑脂

3. 轴承座　轴瓦

4. 摩擦　磨损

5. 倒钝

6. 非承载区

二、选择题

1. C　　2. B　　3. C　　4. B　　5. B　　6. B

三、判断题

1. ×　　2. √　　3. ×　　4. ×　　5. ×　　6. ×

四、综合题

1. 答：润滑目的是为了减少摩擦和磨损，降低功率消耗，冷却，防锈，吸振。

常见的润滑剂有：润滑油、润滑脂和固体润滑剂。

2. 答：向心滑动轴承按拆装需要分成三种：整体式、剖分式和调心式。

整体式：通常只用于轻载、低速及间歇性工作的机器设备中，如绞车、手动起重机等；

剖分式：装拆方便，间隙调整容易，因此应用广泛；

调心式：应用于轴挠度较大或轴承孔轴线的同轴度较大的场合。

3. 答：压力供油、油环供油、油垫供油、油绳供油、滴油供油。

第三节　滚动轴承

一、填空题

1. 内圈　外圈　滚动体

2. 类型代号　尺寸系列代号　内径代号

3. 圆柱滚子轴承

4. 6级　6x级　5级　4级　2级

5. 调心滚子　30

二、选择题

1. B　　2. A　　3. B　　4. C　　5. D　　6. B　　7. C

三、判断题

1. ×　　2. √　　3. √　　4. √　　5. √　　6. ×

四、综合题

1. 答：选用滚动轴承时，主要考虑：

(1) 轴承承载大小、方向和性质；

(2) 轴承的转速；

(3) 经济性；

(4) 考虑某些特殊要求。

2. 答：（1）单列向心短圆柱滚子轴承中窄系列，内径为50mm。

(2) 单列圆锥滚子轴承重窄系列，内径为60mm。

3. 答：内圈　外圈　滚动体　保持架

4. 答：主要有摩擦阻力小、起动灵敏、效率高、装拆方便、润滑简便、可互换性等优点；但也有抗冲击能力较差、高速有噪声、轴承径向尺寸大以及寿命比滑动轴承低等特点。

第八单元　机械的节能环保与安全防护

第三节　机械环保与安全防护常识

一、填空题

1. 润滑　冷却　密封

2. 润滑油　润滑脂

3. 降低摩擦表面的摩擦损伤

4. 定点　定质　定量　定期　定人

5. 静密封　动密封

6. 密封胶　密封垫　直接接触　往复动密封　旋转动密封　螺旋动密封

二、选择题

1. D　2. B　3. A　4. B　5. D

三、问答题

1. 答：常用润滑剂有润滑油和润滑脂。润滑油的性能指标有：粘度、粘度指数、油性、极压性能、闪点和凝点。润滑脂的性能指标有：锥入度和滴点。

2. 答：要考虑选用润滑油主要是确定油品的种类和等级（粘度）。一般根据机械设备的工作条件、载荷和速度，先确定合适的粘度范围，再选择适当的润滑油品种。工作于高温重载、低速，机器工作中有冲击、振动、运转不平稳并经常起动、停车、反转、变载变速，轴与轴承的间隙较大，加工表面粗糙等情况下应选用粘度高的润滑油。在高速、轻载、低温、采用压力循环润滑、滴油润滑等情况下，可选用粘度低的润滑油。

第九单元　液压传动

第一节　液压传动的基本知识

一、填空题

1. 机械传动　电气传动　液压传动　气压传动

2. 能量转化装置　机械能　液压能　液压能　机械能

3. 能源部分　控制部分　执行部分　辅助部分

4. 工作介质　润滑剂　冷却剂

5. 外界负载　流量

二、选择题

1. A　2. B　3. D　4. B　5. D　6. D　7. C　8. D　9. C　10. A

三、判断题

1. ×　2. ×　3. ×　4. √　5. ×　6. ×　7. ×　8. ×　9. √

四、简答题

1. 答：液压传动的工作原理是以油液为工作介质，依靠密封容积的变化来传递运动，依靠油液内部的压力来传递动力。液压传动的实质是一种能量转换装置。

2. 答：优点：(1) 输出力大，质量轻，体积小；(2) 运动较平稳，能在低速下稳定运动；运行过程中，能随时进行大范围无级调速；(3) 操作方便、省力，易实现远距离操纵及自动控制；(4) 可自动实现过载保护；(5) 元件易于标准化、系列化和通用化，使用寿命较长。但缺点是：(1) 易泄漏，传动效率低，传动比不如机械传动准确；(2) 对元件的制造精度、安装、调整和维护要求较高，成本较高；(3) 系统发生故障时，原因不易查明。

3. 答略。

4. 解：(1) 根据杠杆原理可得：$F \times 540 = F_1 \times 27$

$$F_1 = \frac{50 \times 540}{27} \text{N} = 1000 \text{N}$$

(2) 小液压缸内的压力

$$p_1 = \frac{F_1}{A_1} = \frac{1000}{\frac{\pi d_1^2}{4}} = \frac{1000}{\frac{3.14 \times 0.020^2}{4}} \text{Pa} = 3.18 \times 10^6 \text{Pa} = 3.18 \text{MPa}$$

由静压传递原理得：$p = p_1 = p_2$

则大活塞上的顶力 F_2 为

$$F_2 = p_2 A_2 = 3.18 \times 10^6 \times \frac{\pi d_2^2}{4} = 3.18 \times 10^6 \times \frac{3.14 \times 0.060^2}{4} \text{N} = 9\,000 \text{N}$$

所以50N力经过杠杆放大和大小活塞的面积比增大，最后可顶起9 000N的重物。

第二节　液压元件

一、填空题

1. 密封容积　吸油　压油
2. 齿轮泵　叶片泵　柱塞泵
3. 液体压力能　机械能　能量转换　执行　活塞　柱塞　摆动
4. $\sqrt{2}$
5. 控制　流动方向　压力　流量　方向阀　压力阀　流量阀
6. 定压　溢流　安全保护

7. 出口　进口　低于
8. 油液流动方向　单向阀　换向阀
9. 压力

二、选择题
1. C　2. D　3. A　4. B　5. D　6. B　7. C　8. C

三、判断题
1. ×　2. ×　3. √　4. ×　5. √　6. √　7. ×　8. ×　9. ×

四、简答题

1. 答：顺序阀与溢流阀的区别：
(1) 溢流阀的出油口通往油箱，顺序阀的出油口一般通往另一工作油路；顺序阀的进出油口都是有一定压力的。
(2) 溢流阀打开时，进油口压力基本上保持在调定值，出口压力近似为零；而顺序阀打开后，进油压力可以继续升高。
(3) 溢流阀的内部泄漏可以通过出油口回油箱；而顺序阀因出油口不是通往油箱的，所以要有单独的泄油口。

2. 答：要保证液压泵正常工作，必须满足以下条件：
(1) 液压泵内有若干个密封容积，且密封容积可以周期性变化。
(2) 液压泵应有配流装置，保证吸油腔和压油腔分开，并使吸油腔在吸油过程中与油箱相通，压油腔在压油过程中与系统供油管路相通。
(3) 油箱内液体的绝对压力必须恒定等于或大于大气压力。

第三节　液压基本回路及液压系统

一、填空题
1. 进油节流调速　回油节流调速　旁路节流调速
2. 调压回路　减压回路　卸载回路　增压回路
3. 换向回路　锁紧回路　通　断

二、选择题
1. B　2. C　3. B　4. C

三、简答题
1. 答：压力控制回路用压力阀来调节系统或系统的某一部分的压力，以实现调压、减压、卸载和增压等控制，以满足执行元件对压力的要求。
2. 答：方向控制回路是用来控制液压系统中各条油路的液流的通、断及方向的回路，有换向回路和锁紧回路等。

四、分析论述题

答：1. 主要元件及其作用
(1) 液压泵1（外啮合齿轮泵，额定压力为10MPa）：是系统的动力元件。
(2) 粗过滤器2：清洁油液、保护液压泵。
(3) 精过滤器3：清洁油液，保护元件。
(4) 油箱4：储油、散热。
(5) 溢流阀5（调定压力为8.5MPa）：限压保护作用。

（6）四位四通手动滑阀6：控制油路的通、断和换向等，使油缸完成空位、举升、中停和下降等动作（两油缸动作应同步）。

（7）伸缩套筒式液压缸：控制车厢升降，是系统执行元件。

2. 系统的工作情况

本系统工作时，可完成空位、举升、中停、下降4个动作分别由换向阀的4个工位来控制，各动作过程如下：

（1）空位。操纵杆8处于"空位"位置时，换向阀右位接入系统，使P、A、B、O均相通，液压泵输出液压液和液压缸下腔油液全部流回油箱，车厢处于未举升的自由状态（一般为运输水平状态），液压泵卸荷。

（2）举升。操纵杆8处于"举升"位置时，换向阀左位接入系统，使P与A、B与O相通，液压泵输出油液进入两液压缸下腔，推动液压缸逐节升出，液压缸上腔油液经滑阀流回油箱，车厢举起。其油路是：

进油路：泵1→阀6（左位）→缸7下腔。

回油路：缸7上腔→阀6（左位）→精过滤器3→油箱4。

（3）中停。操纵杆8处于"中停"位置时，滑阀左二位接入系统，使P与O相通，液压泵输出油液直接回油箱，液压泵处于卸载状态；A、B被封住，液压缸不能回油，这样可使液压缸在任意位置停留，并使液压缸处于锁紧状态。

（4）下降。操纵杆8处于"下降"位置时，滑阀左三位接入系统，使P与B、A与O相通，泵输出油液进入液压缸上腔，使液压缸逐节退回，下腔油液经滑阀流回油箱。这样液压缸控制车厢下降，当车厢降至原位时应将操纵杆置于"空位"，处于运输自由状态，液压泵卸荷。

3. 系统采用的基本回路

（1）换向阀6控制的换向回路。

（2）手动滑阀（左二位和右位）控制的卸荷回路。

（3）手动滑阀（左二位）控制的闭锁回路。

（4）溢流阀5控制的调压回路；

（5）两规格相同的双作用伸缩套筒式油缸组成的同步回路。

第十单元　气压传动

第一节　气压传动的基本知识

一、填空题

压缩空气　空气压缩机　机械能　空气的压力能　压力能　直线运动　回转运动形式

二、判断题

1. ×　　2. ×　　3. √　　4. ×

第二节　气压传动元件

一、填空题

1. 活塞式　单缸　双缸

2. 压缩空气的压力能　机械能　直线往复运动　摆动　执行

3. 分水滤气器　减压阀　油雾器
4. 空气过滤器　储气罐　油雾器　消声器

二、选择题

1. C　　2. D　　3. A　　4. C　　5. C　　6. B

第三节　气压传动实例

气压元器件　管路　方向控制回路　压力控制回路　速度控制回路

参 考 文 献

[1] 郁兆昌. 金属工艺学 [M]. 北京：高等教育出版社，2004.
[2] 李世维. 机械基础 [M]. 北京：高等教育出版社，2004.
[3] 顾晓勤. 工程力学 [M]. 北京：机械工业出版社，2004.
[4] 顾淑群. 机械基础 [M]. 北京：人民邮电出版社，2006.
[5] 顾淑群. 机械基础练习册 [M]. 北京：高等教育出版社，2000.
[6] 机械工程师手册第二版编辑委员会. 机械工程师手册 [M]. 北京：机械工业出版社，2000.
[7] 栾学钢. 机械基础、机械设计基础实训指导 [M]. 北京：高等教育出版社，2002.